普通高等院校船舶与海洋工程规划教材

高等结构动力学在船舶与海洋工程中的应用

白　旭　王　珂　霍发力　编著

哈尔滨工程大学出版社
Harbin Engineering University Press

内容简介

本书是由作者在多年的研究成果和工程实践的基础上总结而来的。本书主要包含三部分内容，第一部分是绪论，介绍了结构动力学的主要研究内容、船舶与海洋工程结构动载荷的类型与特点以及结构动力学分析的主要方法；第二部分是结构动力学的理论基础，介绍了单自由度系统振动、多自由度系统振动以及有限差分方法，重点是单自由度系统振动；第三部分是结构动力学在船舶与海洋工程中的应用，以船舶与海洋结构物为研究对象，结合作者的研究成果和实践经验，包括浮体在波浪中的运动响应、海洋平台中的气隙响应问题、砰击载荷下船舶与海洋结构的动力响应、船舶与海洋工程中的流致振动、碰撞载荷下船舶的动力响应、火灾/爆炸载荷下船舶结构动力响应、船舶与海洋工程结构的振动控制以及船舶与海洋工程结构动力响应、可靠性等结构动力学工程应用案列。书中的每个应用案例由问题综述、具体理论与方法以及分析案例组成。

本书可作为船舶与海洋工程专业研究生的教学参考书，也可供相关工程技术人员参考。

图书在版编目(CIP)数据

高等结构动力学在船舶与海洋工程中的应用/白旭，王珂，霍发力编著. —哈尔滨 ：哈尔滨工程大学出版社，2022. 8

ISBN 978 – 7 – 5661 – 3301 – 4

Ⅰ. ①高… Ⅱ. ①白… ②王… ③霍… ①白… ②王… ③霍… Ⅲ. ①船舶工程 – 结构动力学 – 研究生 – 教材②海洋工程 – 结构动力学 – 研究生 – 教材 Ⅳ. ①U66②P75

中国版本图书馆 CIP 数据核字(2021)第 215560 号

高等结构动力学在船舶与海洋工程中的应用
GAODENG JIEGOU DONGLIXUE ZAI CHUANBO YU HAIYANG GONGCHENG ZHONG DE YINGYONG

选题策划 雷 霞
责任编辑 李 暖
封面设计 刘长友

出版发行 哈尔滨工程大学出版社
社　　址 哈尔滨市南岗区南通大街 145 号
邮政编码 150001
发行电话 0451 – 82519328
传　　真 0451 – 82519699
经　　销 新华书店
印　　刷 哈尔滨市石桥印务有限公司
开　　本 787mm × 1 092mm 1/16
印　　张 13. 25
字　　数 308 千字
版　　次 2022 年 8 月第 1 版
印　　次 2022 年 8 月第 1 次印刷
定　　价 42. 00 元
http://press. hrbeu. edu. cn
E-mail:heupress@ hrbeu. edu. cn

前　言

结构动力学是研究结构体系在动力载荷作用下的响应特性及其分析方法的一门技术学科，是工科学生必须掌握的一门力学课程。船舶与海洋工程中涉及了各种大型工程结构，为保证其具有良好的性能、精度、安全性和可靠性，了解和掌握结构动力学知识是十分必要且极其重要的。结构动力学在不同的学科中展现了不同的特点，船舶与海洋工程领域的学生需要掌握该领域涉及的结构动力学现象、问题以及相应的分析理论和方法。

尽管在船舶与海洋工程领域关于结构动力学的研究和工程应用已经拥有相当数量的资料供人们学习参考，但是工程问题的复杂性、结构的复杂性、载荷的复杂性等给快速熟悉船舶与海洋工程领域结构动力学问题及其处理方法增加了难度。为此，编著者将自己长期从事船舶与海洋工程结构动力学分析实践所取得的研究成果和工作经验进行系统的总结，并汇著成书，以期为跨专业学习和从事工程工作的人员提供帮助。本书仅作为入门教科书，若想达到更高的目标，还需要更加深入地学习相关的基础理论知识和分析应用方法。

本书以工程应用案例为主要内容，并结合了一定的基础理论知识。这些工程应用案例取自编著者多年从事的研究以及指导学生的研究及工作实践。

全书共分为 10 章。第 1 章绪论，介绍了结构动力学的主要研究内容、船舶与海洋工程结构动载荷类型及特点，以及结构动力学分析方法。第 2 章结构动力学理论基础，介绍了包括单自由度系统振动、多自由度系统振动以及有限差分方法，重点是单自由度系统振动。第 3 章到第 10 章是结构动力学在船舶与海洋工程中的应用，以船舶与海洋结构物为研究对象，介绍了包括浮体在波浪中的运动响应、海洋平台中的气隙响应问题、砰击载荷下船舶与海洋结构的动力响应、船舶与海洋工程中的流致振动、碰撞载荷下船舶结构动力响应、火灾/爆炸载荷下船舶结构动力响应、船舶与海洋工程结构的振动控制、船舶与海洋工程结构动力响应可靠性等结构动力学工程应用案例，每个应用案例由问题综述、具体理论与方法以及分析案例组成，以增强学生熟悉工程问题和解决工程问题的能力。

本书由白旭、王珂、霍发力共同编著，具体分工如下：白旭编著第 1 章、第 2 章、第 6 章、

第 10 章;王珂编著第 5 章、第 7 章、第 8 章;霍发力编著第 3 章、第 4 章、第 9 章。全书由白旭统稿。

在本书的编著过程中,参阅了同行专家的大量资料和成果,特别是第 2 章,参考了天津大学唐友刚教授对结构动力基础理论的论述体系,在此一并表示感谢。

囿于作者水平,错误与不妥之处在所难免,敬请读者批评指正。

编　著

2022 年 8 月

目　　录

第1章　绪　　论

1.1　概　　述

在实际的工程领域中，结构除了承受静载荷之外，还承受着一些动态载荷的作用。动载荷对结构的强度和稳定性都有着十分重要的影响。结构动力学就是研究结构在动力载荷作用下的动力响应问题的力学分支，是在动载荷作用下确定结构内力与位移的理论和方法，结构动力学以求为结构的设计提供可靠的依据，保证结构在全寿命周期内可能发生的动载荷作用不影响其正常工作，以及确保结构的安全和可靠。

在各类动载荷作用下结构的平衡方程一是要考虑惯性力问题，有时还涉及阻尼力的作用；二是要考虑位移、内力、速度、加速度均随时间的变化而变化。

船舶与海洋工程结构动力学是船舶与海洋工程专业的一门学科基础课程，以船舶工程、海洋工程为背景，将典型的船舶与海洋工程结构（如散货船、固定式海洋平台等）作为研究对象，重点研究船舶与海洋工程结构在动载荷作用下的响应。

1.2　结构动力学的主要研究内容

简单来讲，研究结构在动载荷作用下的动态特性与动态响应就是结构动力学的基本研究任务。由此，结构动力学的要素可以分为三部分：载荷、系统、响应，与之相对应的是输入、系统、输出（图1.1）。由此展开的问题，可以有以下三大问题：

(1)已知载荷和结构，求解结构的动态特性和动态响应，可称之为响应问题；

(2)已知结构和响应，对结构所承受的载荷进行识别，可称之为载荷辨识问题；

(3)已知载荷和响应，对结构系统（参数和数学模型）进行识别，可称之为参数辨识或系统辨识问题。

上述三个问题，第一个问题被称为正问题，后两个问题被称为反问题。

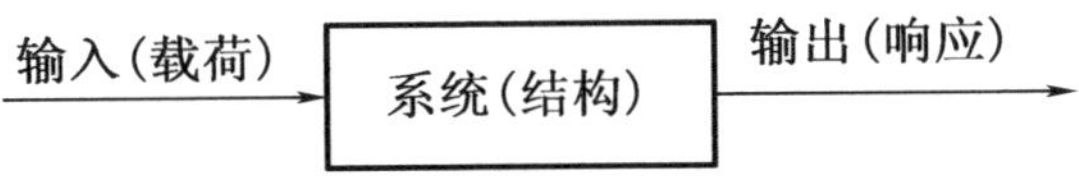

图1.1　结构动力学三要素

除此之外，结构动力学研究的内容还有：

(1)容许标准和可靠性分析：结构设备所容许承受的各种参数的标准称为容许标准；可靠性分析用于评估结构系统在某种动载荷作用下的可靠性，对系统的寿命进行评估，对系统疲劳进行分析等。

(2)结构振动控制:对系统的动态响应加以控制,使系统的振动水平处在可以接受的范围内。

(3)结构动力优化设计:对结构的布局参数、尺寸参数、材料参数等进行优化配置,使结构或设备在动力载荷作用下的相应力学特性得到改善,使其振动得到有效控制以及在正常工作时能一直保持较好的性能。

1.3 船舶与海洋工程结构动载荷类型及特点

动载荷的种类有很多。一般来讲,动载荷分为确定性动载荷和不确定性动载荷。确定性动载荷又可分为周期性动载荷和非周期性动载荷。不确定性动载荷又称为随机动载荷,主要有风载荷、地震载荷,以及其他无法确定变化规律的动载荷。

确定性载荷的变化规律是完全确定的,无论是周期的还是非周期的,均可以用确定性的函数表达。常见的确定性载荷有简谐载荷、冲击载荷等周期载荷,以及持续长时间的非周期载荷。

不确定性载荷,随时间变化其规律是不可预先确定的,是一种随机过程,如地震载荷、风载荷,以及作用在船舶与海洋结构物上的波浪载荷等。随机过程不能表达为时间的确定性函数,但一般具有一定的统计规律,可用概率统计的方法研究随机动载荷的结构动力响应问题。

船舶与海洋结构物在全寿期过程中所面临的动载荷主要有波浪载荷、流载荷、风载荷、冰载荷、地震载荷等环境载荷,以及主机振动等机械载荷。

1.3.1 波浪载荷

波浪载荷是指波浪作用在海洋工程结构物上所产生的载荷。海浪大致可以分为三类:风浪、涌浪和混合浪(其中风浪的研究较多)。海水波动作用于结构物构件上的力,即为波浪力,其由阻力、惯性力、压差力、撞击力和动量反差力共五种力组成。对于海洋工程结构物而言,在载荷分析过程中,通常选择采用有义波高 H_s 和谱峰周期 T_p 进行双参数的波谱定义,具体适宜波谱形式由风力机工作环境地理区域、海况恶劣程度等相关工况条件决定。

不规则波可以视为多个规则波的叠加:

$$\eta_{(t)} = \sum_{k=1}^{n} A_k \cos(\omega_k t + \varepsilon_k) \tag{1.1}$$

波幅的能量分布满足:

$$E(A_k^2) = 2S(\omega_k)\Delta\omega_k \tag{1.2}$$

式中 $S(\omega_k)$——波浪谱;

A_k——第 k 个波浪对应的波幅;

ω_k——第 k 个波浪对应的频率;

ε_k——第 k 个波浪对应的相位。

在常规模拟中,针对风生海浪中已得到充分发展的海浪,通常采用 P-M 波谱表示;而对于正在发展的海浪,常选用 JONSWAP 波谱表示,波谱选择结合目标海况水深、风区等参数进行模拟更加准确。

关于 P－M 波谱,更加适用于波浪的增长不受风区限制的已得到充分发展的海浪。海域较多时间属于此类情况,因此 P－M 波谱适用于疲劳分析,波浪谱密度如式(1.3)所示:

$$S_{\mathrm{PM}}(f)=0.312\,5\cdot H_{\mathrm{s}}^{2}\cdot f_{\mathrm{p}}^{4}\cdot f^{-5}\cdot \exp\left(-1.25\left(\frac{f_{\mathrm{p}}}{f}\right)^{4}\right) \tag{1.3}$$

式中 f_{p}——波峰频率;

f——频率。

JONSWAP 波谱[1]对 P－M 波谱进行修改,更加适用于受风区限制的发展中海域工况。JONSWAP 波谱中引入了标准因子 $C(\gamma)$ 和峰值放大因子 γ^{α} 两个修正因子,具有峰值较高,频带较窄的特点,因此更多适用于极限工况分析。其海面高程的谱密度如式(1.4)、式(1.5)所示:

$$S_{\mathrm{JS}}(f)=C(\gamma)\cdot S_{\mathrm{PM}}(f)\cdot \gamma^{\alpha} \tag{1.4}$$

$$C(\gamma)=\frac{\int_{0}^{\infty}S_{\mathrm{PM}}(f)\,\mathrm{d}f}{\int_{0}^{\infty}S_{\mathrm{PM}}(f)\gamma^{\alpha}\,\mathrm{d}f} \tag{1.5}$$

式中 γ——峰形参数;

$C(\gamma)$——标准因子。

1.3.2 流载荷

船舶及海洋平台在水平面内所受到的作用力、力矩、流速快慢以及流向所形成的载荷,总称为流载荷。作为一种综合性的流动,流载荷是海洋中各种类型水体流动的组合,作用于海洋平台水下的部分构件。

当海水水平或竖直地从某一海区大量向另一海区流动时就形成了海流,海流包括潮流、漂流、风海流、回流、余流和梯度流等。在实际的工程问题中,海流的运动是一种稳定的运动,对海洋平台只有拖曳作用。流载荷又可分为潮汐载荷和海流载荷,它们是作用在海洋平台结构上的主要载荷形式,对于包括海洋平台在内的深海结构物的稳定有着重大的影响,海流的情况很复杂,尤其是在深海条件下还会伴有对流等情况发生。

作用在海洋平台水下部分的流载荷[2]计算公式为

$$F_{\mathrm{c}}=\frac{1}{2}C_{\mathrm{D}}\rho_{\mathrm{w}}V_{\mathrm{c}}A_{\mathrm{c}} \tag{1.6}$$

式中 F_{c}——平台所受海流力;

C_{D}——曳力系数;

ρ_{w}——海水密度;

V_{c}——海流流速;

A_{c}——构件在与流速垂直平面上的投影面积。

海区海流与波浪并存时,就要考虑海流的流速和波浪水质点的水平速度,两者进行矢量叠加后所引起的拖曳力为

$$f_d = \frac{1}{2} C_d \rho_w A U_c^2 \tag{1.7}$$

式中 f_d——单位长度结构或物体上所受流载荷；

C_d——垂直于物体轴线方向的拖曳力系数；

A——单位长度物体在与海流垂直方向的投影面积；

U_c——所处海区海流流速。

海流的速度随着海水的海深变化而变化，应该尽可能地通过现场实际测试的结果来确定这种变化规律。如果没有进行过实际测试或测试资料不足的时候，可按式1.8进行计算：

$$U_c(y) = U_{c0}\left(\frac{y}{d}\right)^{\frac{1}{7}} \tag{1.8}$$

式中 $U_c(y)$——离海底高度为 y 处的海流速度；

U_{c0}——海面处的海流速度；

d——水深。

1.3.3 风载荷

风吹过海洋平台时，海洋平台超出水平面部分在垂直于风速方向上单位面积所受到的压力叫作风载荷。风的作用是不规则的，风压随着风速、风向的紊乱变化而不停地改变，风载荷是随时间而波动的动载荷。所以在工程设计过程中，风的长周期变化通常按照静态处理，风的短周期脉动效应按准动态处理。风作用于工程结构上时，不仅需要考虑风压随高度的变化，也要考虑工程结构的尺寸、高度、体型等形状因素对基本风压的影响，当风作用在高而细的柔性建筑物上时，需要考虑风的动力效应。风载荷是平台结构的横向载荷，与竖向载荷不同，容易让平台产生位移、摇晃和疲劳。

采用NPD风谱[3]描述某点纵向风速能量密度波动，风谱的谱密度如式(1.9)、式(1.10)所示：

$$S_{NPD}(f) = \frac{320\left(\frac{U_{10}}{10}\right)^2\left(\frac{Z}{10}\right)^{0.45}}{(1+\tilde{f}^{0.468})^{3.561}} \tag{1.9}$$

$$\tilde{f} = \frac{172 f\left(\frac{z}{10}\right)^{\frac{2}{3}}}{\left(\frac{U_{10}}{10}\right)^{\frac{3}{4}}} \tag{1.10}$$

式中 f——频率，$1/600\ \text{Hz} \leqslant f \leqslant 0.5\ \text{Hz}$；

$\tilde{f}$——无量钢频率。

海上风力机风载荷计算可分为塔架和风轮两个部分，塔架的风压计算公式为：

$$q = \frac{1}{2}\rho_a U_{T,Z}^2 \tag{1.11}$$

式中 ρ_a——空气密度；

$U_{T,Z}$——平均时间 T 内，高处 Z 处的风速。

风力为

$$F_{W} = q\sum_{1}^{n} C_{Z}C_{S}A_{n} \tag{1.12}$$

式中 q——基本风压；

C_{Z}——受风结构高度系数；

C_{S}——构建形状系数；

A_{n}——受风部件迎风面积。

正常工作时，风轮上的平均风压是 $q_{H} = \frac{1}{2}\rho_{a}C_{FB}U_{T,Z}^{2}$，$C_{FB}$为系数，取8/9；不工作状态下，风轮上的平均风压为 $q_{H} = C_{DD}\rho_{a}U_{T,Z}^{2}$，$C_{DD}$为阻力系数。取1.1，风轮上的风载荷为 $F_{H} = q_{H}S$。式中，风机正常发电时，S为风轮的扫掠面积；当风机在停机状态时，S为风轮固态面积。

风机所受的风力为塔架和风轮两部分受力总和：

$$F = F_{W} + F_{H} \tag{1.13}$$

1.3.4 冰载荷

冰作用在船舶或海洋工程结构物上所产生的载荷叫作冰载荷。冰载荷通常以极限力机理、极限应力机理和极限能量（弯矩）机理三种机理施加在船舶和海洋结构物上，这三种机理确定了施加在船舶和海洋结构物上的总冰载荷大小。

海冰主要聚集在地球南北高纬度地区至极地地区之间，且海冰的数量和大小都会随着季节变化而发生显著变化。海冰还可以根据形状、漂浮状态以及生成时间等分为固定冰和浮冰。在极区浮冰较多，且速度较快，浮冰撞击力不可忽视，平台结构相对海冰结构较大，同时在结构锥角较大的情况下海冰可能产生压曲力；在水位变化时，与结构冻结在一起的冰将会对结构产生冻结力。冰载荷可以分为弯曲力载荷、压曲力载荷、撞击力载荷、冻结力载荷等。而按结构类型冰载荷又可以分为直立结构的冰载荷、锥体结构的冰载荷、宽大结构的冰载荷等。

冰力值规范计算公式：

$$F = C\sigma_{c}A \tag{1.14}$$

式中 F——冰力值；

C——冰力系数（与冰力作用的速度、形式等相关）；

σ_{c}——冰的抗压强度；

A——冰的挤压面积。

海冰弯曲力，作用于正锥体结构的海冰弯曲力，经验公式为

$$F_{H} = [A_{1}\sigma_{f}h^{2} + A_{2}\rho_{W}ghD^{2} + A_{3}\rho_{w}gh_{R}(D^{2} - D_{T}^{2})]A_{4} \tag{1.15}$$

$$F_{V} = B_{1}F_{h} + B_{2}\rho_{W}gh_{R}(D^{2} - D_{T}^{2}) \tag{1.16}$$

海冰压曲力，由于海冰结构相对于平台宽度较小而产生的海冰压力，公式为

$$L_{C} = \left[\frac{Eh^{3}}{12(1 - v^{2})\rho_{w}g}\right]^{\frac{1}{4}} \tag{1.17}$$

式中 L——海冰压曲力；

C——冰水系数；

E——杨氏模量；

h——厚冰；

v——流冰速度；

ρ_W——海水密度；

g——重力加速度。

流冰撞击力由《冰区海洋石油钢结构工程力学》计算公式得到，撞击在半圆形结构物上的最大冰力为

$$P = 1.07vh\sqrt{\Omega\sigma_c} \tag{1.18}$$

结构物切入冰块的深度为

$$x = 0.087v\sqrt{\frac{\Omega}{\sigma_c}} \tag{1.19}$$

式中 h——冰厚；

v——流冰速度；

Ω——冰块面积；

σ_c——海冰单轴抗压强度。

海冰冻结力在水位变化时，冻结冰会产生弯曲或剪切破坏，其冻结冰力分别为

$$F_{V(\text{弯曲})} = 0.8\sigma_f h^{1.75} D^{0.25} \tag{1.20}$$

$$F_{V(\text{剪切})} = \tau_f \cdot A \tag{1.21}$$

1.3.5 地震载荷

地震载荷，即地震引起海洋工程结构物及水质点运动所产生的载荷。地震是由于地壳释放能量而造成的振动，是一种强烈的地面运动。地震作为一种极端的环境灾害，具有不确定性、突发性、发生频率小、持续时间短、破坏性强等特点。地震载荷除了对海洋平台支撑结构的侧向剪切力和横摇弯矩及振动有显著影响外，还会产生能量巨大的波浪载荷，在两种载荷的作用下，海洋平台结构将会严重损毁。地震的随机性很强，即使在同一场地条件下经历了两次烈度相同的地震，地面运动加速度时程曲线也完全不同，因此得到的反应谱也就不相同。

各国对地震载荷的计算各不相同，但是基本都采用反应谱方法理论进行研究。震反应谱是一条曲线。横坐标为在确定的地震输入下系统的自振周期，纵坐标为对应不同的自振周期结构的某个最大响应值。地震载荷 $F(t)$ 关于 t 的函数，以及在其激励下的最大位移、最大速度和最大加速度满足：

$$F(t) = -m[\ddot{x}(t) + \ddot{x}_g(t)] \tag{1.22}$$

最大位移为

$$S_d = |x(t)|_{\max} = \frac{1}{\omega}\left|\int_0^t x_g(\tau)\mathrm{e}^{-\xi\omega(t-\tau)}\sin\omega(t-\tau)\,\ddot{d}\right|_{\max} \tag{1.23}$$

最大速度的为

$$S_V = |\dot{x}(t)| = \left|\int_0^t x_g(\tau) \mathrm{e}^{-\xi\omega(t-\tau)} \sin\omega(t-\tau)\ \ddot{d}\right|_{\max} \tag{1.24}$$

最大加速度为

$$S_a = |x(t) + x_g(t)|_{\max} = \omega\left|\int_0^t x_g(\tau) \mathrm{e}^{-\xi\omega(t-\tau)} \sin\omega(t-\tau)\ \ddot{d}\right|_{\max} \tag{1.25}$$

式中 ω——体系自振圆频率；

ξ——体系的阻尼比；

$\ddot{x}(t)$——结构物系统的相对运动加速度；

$\ddot{x}_g(t)$——地震加速度。

1.3.6 机械振动等其他类型载荷

机械振动载荷是指物体或质点在其平衡位置附近做有规律的往复运动而形成的载荷。振动的强弱用振动量衡量，振动量可以是振动体的位移、速度或加速度。

船舶是重要的海上交通工具，在航行的过程中会受到包括主机、螺旋桨、波浪力以及其他一些设备等外界激励的影响，而且船舶机舱的发电机以及主机作为主要的振动源，是引起船舶振动的重要原因之一。振动的振级和舰船的类型、发动机的类型、机械装置的形式、螺旋桨的结构和数量以及各种振源在船上的位置有关。舰船设备所承受的振动载荷和其在船上的安装位置有关。

由振动分析理论可知，多自由度系统的运动微分方程为

$$\boldsymbol{M}\ddot{\boldsymbol{x}} + \boldsymbol{C}\dot{\boldsymbol{x}} + \boldsymbol{K}\boldsymbol{x} = \boldsymbol{F}(t) \tag{1.26}$$

结构的模态分析是在 $F(t)$ 与 $[C]$ 为 0 的前提下对上式进行求解，在既无阻尼又无外力时获得结构自由度，运动方程为

$$\boldsymbol{M}\ddot{\boldsymbol{x}} + \boldsymbol{K}\boldsymbol{x} = 0 \tag{1.27}$$

式中 $\boldsymbol{M}$——系统质量矩阵；

$\boldsymbol{C}$——系统阻尼矩阵；

$\boldsymbol{K}$——系统的刚度矩阵；

$\ddot{\boldsymbol{x}}$——系统的加速度响应；

$\dot{\boldsymbol{x}}$——系统的速度响应；

$\boldsymbol{x}$——系统的位移响应，均为绝对量；

$\boldsymbol{F}(t)$——系统的外载荷。

1.4 结构动力学分析方法

1.4.1 振动的分类

结构动力响应在多数情况下表现为振动，对于结构振动的分类，主要有以下几种。

1. 单自由度振动与多自由度振动

单自由度振动：可以用一个独立坐标确定系统的位置及其运动规律的振动。

多自由度振动:用多个坐标轴确定系统的位置及规律的振动。

2. 自由振动与受迫振动

自由振动:系统受到一个初始扰动后任其自身振动称为自由振动。

受迫振动:也称强迫振动,在外来周期性力的持续作用下,振动系统发生的振动称为受迫振动,这个“外来的周期性力”叫作驱动力(或强迫力)。

3. 周期性振动与非周期性振动

周期性振动:在自变量经过某一相同增量后,其量值能重复出现的振动。

非周期性振动:包括准周期振动和瞬态振动。准周期振动没有周期性,在所包含的多个振动频率中至少有一个振动频率与另一个振动频率之比为无理数。瞬态振动是一些可用各种脉冲函数或衰减函数描述的振动。

4. 线性振动与非线性振动

线性振动:系统中构件的弹性服从胡克定律,运动时产生的阻尼力与广义速度(广义坐标的时间导数)的成正比的振动。

非线性振动:恢复力与位移不成正比或阻尼力不与速度成正比的系统的振动。

1.4.2 离散分析方法

结构动力问题的特点之一是需要考虑结构体系的惯性力,准确地描述系统的惯性力,合理地选择动力自由度是十分重要的[5]。结构系统都具有分布质量,因而都是无限自由度系统。但是除了某些简单的结构可以作为无限自由度处理以外,大多数的工程结构作为无限自由度计算将是极其困难的。在结构动力计算时,为了避免过于繁杂和数学上的困难,一般将结构处理为有限自由度系统,这一过程称为结构系统的离散。下面介绍几种常用的离散方法。

1. 集中质量法

集中质量法也称作凝聚参数法或集中质量-弹簧法,是应用离散思想对细长的杆件或缆索等对象进行分段,段与段之间通过有质量的节点连接,段是没有质量的且被看作刚体或是有弹性的弹性体。该方法主要应用于细长物体的动力学模型的建立与分析,如水下拖曳系统与系泊系统缆索建模。

工程系统的物理参数常常分布不均匀。惯性和刚性较大的部件可看作质量集中的质点和刚体。惯性小和弹性强的部件可抽象为无质量的弹簧,它们的质量可以不计或折合到集中质量上。物理参数分布均匀的系统,也可近似地分解为有限个集中质量。集中质量的数量取决于所要求的计算精度。连续系统离散为有限自由度系统后,可以采用多自由度系统的分析方法进行分析。集中质量法由于概念直观、方法简单,被工程界广泛采用。

2. 有限单元法

即将复杂的连续体划分为有限多个简单的单元体,化无限自由度问题为有限自由度问题,将连续场函数的(偏)微分方程的求解问题转化成有限个参数的代数方程组的求解问题。其基本思路是先化整为零,再积零为整,也就是把一个连续体人为地分割成有限个单元,即把一个结构看成由若干通过节点相连的单元组成的整体,先进行单元分析,然后再把这些单元组合起来代表原来的结构进行整体分析。

在采用有限单元法离散时，不是在整个梁的范围内取有限个函数项的和作为全梁某时刻的挠曲线，而是在各个单元范围内假设两结点之间的挠曲线，该挠曲线称为位移函数或者插值函数，其确定了单元位移的形状，它的表达式包含若干个参数。位移函数在单元内部保持光滑连续，并且在单元两端满足支承和变形连续条件。根据这些条件，可以将位移函数中的参数通过节点位移来表达。因此，整个结构系统便可以转化为以节点位移为未知数的有限自由度系统了。

1.4.3 时域与频域分析方法介绍

结构动力反应分析方法有时域分析和频域分析方法。

时域分析：在时域内对信号进行滤波、放大、统计特征计算、相关性分析等处理，统称为信号的时域分析。通过时域分析方法可以有效地提高信噪比，求取信号波形在不同时刻的相似性和关联性，获得反映机械设备运行状态的特征参数，为机械系统动态分析和故障诊断提供有效信息。

频域分析：频域分析法是研究控制系统的一种工程方法。控制系统中的信号可以表示为不同频率的正弦信号的合成。描述控制系统在不同频率的正弦函数作用时的稳态输出和输入信号之间关系的数学模型称为频率特性，它反映了在正弦信号作用下系统响应的性能。应用频率特性研究线性系统的经典方法称为频域分析法。

当外载荷为解析函数时，采用这两种方法一般可以得到体系动力反应的解析解，当载荷变化复杂时无法得到解析解，但通过数值计算可以得到动力反应的数值解。这两种分析方法的特点是均基于叠加原理，要求结构体系是线弹性的。

目前，从结构动力学分析方法及应用实例来看，工程机械上的载荷有很大部分是随时间变化的，所以严格意义上都要对结构进行动力分析，才能真实地反映结构的使用情况。结构动力分析一般包括：

①模态分析：模态分析是动力学分析的基础，包括频率、振型求解。

②强迫振动：强迫振动是一种普遍的动力现象，其分析计算的核心在于强迫载荷的确定，包括载荷的频率和振幅，为了便于阐述方法，在此只介绍简谐激励所造成的强迫振动。强迫振动分析的主要目的是研究载荷和结构的相互耦合关系，如果载荷的频率在结构固有频率附近（也就是说二者耦合），则结构在很小的载荷激励下其位移和加速度足以能破坏结构。

③瞬态响应：瞬态响应是系统在某一典型信号（譬如阶跃信号）输入作用下，其系统输出量从初始状态到稳定状态的变化过程，可以得到模型任一节点的位移和应力等随时间的变化情况。瞬态响应也称动态响应、过渡过程或暂态响应，反映了结构的刚度、阻尼等信息。

④随机振动：在地震、风、冰、浪等带有非常明显随机特征的载荷作用下的结构分析应采用随机振动的方法，但是载荷随时间的变化规律十分复杂。因此，要采用载荷谱来进行计算，载荷谱包含了载荷的幅值、频率等信息。

本章参考文献

[1] HASSELMANN K. Measurements of wind – wave growth and swell decay during the Joint

North Sea Wave Project (JONSWAP) [D]. Hamburg: Deutsches Hydrographisches Institut, 1973.

[2] 成欣. 漂浮式风力机 Spar 平台水动力特性及优化分析[D]. 上海:上海理工大学, 2015.

[3] 韩玉. 半潜式海上风机平台运动响应与时域系泊分析[D]. 大连:大连理工大学, 2021.

[4] 方华灿. 冰区海洋石油钢结构工程力学:海洋石油钢结构强度与安全可靠性评估[M]. 东营:石油大学出版社, 1996.

[5] 唐友刚. 高等结构动力学[M]. 天津:天津大学出版社, 2002.

第 2 章　结构动力学理论基础

在船舶与海洋工程中的结构系统多是复杂结构系统，为了容易学习并理解结构动力学的基础理论和知识，通常以理想化的具有一个集中质量和一个无质量支撑结构的体系的“简单结构”描述基本的结构动力学问题。在本章中，基于一些简单结构从单自由度系统的振动问题到多自由度系统的振动处理进行基本思路和方法的讲解，并在最后讲解在船舶与海洋工程中常用的有限差分数值方法。

2.1　单自由度系统振动

单自由度系统振动是指此振动系统在任意时刻的空间位置仅需要一个独立的坐标参数描述。在本节重点介绍单自由度系统运动方程的建立、自由振动特性，以及在简谐激励作用下的强迫振动和在任意激励作用下的结构响应问题。

2.1.1　基本动力学方程的建立及自由振动特性

图 2.1 所示的模型描绘了一个承受动力载荷的基本单自由度振动系统。其中，m 为质量块的质量(kg)，k 为弹簧的刚度(N/m)，c 为黏滞阻尼系数(N·s/m)，$P(t)$ 为外干扰力(N)。将坐标原点设定在质量块的静平衡位置处，坐标 y 即为相对于静平衡位置产生的质量块的动位移。在任意时刻取质量块的隔离体，则作用在质量块上的力可分为

(1) 弹性恢复力，$f_s = ky$，与位移的方向相反；

(2) 阻尼力，$f_D = c\dot{y}$，与速度的方向相反；

(3) 惯性力，$f_I = m\ddot{y}$，与加速度的方向相反；

(4) 干扰力，$P(t)$。

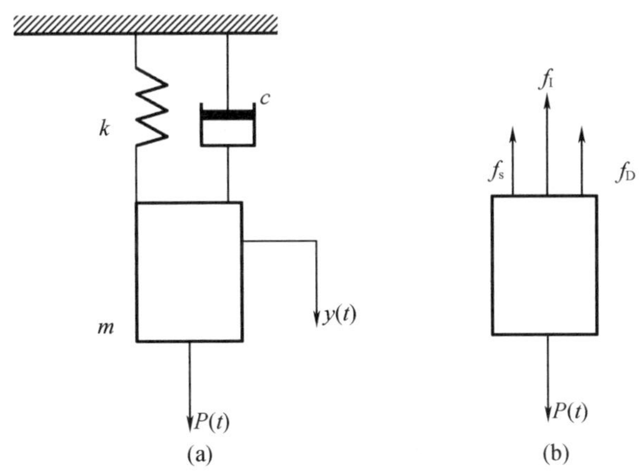

图 2.1　单自由度系统示意图

依据力的动平衡条件(直接平衡方法):

$$m\ddot{y}+c\dot{y}+ky=P(t) \tag{2.1}$$

在振动的任意时刻,这4种力均保持着平衡状态,仅是各力所占的比列有所不同。依据式(2.1),可以得知,相对于动力系统的静力平衡位置建立的运动方程是不受重力影响的。因此,建立方程时位移是以静力平衡位置作为坐标原点的,此方程得到的是系统的动位移,总的位移是动力位移和静力位移值的叠加。

系统的固有振动特性即系统的固有频率和固有振动形式是了解结构动力学特性的关系,以及进行结构振动预报与控制的基础。为了分析结构系统的固有振动特性,需要进行无阻尼系统自由振动的分析。针对图2.1提出的单自由度系统,令式(2.1)中的外干扰力和阻尼力均等于0,得到无阻尼系统自由振动方程,即

$$m\ddot{y}+ky=0 \tag{2.2}$$

令 $\lambda^2=k/m$,则

$$\ddot{y}+\lambda^2 y=0 \tag{2.3}$$

式中,λ 为系统的固有频率。

依据式(2.3),λ 仅与系统的刚度和质量有关,与初始条件无关,所以称为系统的固有频率或者圆频率。λ 的量纲与角速度相同,为 rad/s,反映了振动系统自由振动的快慢。通过求解方程(2.3),可以得到自由振动的解,即

$$y(t)=A_1\cos\lambda t+A_2\sin\lambda t \tag{2.4}$$

假设在 $t=0$ 时刻,系统的初始位移和初始速度分别为 y_0 和 $\dot{y}_0$,则可以确定式(2.4)中的常数 A_1 和 A_2,即

$$y(t)=y_0\cos\lambda t+\frac{\dot{y}_0}{\lambda}\sin\lambda t \tag{2.5}$$

式(2.5)又可写为

$$y(t)=A\cos(\lambda t-\beta) \tag{2.6}$$

利用三角公式展开式(2.6),式(2.5)与式(2.6)应该相等,可得

$$\begin{cases}A=\sqrt{y_0^2+\left(\dfrac{\dot{y}_0}{\lambda}\right)^2}\\ \beta=\arctan\dfrac{\dot{y}_0}{\lambda y_0}\end{cases} \tag{2.7}$$

A 和 β 分别称为体系振动的幅值和相位。由式(2.6)可知,系统自由振动的形式为简谐的,其振动频率为 λ,其振动的幅值和相位分别由式(2.7)确定。系统振动时每秒循环次数 f 称为运动频率(Hz),循环一次所需的时间 T 叫作周期。λ、f 和 T 三者的关系为

$$\begin{cases}f=\dfrac{\lambda}{2T}\\ T=\dfrac{1}{f}=\dfrac{2\pi}{\lambda}\end{cases} \tag{2.8}$$

下面假定 $\beta=0$,分析位移、速度和加速度三者之间的关系。

位移 $$y(t)=A\cos\lambda t \tag{2.9}$$

速度 $$\dot{y}(t) = -A\lambda\sin\lambda t = A\lambda\cos\left(\lambda t + \frac{\pi}{2}\right) \tag{2.10}$$

加速度 $$\ddot{y}(t) = -A\lambda^2\cos\lambda t = A\lambda^2\cos(\lambda t + \pi) \tag{2.11}$$

由上式可知,振动过程中位移、速度和加速度的相位之间存在以下关系。

①速度的相位比位移的相位超前$\frac{\pi}{2}$,加速度的相位比位移的相位超前$\frac{\pi}{2}$。

②位移为零时,加速度也为零,速度值最大;位移最大时,速度为零,加速度最大,但位移和加速度相位相反。

③加速度大小和位移成正比,但其方向总是与位移相反,即始终指向平衡位置。

为了充分理解阻尼对自由振动的影响,令式(2.1)的右端项等于0,即外干扰力为零,得到有阻尼系统自由振动方程:

$$m\ddot{y} + c\dot{y} + ky = 0 \tag{2.12}$$

每项除以 m,得到

$$\ddot{y} + 2\xi\lambda\dot{y} + \lambda^2 y = 0 \tag{2.13}$$

式中 ξ——无量纲阻尼比,$\xi = \frac{c}{2m\lambda}$。

采用特征根法可得通解:

$$y = Ae^{-\xi\lambda t}\cos(\lambda_d t - \beta) \tag{2.14}$$

此处,λ_d 为考虑阻尼时的固有频率,并且

$$\lambda_d = \sqrt{1-\xi^2}\lambda \tag{2.15}$$

根据式(2.15)可知,阻尼的作用是降低系统的固有频率,或者说使系统自由振动的周期拉长。对于工程结构而言,其阻尼比一般在0.01~0.2,因此有阻尼固有频率和无阻尼固有频率之间相差较小。在实际工程中,计算固有频率可以不计阻尼影响。根据阻尼比 ξ 的大小,可以将振动系统分为临界阻尼系统、小阻尼系统和大阻尼系统。

1. 临界阻尼系统

当阻尼比 $\xi = 1$ 时,由式(2.15)可知,$\lambda_d = 0$,即系统不存在谐振频率,此时系统不产生振动。此种系统的临界阻尼系数为

$$c_c = 2m\lambda \tag{2.16}$$

由 $\xi = \frac{c}{2m\lambda}$得 c 与临界阻尼系数 c_c 的关系为

$$c = c_c\xi \tag{2.17}$$

2. 大阻尼系统

当系统的阻尼比 $\xi > 1$ 时,由式(2.15)可知,系统自由振动频率 λ_d 为复数,这表明系统不会产生谐振,即系统不产生振动。

3. 小阻尼系统

当 $\xi < 1$ 时,系统存在实数的有阻尼固有频率 λ_d,在此种情况下,系统按照频率 λ_d 做自由振动。由于阻尼比 $\xi > 0$,随着时间的推移,式(2.14)表面阻尼的作用将使振动逐渐减小,直至系统静止,所以系统的振动为指数衰减振动。

设 $t=0$ 时，存在 y_0 和 $\dot{y}_0$，可以求出式(2.14)的常数 A 与相位 β：

$$\begin{cases} A=\sqrt{y_0^2+\left(\dfrac{\dot{y}_0+\xi\lambda y_0}{\lambda_d}\right)^2} \\ \beta=\arctan\dfrac{\dot{y}_0+\xi\lambda y_0}{\lambda_d} \end{cases} \tag{2.18}$$

根据式(2.14)可以画出衰减振动曲线，如图2.2所示。

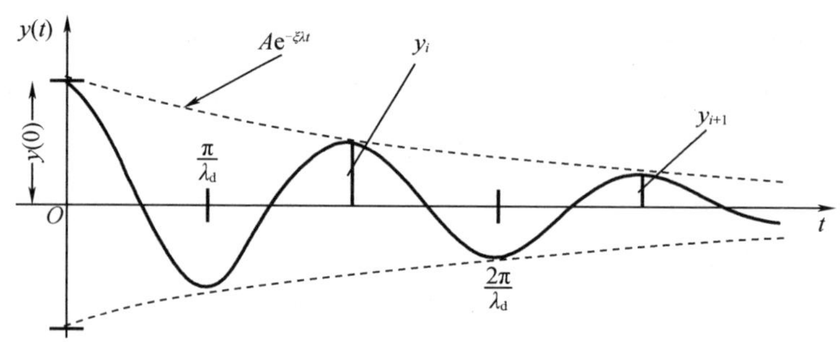

图2.2 衰减振动曲线

2.1.2 简谐激励作用下的强迫振动

外激励(外载荷)反映的是结构系统所处的外界环境对系统的干扰作用，这种干扰在形式上既有力的干扰也有位移的干扰。简谐激励是指外界载荷随着时间的变化可以用正弦或者余弦函数的形式来描述，本节中主要解释在简谐力以及简谐位移作用下的单自由度振动系统强迫振动响应的特点和规律。

首先研究在简谐干扰力作用下系统的强迫振动相应。令式(2.1)中右端项的干扰力为简谐的，即 $P(t)=P_0\sin\omega t$。每项除以质量 m，可得振动方程：

$$\ddot{y}+2\xi\lambda\dot{y}+\lambda^2 y=\frac{P_0}{m}\sin\omega t \tag{2.19}$$

式中 P_0——动载荷幅值；

ω——载荷频率。

下面考虑小阻尼系统求强迫振动的解。

振动方程式(2.19)通解为 $y=\bar{y}+y^*$。

齐次解即有阻尼系统的自由振动形式的解

$$\bar{y}=e^{-\xi\lambda t}(C_1\cos\lambda_d t+C_2\sin\lambda_d t) \tag{2.20(a)}$$

因为阻尼系统的响应和载荷并不相同，因此特解应由两项组成，即

$$y^*=G_1\sin\omega t+G_2\cos\omega t \tag{2.20(b)}$$

将式(2.20(b))代入式(2.19)解，注意到 $m\lambda^2=k$，联立可解出

$$G_1=\frac{P_0}{k}\frac{1-\lambda^2}{(1-\gamma^2)^2+(2\xi\gamma)^2} \tag{2.21(a)}$$

$$G_2=\frac{P_0}{k}\frac{-2\xi\lambda}{(1-\gamma^2)^2+(2\xi\gamma)^2} \tag{2.21(b)}$$

特解(2.20b)也可以写成

$$y^*=A\sin(\omega t-\beta) \tag{2.22}$$

其中

$$\begin{cases}A=\sqrt{G_1^2+G_2^2}=\dfrac{P_0}{k}\dfrac{1}{\sqrt{(1-\gamma^2)^2+(2\xi\gamma)^2}}\\ \beta=\arctan\dfrac{2\xi\gamma}{1-\gamma^2}\end{cases} \tag{2.23}$$

式中 A——强迫振动的幅值；

β——响应的相位滞后于载荷相位的角度，β 的范围为 $0<\beta<180°$。

将齐次解和特解代入通解，得

$$y(t)=e^{-\xi\lambda t}(C_1\cos\lambda_d t+C_2\sin\lambda_d t)+A\sin(\omega t-\beta)$$

上式系数 C_1 和 C_2 根据初始条件确定。设 $t=0$ 时，初始位移为 y_0，初始加速度为 $\dot{y}_0$，则可以求出通解为

$$y(t)=e^{-\xi\lambda t}\left(y_0\cos\lambda_d t+\frac{y_0+\xi\lambda\ \dot{y}_0}{\lambda_d}\sin\lambda_d t\right)-$$
$$e^{-\xi\lambda t}A\left(-\sin\beta\cos\lambda_d t+\frac{-\xi\lambda\sin\beta+\omega\cos\beta}{\lambda_d}\sin\lambda_d t\right)+A\sin(\omega t-\beta) \tag{2.24}$$

式(2.24)中第一项表示由初始条件决定的自由振动项，按照系统的固有频率 λ_d 振动；第二项表示伴随振动项，振动的频率仍然是系统的固有频率，但振幅与强迫振动的干扰力有关；最后一项与干扰力有关，以干扰力的频率振动，并不随时间衰减。第一项和第二项由于阻尼的衰减作用，经过一段时间的运动后逐渐消失。故称第一项和第二项为过渡状态或者暂态振动，称最后一项为纯强迫振动或者稳态振动。

根据式(2.23)和式(2.24)可以得到有阻尼系统强迫振动的部分特点。

(1)稳态振动频率。稳态强迫振动的频率等于干扰力的频率。

(2)稳态振动振幅。稳态强迫振动的振幅与初始条件无关并且不随时间变化。强迫振动的振幅 A 为载荷幅值 P_0 引起静位移的 α_d 倍，即

$$A=\alpha_d y_{st} \tag{2.25}$$

式中 y_{st}——动载荷幅值 P_0 作用下系统的静位移；

α_d——动力放大系数，它表示最大振动位移与将此动力载荷的幅值 P_0 作为静力时所产生的静位移之比，并且

$$\begin{cases}y_{st}=\dfrac{P_0}{k}\\ \alpha_d=\dfrac{1}{\sqrt{(1-\gamma^2)^2+(2\xi\gamma)^2}}\end{cases} \tag{2.26}$$

任何结构物都坐落在基础上，结构物基础运动的情况在自然界中常常见到，下面研究基础简谐运动引起的系统的振动响应。质量的振动响应有两种表示方法，即质量的绝对位

移和相对于基础的振动位移。

图 2.3 为基础简谐运动时的分析模型,其中:基础运动规律 $y_b = y_0 \sin \omega t$, y_0 为基础运动的幅值,ω 为基础运动的频率。选取静平衡位置为 y 的坐标原点。考虑惯性力等画出质量 m 的隔离体,如图 2.3(b)所示。隔离体所受的力有如下几种。

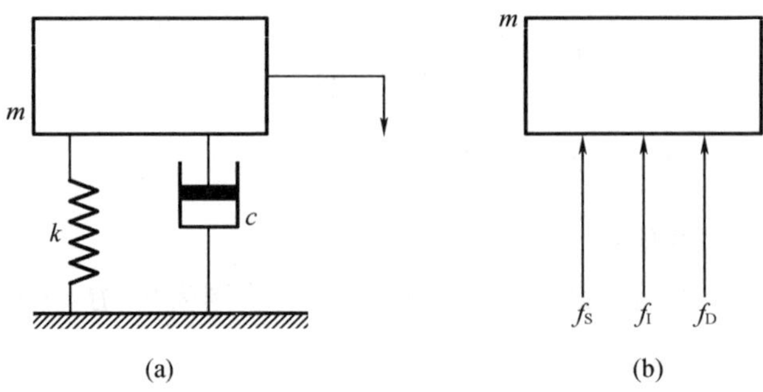

图 2.3　为基础简谐运动时的分析模型

(1)惯性力 $f_I = m\ddot{y}$;

(2)弹性力 $f_S = k(y - y_b)$;

(3)阻尼力 $f_D = c(\dot{y} - \dot{y}_b)$。

由力的平衡可得运动微分方程:

$$m\ddot{y} + c(\dot{y} - \dot{y}_b) + k(y - y_b) = 0 \tag{2.27}$$

首先讨论质量绝对位移的计算。

将基础简谐运动表达式 $y_b = y_0 \sin \omega t$ 代入式(2.25)中,可得

$$m\ddot{y} + c\dot{y} + ky = c\omega y_0 \cos \omega t + k y_0 \sin \omega t$$

又

$$\omega y_0 \cos \omega t + k y_0 \sin \omega t = y_0 \sqrt{k^2 + c^2\omega^2} \sin(\omega t + \theta)$$

则上式可以化为

$$m\ddot{y} + c\dot{y} + ky = y_0 \sqrt{k^2 + c^2\omega^2} \sin(\omega t + \theta) \tag{2.28}$$

式中,$\theta = \arctan \dfrac{c\omega}{k} = \arctan 2\xi\lambda$。

将式(2.28)中的右端项视为干扰载荷,则稳态解为 $y(t) = y_{st}\alpha_d$。y_{st} 可由动载荷作用下稳态强迫振动的解得出,即

$$y_{st} = y_0 \sqrt{1 + (2\xi\lambda)^2}$$

而 α_d 由式(2.26)确定。于是得到稳态响应为

$$y(t) = A\sin(\omega t - \beta)$$

式中

$$A = \frac{y_0 \sqrt{1 + (2\xi\gamma)^2}}{\sqrt{(1 - \gamma^2)^2 + (2\xi\gamma)^2}}$$

$$\beta = -\theta + \arctan\frac{2\xi\gamma}{1-\gamma^2} = \arctan\frac{2\xi\gamma^3}{1-\gamma^2+4\xi^2\gamma^2}$$

此处，β 是质量 m 滞后于基础位移的相位差。

系统质量振幅与基础运动幅值的比值称为位移传递系数 T_D，即

$$T_D = \frac{A}{y_0} = \frac{\sqrt{1+(2\xi\gamma)^2}}{\sqrt{(1-\gamma^2)^2+(2\xi\gamma)^2}} \tag{2.29}$$

根据式(2.29)，画出 $T_D-\gamma$ 之间的关系曲线，称为绝对位移传递函数，如图2.4所示。

从图2.4中可以看出：

①$\gamma \ll 1$ 时，$T_D=1$，即系统的绝对位移基本上与基础的位移相同，两者之间没有相对位移；

②$\gamma=\sqrt{2}$ 时，$T_D=1$，并且与阻尼无关；

③$\gamma>\sqrt{2}$ 时，$T_D<1$，即质量的运动幅值小于基础运动的幅值。随着 γ 的增大，T_D 减小，利用这一特性可以指导振动系统的隔振设计。

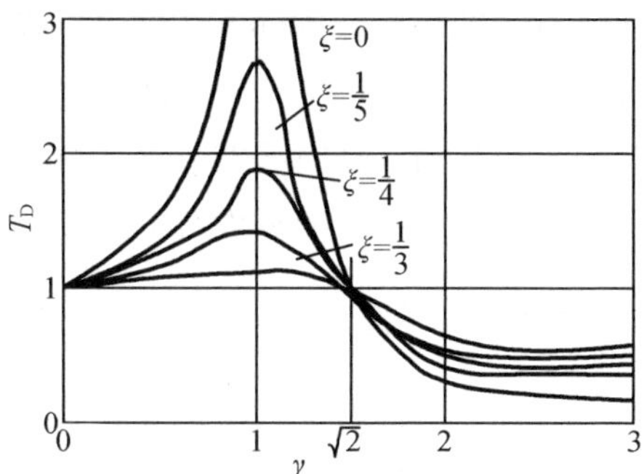

图2.4　绝对位移传递函数图

下面讨论质量 m 相对于基础的振动位移计算。

式(2.27)可以改写为

$$m\ddot{y}+m\ddot{y}_b-m\ddot{y}_b+c(\dot{y}-\dot{y}_b)+k(y-y_b)=0$$

或者

$$m(\ddot{y}-\ddot{y}_b)+c(\dot{y}-\dot{y}_b)+k(y-y_b)=-m\ddot{y}_b$$

令 $z=y-y_b$，则问题转化为求相对振动位移 z 的响应。于是得振动方程为

$$m\ddot{z}+c\dot{z}+kz=-m\ddot{y}_b \tag{2.30}$$

将 $y_b=y_0\sin\omega t$ 代入式(2.30)，得

$$m\ddot{z}+c\dot{z}+kz=my_0\omega^2\sin\omega t$$

此方程的解为

$$z(t)=A\sin(\omega t-\beta) \tag{2.31}$$

式中

$$\begin{cases} A=\dfrac{y_0\gamma^2}{\sqrt{(1-\gamma^2)^2+(2\xi\gamma)^2}} \\ \beta=\arctan\dfrac{2\xi\gamma}{1-\gamma^2} \end{cases} \tag{2.32}$$

由式(2.32)可得相对位移的传递系数

$$T_{\bar{D}}=\frac{\gamma^2}{\sqrt{(1-\gamma^2)^2+(2\xi\gamma)^2}} \tag{2.33}$$

根据式(2.33)，可以画出 $T_{\bar{D}}-\gamma$ 的关系曲线，称为相对位移传递函数，如图2.5所示。

由式(2.33)和图2.5可知：

①当 $\gamma\ll 1$ 时，$T_{\bar{D}}\approx 0$，即基础运动频率远小于固有频率时，系统完全跟随基础运动，二者没有相对运动；

②当 $\gamma \gg 1$ 时,即基础运动频率远远高于固有频率时, $T_{\bar{D}}=1$,即 $y-y_b=y_0$,$\beta=\pi$。此种情况质量的运动与基础运动的方向相反,系统的质量悬在空中不动,即质量的绝对位移近似于零。一般 $\gamma \gg 4$ 时,即可近似认为 $T_{\bar{D}}=1$。

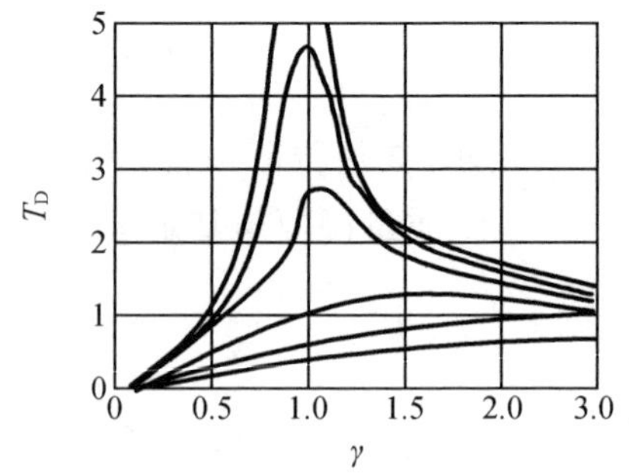

图 2.5 相对位移传递函数图

在减振设计工程中,有两种不同的技术要求,其一是上部设备振动时,减小传递到基础上的力,以保护基础结构在设备振动时不发生破坏,称之为隔力;其二是基础振动时,减小传递到上部设备系统的振幅,以便上部设备在基础振动时能够有效工作,称之为隔幅,即隔离基础振幅之意。应用式(2.29),可以进行振动系统的减振设计。

2.1.3 任意激励作用下的结构响应

只有一个自由度的振动系统称为单自由度振动系统,单自由度振动系统在振动理论及其应用中是最为基本的。在理论分析中,利用单自由度振动系统的直观、简洁,往往可以把握振动系统的许多本质。同时,单自由度振动系统的振动理论与方法也是多自由度振动系统以及连续振动系统振动理论和方法的基础。在实际的工程应用中,把结构简化为一个单自由度振动系统,可以得到一个初步的,甚至工程实践中较为满意的结果。

最简单的单自由度振动系统可以描述为一个弹簧连接一个质量点的系统,如图 2.6 所示。

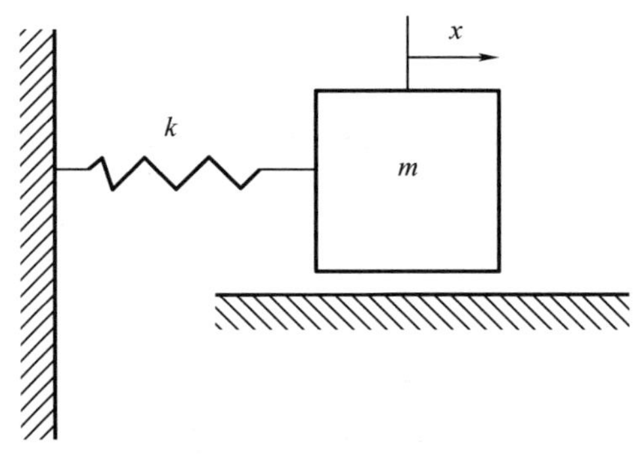

图 2.6 单自由度振动系统示意图

前面介绍了简谐载荷作用下系统振动响应的计算方法和响应特点。但是在实际工程系统中,大量结构系统承受的载荷并不是简谐的。下面介绍如何利用简谐载荷响应分析结果,计算任意周期载荷作用下结构系统的振动响应。

图 2.7 所示为任意周期性载荷。根据傅里叶展开理论,可以将周期性载荷表达式展开为傅里叶级数,除第一项为常数可以看作静力外,其余各项均为简谐载荷。根据叠加原理,系统总的振动响应应是各个载荷项响应的总和。将周期性载荷展开为傅里叶级数的公式为

$$P(t) = \frac{a_0}{2} + \sum_{n=1}^{\infty} a_n \cos \frac{2n\pi}{T_P} t + \sum_{n=1}^{\infty} b_n \sin \frac{2n\pi}{T_P} t \tag{2.34}$$

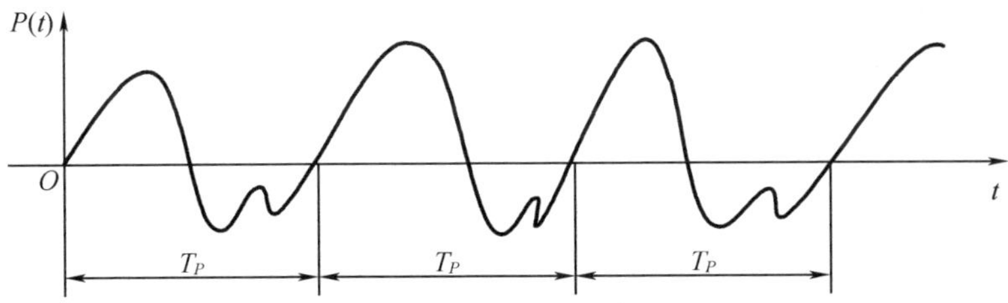

图 2.7 任意周期性载荷图

其中,T_P表示已知载荷函数的周期,如图 2.7 所示,而系数则可由下式计算:

$$a_0 = \frac{2}{T_P}\int_0^{T_P} P(t)\,\mathrm{d}t \tag{2.35(a)}$$

$$a_n = \frac{2}{T_P}\int_0^{T_P} P(t)\cos\frac{2n\pi}{T_P}t\,\mathrm{d}t \quad (n = 1,2,\cdots) \tag{2.35(b)}$$

$$b_n = \frac{2}{T_P}\int_0^{T_P} P(t)\sin\frac{2n\pi}{T_P}t\,\mathrm{d}t \quad (n = 1,2,\cdots) \tag{2.35(c)}$$

在周期载荷的展开式中,$a_0/2$ 代表载荷的平均值,其后各项是频率为 $n\omega_0$($\omega_0 = 2\pi/T_P$)、幅值为 a_n 和 b_n 的简谐载荷。

先考虑载荷级数中正弦项引起的响应。根据单自由度系统简谐载荷引起的响应,可得

$$y_{ns}(t) = \frac{b_n}{k}\frac{1}{1-\left(\frac{n\omega_0}{\lambda}\right)^2}\sin n\omega_0 t \tag{2.36(a)}$$

同样,级数中余弦项引起的响应

$$y_{nc}(t) = \frac{a_n}{k}\frac{1}{1-(\frac{n\omega_0}{\lambda})^2}\cos n\omega_0 t \tag{2.36(b)}$$

第一项静力项引起的响应

$$y_0 = \frac{a_0}{2k} \tag{2.36(c)}$$

系统总振动位移响应即为所有载荷级数项的各个响应之和,即

$$y(t) = \frac{1}{k}\left[\frac{a_0}{2} + \sum_{n=1}^{\infty}\frac{1}{1-\left(\frac{n\omega_0}{\lambda}\right)^2}(a_n\cos n\omega_0 t + b_n\sin n\omega_0 t)\right] \tag{2.37}$$

式中的系数 a_0、a_n 和 b_n 由式(2.35(a))至式(2.35(c))确定。这就是无阻尼时周期载荷作用下的稳态位移响应。

有阻尼系统正弦载荷作用下的稳态响应由式(2.22)和式(2.23)计算所得。将式(2.22)和式(2.23)改写为

$$y_{\mathrm{ds}}(t)=\frac{p_0}{k}\frac{1-\frac{\omega^2}{\lambda^2}}{\left(1-\frac{\omega^2}{\lambda^2}\right)+\left(2\xi\frac{\omega}{\lambda}\right)^2}\sin\omega t-\frac{p_0}{k}\frac{2\xi\frac{\omega}{\lambda}}{\left(1-\frac{\omega^2}{\lambda^2}\right)+\left(2\xi\frac{\omega}{\lambda}\right)^2}\cos\omega t$$

同样也可以求得余弦载荷 $p_0\cos\omega t$ 作用下系统的稳态解

$$y_{\mathrm{dc}}(t)=\frac{p_0}{k}\frac{1-\frac{\omega^2}{\lambda^2}}{\left(1-\frac{\omega^2}{\lambda^2}\right)+\left(2\xi\frac{\omega}{\lambda}\right)^2}\cos\omega t+\frac{p_0}{k}\frac{2\xi\frac{\omega}{\lambda}}{\left(1-\frac{\omega^2}{\lambda^2}\right)+\left(2\xi\frac{\omega}{\lambda}\right)^2}\sin\omega t$$

根据上述结果，有阻尼系统在式(2.34)所示周期载荷作用下的稳态响应即为

$$y(t)=\frac{a_0}{2k}+\frac{1}{k}\sum_{n=1}^{\infty}\frac{1}{(1-\gamma_n^2)^2+(2\xi\gamma_n)^2}\cdot \{[a_n2\xi\gamma_n+b_n(1-\gamma_n^2)]\sin n\omega_0t+[a_n(1-\gamma_n^2)-b_n2\xi\gamma_n]\cos n\omega_0t\} \tag{2.38}$$

其中，$\gamma_n=n\omega_0/\lambda$。

2.2 多自由度系统振动

虽然有些工程问题可以化为单自由度问题计算，但真实结构动力分析中不仅需要考虑更多的运动方向，还需要考虑结构不同部分的相对变形。因此为了有足够的分析精度，更多的问题必须作为多自由度进行分析。

例如，船舶在海浪上运动时，其任意瞬时的空间位置需用六个坐标确定；在海洋工程中使用的导管架平台，如果将其节点位移作为自由度来描述结构的振动，则平台具有更多的自由度。这种需要两个或两个以上有限独立坐标才能完全确定振动系统几何位置的系统，被称为多自由度系统。

本节主要介绍多自由度系统振动的数学模型的建立、振动方程的建立以及方程的求解。

2.2.1 数学模型的建立

运用力学模型将原结构简化为质量、弹簧、阻尼器。

数学模型将力学模型表达为数学公式，通过刚度法、柔度法等，建立力学的平衡方程。

本书主要研究的是多自由度的数学模型的建立方法。

微分型(每一瞬间)：牛顿第二定律、达朗贝尔原理、拉格朗日方程等；

积分型(有限时段)：能量守恒定律、动量定律等。

如图2.8(a)所示的集中质量系统，每个质量都有一个可能的运动，位移从不加载时的平衡位置开始考虑。这两个质量块的动平衡如图2.8(b)所示。注意到弹簧 k 中的力与两个质量块的位移都有关系，对每一个质量块建立平衡方程，得到

$$\begin{aligned}m_1\ddot{u}_1+k_1u_1+k_2(u_1-u_2)&=0\\ m_2\ddot{u}_2+k_2(u_2-u_1)&=0\end{aligned} \tag{2.39}$$

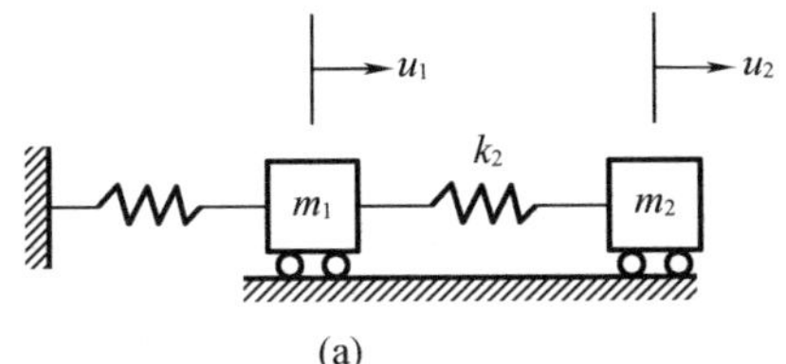

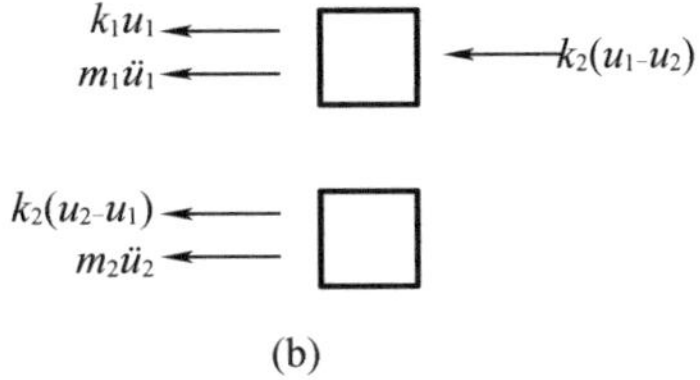

图 2.8　自由度集中质量系统

为了解决这个问题，假定两个集中质量的振动是同相位的，即它们随着时间变化一起振动，但是具有不同的振幅，因此其运动可以描述为

$$u_1 = a_1 Y(t)$$
$$u_2 = a_2 Y(t) \tag{2.40}$$

其中，$Y(t)$是随时间变化的未知函数，a_1 和 a_2 是待定的振幅。将式(2.40)代入运动方程式(2.39)中，可以得到

$$m_1 a_1 \ddot{Y}(t) + (k_1 + k_2) a_1 Y(t) - k_2 a_2 Y(t) = 0$$
$$m_2 a_2 \ddot{Y}(t) - k_2 a_1 Y(t) + k_2 a_2 Y(t) = 0 \tag{2.41}$$

其中，$\ddot{Y}(t)$表示未知函数 $Y(t)$关于时间 t 的二阶导数，移项后，式(2.41)可以写为

$$\frac{(k_1 + k_2) a_1 - k_2 a_2}{m_1 a_1} = -\frac{\ddot{Y}(t)}{Y(t)} = \text{constan } t = \omega^2$$
$$\frac{-k_2 a_1 + k_2 a_2}{m_2 a_2} = -\frac{\ddot{Y}(t)}{Y(t)} = \text{constan } t = \omega^2 \tag{2.42}$$

显然，相同的一个时间函数在两个方程中都出现了，由于左边一项不随时间变化，因此必须等于常数，而方程中与时间有关的部分应该满足：

$$\ddot{Y}(t) + \omega^2 Y(t) = 0 \tag{2.43}$$

由此，我们可以看出这是一个无阻尼的单自由度系统自由振动方程。因此，该问题的解可以用下面形式表示：

$$Y(t) = A\cos \omega t + B\sin \omega t \tag{2.44}$$

将式(2.44)代入式(2.42)中，整理后得到

$$(k_1 + k_2) a_1 - k_2 a_2 = \omega^2 m_1 a_1$$
$$-k_2 a_1 + k_2 a_2 = \omega^2 m_2 a_2 \tag{2.45}$$

这个方程给出了系统的特性，即质量、刚度与自振圆频率之间的关系，可以进一步写成如下形式：

$$(k_1 + k_2 - \omega^2 m_1) a_1 - k_2 a_2 = 0$$
$$-k_2 a_1 + (k_2 - \omega^2 m_2) a_2 = 0 \tag{2.46}$$

应该注意到这个问题是矩阵特征值问题的标准形式，需要获得满足方程的 a_1、a_2 和 ω 的非平凡解。平凡解在 a_1、a_2 均等于 0 的时候得到，也就是意味着没有运动(这不是我们需要的)，而非平凡解在其系数矩阵特征值等于 0 时获得，因此

$$\begin{vmatrix} k_1 + k_2 - \omega^2 m & -k_2 \\ -k_2 & k_2 - \omega^2 m_2 \end{vmatrix} = 0 \tag{2.47}$$

展开后得到频率方程：

$$(k_1+k_2-\omega^2 m_1)(k_2-\omega^2 m_2)-k_2^2=0$$

$$\omega^4-\omega^2\left[\frac{k_2}{m_2}+\frac{k_1+k_2}{m_1}\right]+\frac{k_1k_2}{m_1m_2}=0 \tag{2.48}$$

这个式子还可以用质量比 $\mu=m_2/m_1$ 和界限频率的形式表达，界限频率定义为

$$\overline{\omega}_1^2=\frac{k_1}{m_1+m_2}$$

$$\overline{\omega}_2^2=\frac{k_2}{m_2} \tag{2.49}$$

那么频率方程就变为

$$\omega^4-\omega^2[(\overline{\omega}_1^2+\overline{\omega}_2^2)(1+\mu)]+\overline{\omega}_1^2\overline{\omega}_2^2(1+\mu)=0 \tag{2.50}$$

这是一个关于 ω^2 的二次方程，有两个根：

$$\omega^2=\frac{1}{2}(\overline{\omega}_1^2+\overline{\omega}_2^2)(1+\mu)\pm\frac{1}{2}\sqrt{[(\overline{\omega}_1^2+\overline{\omega}_2^2)(1+\mu)]^2-4\overline{\omega}_1^2\overline{\omega}_2^2(1+\mu)} \tag{2.51}$$

这两个根记为 ω_1^2 和 ω_2^2，它们代表了系统可能的两种振动频率的平方。每一个 ω^2 回代到式(2.46)中，都可以确定一个 a_1 与 a_2 的比例，如果给出一个初始条件，就可以确定出 a_1 和 a_2 的值。

2.2.2 振动方程的建立

建立多自由度系统的运动方程主要有基于达朗贝尔原理的动平衡法和基于能量原理的拉格朗日法。动平衡法有三种不同的表现形式：直接列出包括惯性力在内的平衡方程，以及用柔度矩阵或者用刚度矩阵建立方程。下面分别介绍这几种方法。

1. 直接平衡法建立方程

根据达朗贝尔原理，我们建立了动平衡的概念，使得在结构静力分析中的一些方法可以直接推广到动力问题。当系统振动时，将受到四个力，即干扰力、惯性力、阻尼力及弹性恢复力的作用，这四种力在系统的每一个广义坐标上的分量应保持平衡，这是一种简单、直观的建立运动方程的方法，得到广泛的应用。

当结构具有分布质量和弹性时，直接应用达朗贝尔原理，用动力平衡的方法建立体系的运动方程可能是困难的。根据这一关系，在各个广义坐标上施加惯性力，即将原来的动力学问题在形式上转化为静力学问题，于是就可以采用静力学中的各种方法列出力的平衡方程，即得到系统的运动方程，此方法称为直接平衡法。设对于第 i 个广义坐标，上述四种力的分量分别为 $P_i(t)$、$f_{Ii}(t)$、$f_{Di}(t)$，以及 $f_{Si}(t)$，则有动平衡方程

$$f_{Ii}+f_{Di}+f_{Si}=p_i(t)\quad (i=1,2,\cdots,n) \tag{2.52}$$

式中 $P_i(t)$——与第 i 个广义坐标对应的干扰力；

$f_{Ii}(t)$——与第 i 个广义坐标对应的惯性力；

$f_{Di}(t)$——与第 i 个广义坐标对应的阻尼力；

$f_{Si}(t)$——与第 i 个广义坐标对应的弹性恢复力。

对于 n 个自由度结构系统，力的平衡关系可以表示为

$$\boldsymbol{F}_{\mathrm{I}}+\boldsymbol{F}_{\mathrm{D}}+\boldsymbol{F}_{\mathrm{S}}=\boldsymbol{P}(t) \tag{2.53}$$

式中　$\boldsymbol{F}_{\mathrm{I}}$——惯性力列阵；

$\boldsymbol{F}_{\mathrm{D}}$——阻尼力列阵；

$\boldsymbol{F}_{\mathrm{S}}$——弹性恢复力列阵；

$\boldsymbol{P}(t)$——干扰力列阵。

振动系统的弹性恢复力列阵与振动位移成比例，设系统的位移矢量为

$$\boldsymbol{Y}=[y_1\cdots y_2\cdots y_3\cdots y_i\cdots y_n]^{\mathrm{T}} \tag{2.54}$$

则有

$$F_{\mathrm{S}}=\boldsymbol{KY} \tag{2.55}$$

式中，K 为结构的刚度矩阵，其为 $n\times n$ 的方阵，其元素 K_{ij}称为刚度系数。K_{ij}的定义为在 j 坐标处发生单位位移时（其他坐标均为0），在第 i 处所产生的弹性恢复力。

假设系统的阻尼是黏性的或者可以简化为等效黏性阻尼，则阻尼力与速度$\dot{Y}$成正比，即

$$F_{\mathrm{D}}=\boldsymbol{C}\dot{\boldsymbol{Y}} \tag{2.56}$$

式中，$\boldsymbol{C}$ 为阻尼系数矩阵，其元素 C_{ij}为阻尼系数，它的定义为在 j 坐标发生单位速度时，在第 i 坐标处所产生的阻尼力；$\dot{\boldsymbol{Y}}$为广义振动速度列阵，即$\dot{\boldsymbol{Y}}=[\dot{y}_1\dot{y}_2\cdots\dot{y}_n]^{\mathrm{T}}$

惯性力与加速度矢量成正比，即

$$F_{\mathrm{I}}=\boldsymbol{M}\ddot{\boldsymbol{Y}} \tag{2.57}$$

式中，$\boldsymbol{M}$ 为质量矩阵，其元素 M_{ij}称为质量系数，它的定义为仅在 j 坐标发生单位加速度时，在第 i 坐标处所产生的惯性力；$\ddot{\boldsymbol{Y}}$为广义振动加速度列阵，

$$\ddot{\boldsymbol{Y}}=[\ddot{y}_1\cdots\ddot{y}_2\cdots\ddot{y}_n]^{\mathrm{T}} \tag{2.58}$$

将式(2.55)至式(2.56)代入式(2.53)即得到 n 个自由度系统振动方程的一般形式，即

$$\boldsymbol{M}\ddot{\boldsymbol{Y}}+\boldsymbol{C}\dot{\boldsymbol{Y}}+\boldsymbol{KY}=\boldsymbol{P}(t) \tag{2.59}$$

此方程在形式上与一个自由度系统相同，但是现在方程式中的每一项都为矩阵。在建立方程时，一般将坐标原点取在系统的静平衡位置上，即计算得到的结果仅为动位移响应。

2. 用柔度矩阵或者刚度矩阵建立方程

用柔度矩阵或者刚度矩阵建立方程，本质上也是基于力的动平衡，只不过所采用的参数与直接平衡法有所不同。在工程结构中，如果柔度系数容易求出，则可以用柔度矩阵建立方程；如果刚度系数计算比较容易，则可用刚度矩阵建立方程。

3. 用拉格朗日第二类方程建立运动方程

哈密顿原理是一种建立运动方程的能量方法（积分形式的变分原理），如果不考虑非保守力做的功（主要是阻尼力），它是完全的标量运算，但实际上直接采用哈密顿原理建立运动方程并不多。哈密顿原理的美妙在于它以一个极为简洁的表达式概括了复杂的力学问题。

另外，拉格朗日方程正在得到更多的应用，它和哈密顿原理一样，除非保守力（阻尼力）外，是一个完全的标量分析方法，不必直接分析惯性力和保守力（主要是弹性恢复力），而惯性力和弹性恢复力是建立运动方程时最为困难的处理对象。

如果系统的约束关系式中只包括位移坐标而不包括坐标对时间的导数，则称系统为具

有完整的约束系统。在具有完整的约束系统中，广义坐标的数目等于自由度的数目。对于不随时间变化的稳定完整约束，系统的动能与位移无关，仅与速度有关。这里推导稳定完整约束系统的拉格朗日第二类方程，其表达式如下：

$$\int_{t_1}^{t_2}\delta(T - V)\mathrm{d}t + \int_{t_1}^{t_2}\delta\left(\sum_{j=1}^{n} Q_j\delta q_j\right)\mathrm{d}t = 0 \tag{2.60}$$

式中 $\sum_{j=1}^{n} Q_j\delta q_j$ ——外力和阻尼力虚功，而 Q_j 是与 q_j 对应的广义力函数。

因为该系统是稳定约束系统，动能仅和速度有关，势能仅和坐标广义位移有关，所以动能和势能表达式为

$$T = T(\dot{q}_1, \dot{q}_2, \cdots, \dot{q}_n)$$

$$V = V(q_1, q_1, \cdots, q_n)$$

将动能和势能表达式代入式(2.61)，进行变分运算得到

$$\int_{t_1}^{t_2}\left[\sum_{j=1}^{n}\left(\frac{\partial T}{\partial \dot{q}_j}\delta\dot{q}_j - \frac{\partial V}{\partial q_j}\delta q_j + Q_j\delta q_j\right)\right]\mathrm{d}t = 0 \tag{2.61}$$

对上式中与速度有关的项进行分部积分并交换变分和求导顺序，得到

$$\int_{t_1}^{t_2}\frac{\partial T}{\partial \dot{q}_j}\delta\dot{q}_j\mathrm{d}t = \int_{t_1}^{t_2}\frac{\partial T}{\partial \dot{q}_j}\frac{d\delta q_j}{\mathrm{d}t}\mathrm{d}t = \frac{\partial T}{\partial \dot{q}_j}\delta q_j\Big|_{t_1}^{t_2} - \int_{t_1}^{t_2}\frac{\mathrm{d}}{\mathrm{d}t}\left(\frac{\partial T}{\partial \dot{q}_j}\right)\delta q_j\mathrm{d}t$$

由于在给定时刻位移的变分等于0，于是得到

$$\int_{t_1}^{t_2}\frac{\partial T}{\partial \dot{q}_j}\delta\dot{q}_j\mathrm{d}t = 0 - \int_{t_1}^{t_2}\frac{\mathrm{d}}{\mathrm{d}t}\left(\frac{\partial T}{\partial \dot{q}_j}\right)\delta q_j\mathrm{d}t$$

将上式代入式(2.61)，可得

$$\int_{t_1}^{t_2}\left[\sum_{j=1}^{n}\left(-\frac{\mathrm{d}}{\mathrm{d}t}\left(\frac{\partial T}{\partial \dot{q}_j}\right) - \frac{\partial V}{\partial q_j} + Q_j\right)\right]\delta q_j\mathrm{d}t = 0$$

由于上式存在变分的任意性，在积分区间内 $\delta q_j \neq 0$，因此上式成立的条件是被积函数等于0，于是得到拉格朗日第二类方程：

$$\frac{\mathrm{d}}{\mathrm{d}t}\left(\frac{\partial T}{\partial \dot{q}_j}\right) + \frac{\partial V}{\partial q_j} = Q_j \quad (j = 1, 2, 3, \cdots, n) \tag{2.62}$$

上式即为稳定约束系统的拉格朗日第二类方程。Q_j 是非保守力在第 j 个广义坐标上的分量，可用虚功原理求出。

2.2.3 方程的求解

1. 无阻尼强迫振动响应计算

结构的振动响应计算一般有两种方法，即直接解法和模态叠加法。直接解法是指不求解固有振动特性而通过求解振动方程得到振动响应的方法。模态叠加法需首先求解结构的固有振动特性，而后再求结构的振动响应。直接解法适用于自由度较少的结构且作用载荷为同频率简谐形式。而模态叠加法用途较广，可以用于大型结构系统的动力计算。

(1)直接解法

对于自由度较少的系统，有很多方法可以用于直接求解振动方程。比如龙格－库塔法、威尔逊 θ 法、纽马克 β 法等，均可以直接求解振动方程得到振动响应。

(2)模态叠加法

用模态叠加法可以计算无阻尼和有阻尼系统的振动响应,其实质是利用振型正交性进行坐标变换,将求多自由度系统响应问题变换为求以模态坐标表示的单自由度系统响应问题,而后求解相互独立的以模态坐标表示的微分方程。根据方程,去掉阻尼项,得到无阻尼系统的强迫振动方程为

$$\boldsymbol{M}\ddot{\boldsymbol{Y}} + \boldsymbol{K}\boldsymbol{Y} = \boldsymbol{P}(t) \tag{2.63}$$

根据振型的正交性可知,振型构成了 n 个独立的位移模式,振型的幅值可以作为广义坐标以表示任意形式的位移。振型起着一组三角函数那样的作用,而且具有同样的优点。其原因是它们存在着正交性,而且可以有效地表达位移,取前几项即可达到良好的近似。例如图 2.9 所示立柱,其位移曲线可以用对应 3 个振型位移分量的叠加表示。

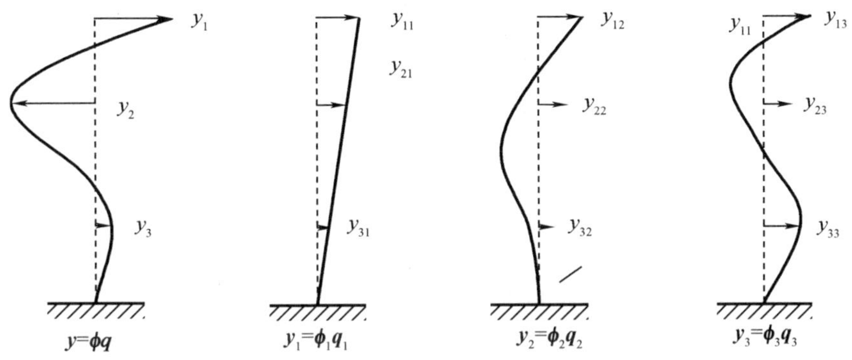

图 2.9 振型位移叠加分量展示图

对应于任何振型 i 的位移矢量 $\boldsymbol{Y}_i$;由振型矢量 $\boldsymbol{\phi}_i$ 乘以广义坐标 q_i 得到,即

$$\boldsymbol{Y}_i = \boldsymbol{\phi}_i q_i \tag{2.64}$$

然后用振型分量位移的叠加得到总的位移,即

$$\boldsymbol{Y} = \boldsymbol{\phi}_1 q_1 + \boldsymbol{\phi}_2 q_2 + \cdots + \boldsymbol{\phi}_n \boldsymbol{q}_n = \sum_{i=1}^{n} \boldsymbol{\phi}_i q_i$$

或者用矩阵表示

$$\boldsymbol{Y} = \boldsymbol{\phi}\boldsymbol{q} \tag{2.65}$$

其中

$$\boldsymbol{\phi} = [\phi_1, \phi_2, \phi_3, \cdots, \phi_n], \boldsymbol{q} = [q_1, q_2, q_3, \cdots, q_n]^{\mathrm{T}}$$

式中的振型矩阵 $\boldsymbol{\phi}$ 起着将广义坐标 $\boldsymbol{q}$ 转换成几何坐标 $\boldsymbol{Y}$ 的作用,称 $\boldsymbol{q}$ 坐标为结构系统的主坐标。由于主坐标和振型是一一对应的,所以又称 $\boldsymbol{q}$ 为振型坐标或模态坐标。

将式(2.65)代入式(2.63),并且左边乘以第 i 个振型的转置 $\boldsymbol{\phi}_i^{\mathrm{T}}$,可得

$$\boldsymbol{\phi}_i^{\mathrm{T}} M\Phi \ddot{q} + \boldsymbol{\phi}_i^{\mathrm{T}} K\Phi q = \boldsymbol{\phi}_i^{\mathrm{T}} \boldsymbol{P}(t)$$

由于此处采用正则振型,根据振型的正交条件可知:当两个相同的振型相乘时的结果为 1,故此处除以第 i 主项外其他各项均为 0。因而结果是

$$\ddot{q} + \lambda_i^2 q = P_i(t) \quad (i = 1, 2, \cdots, n) \tag{2.66}$$

其中

$$P_i(t)=\boldsymbol{\phi}_i^{\mathrm{T}}P(t)$$

对于结构的每个振型,可以用上述方法求得一个独立的以主坐标 q 表达的振动方程。因此对于耦合的振动方程组,通过上述方法可以转换成为 n 个独立的振动方程。分别求解每个振动方程,可以得到主坐标响应,然后按照式(2.65)进行叠加,即可得到几何坐标下系统的振动响应。按此方法求解振动响应,称为模态叠加法。

模态叠加法是求解大型结构系统振动响应的有效方法,已经广泛应用于结构动力计算的计算机程序中。

2. 有阻尼强迫振动响应计算

(1)直接解法

设结构上作用同频率和同相位的载荷 $P=\boldsymbol{P}_{(0)}\sin\omega t$,根据有阻尼系统振动方(2.59),得到

$$\boldsymbol{M}\ddot{\boldsymbol{Y}}+\boldsymbol{C}\dot{\boldsymbol{Y}}+\boldsymbol{K}\boldsymbol{Y}=\boldsymbol{P}_{(0)}\sin\omega t \tag{a}$$

仅求稳态动力响应,可设稳态响应的解具有如下形式:

$$\boldsymbol{Y}=\boldsymbol{B}_1\sin\omega t+\boldsymbol{B}_2\cos\omega t$$

将式(b)代入式(a)并整理,得到

$$\begin{cases}(\boldsymbol{K}-\omega^2\boldsymbol{M})\boldsymbol{B}_1-\omega\boldsymbol{C}\boldsymbol{B}_2=\boldsymbol{P}_0\\ \omega\boldsymbol{C}\boldsymbol{B}_1+(\boldsymbol{K}-\omega^2\boldsymbol{M})\boldsymbol{B}_2=0\end{cases} \tag{b}$$

上式共有 $2n$ 个方程,解此联立方程组,可以得到 $\boldsymbol{B}_1$ 和 $\boldsymbol{B}_2$ 中的共计 $2n$ 个元素,

$$\boldsymbol{B}_1=[B_{11},B_{21},\cdots,B_{n1}],\boldsymbol{B}_2=[B_{12},B_{22},\cdots,B_{n2}]$$

根据式(b)可以得到振动响应的解

$$y_i(t)=B_{i1}\sin\omega t+B_{i2}\cos\omega t=B_i\sin(\omega t-\beta_i)$$

式中 B_i——第 i 个自由度响应的振幅,$B_i=\sqrt{B_{i1}^2+B_{i2}^2}$,$\beta_i$ 为第 i 个自由度响应的相位,即与干扰力之间的相位差,$\beta_i=\arctan\dfrac{-B_{i2}}{B_{i1}}$。

由上式可以看出,对于多自由度情况,各个自由度响应的相位是不相同的。

若干扰力为任意周期性的面非简谐的,可以将干扰力展开为傅里叶级数,计算每个谐波引起的响应,然后相叠加,即得到所求的动力响应。

若结构上作用的载荷不能用时间的解析函数表达时,就不能得到上述的解析解。此时必须采用数值积分的方法。有关的方法将在后续章节介绍。

(2)模态叠加法计算有阻尼系统振动响应

采用模态叠加法计算有阻尼系统振动响应,其过程与无阻尼情况相似。首先求出结构系统的固有振动特性,并且进行正则化处理得到正则振型。按照2.2.2节的方法处理阻尼,可以实现阻尼矩阵的解耦。因此得到惯性矩阵、阻尼矩阵和刚度矩阵解耦的以主坐标表示的振动方程。求解步骤如下。

①建立运动方程,并求固有频率和振型,进行模态的正则化处理。

②进行模态变换,得到模态质量、模态阻尼:

$$\ddot{q}_i+2\zeta_i\lambda_i\dot{q}_i+\lambda_i^2q=\frac{1}{m_i}p_i(t)\quad(i=1,2,\cdots,n) \tag{2.67}$$

式中

$$m_i = \boldsymbol{\phi}_i^{\mathrm{T}} M \phi_i, p_i(t) = \boldsymbol{\phi}_i^{\mathrm{T}} P(t)$$

③计算主坐标响应。求方程(2.67)中的主坐标响应。此步的求解,与单自由度系统求解相同。主坐标的求解可以采用杜哈梅尔(Duharnel)积分,即得到主坐标的解:

$$q_i(t) = \frac{1}{m_i \boldsymbol{\lambda}_{\mathrm{d}i}} \int_0^t p_i(\tau) \mathrm{e}^{-\xi_i \lambda_i (t-\tau)} \sin \lambda_{\mathrm{d}i}(t-\tau) \mathrm{d}\tau \quad (i = 1,2,\cdots,n) \tag{2.68}$$

④求几何坐标中的响应。求出主坐标响应后,通过各个模态振动响应的叠加,即得到以几何坐标表示的位移。根据式(2.65)得

$$\boldsymbol{Y} = \boldsymbol{\phi}_1 q_1 + \boldsymbol{\phi}_2 q_2 + \cdots + \boldsymbol{\phi}_n q_n = \sum_{i=1}^{n} \boldsymbol{\phi}_i q_i(t)$$

上式即为结构系统几何坐标下的动力响应,$q_i(t)$表示各个振型对振动响应的贡献。对于大多数结构系统的载荷而言,一般是频率最低的振型对振动响应的贡献最大,高阶振型则逐渐减小。因此,在用模态叠加法计算响应时,不需要包括所有的高阶振型,当规定了计算精度时,可以根据要求舍弃高阶振型的贡献。采取此种做法,可以减少计算工作量。

⑤计算弹性力响应,即计算结构的内力响应。结构的弹性力响应:

$$\boldsymbol{f}_{\mathrm{s}} = \boldsymbol{KY} = \boldsymbol{K}(\boldsymbol{\phi}_1 q_1 + \boldsymbol{\phi}_2 q_2 + \cdots + \boldsymbol{\phi}_i q_i)$$

注意到式(2.44),将 $\boldsymbol{K} = \boldsymbol{M}$ 代入上式,得到

$$\boldsymbol{f}_{\mathrm{s}} = \boldsymbol{M}(\lambda_1^2 \boldsymbol{\phi}_1 q_1 + \lambda_2^2 \boldsymbol{\phi}_2 q_2 + \cdots + \lambda_i^2 \boldsymbol{\phi}_i q_i) \tag{2.69}$$

表明弹性力计算时,每个振型所起的作用都要乘以固有频率的平方,所以结构中的高阶振型对弹性力的贡献要大于对位移的贡献。因此,在计算结构的弹性力响应时,为了获得所需要的精度,计算弹性力时的振型分量要比计算位移时的振型分量多些。

2.3 有限差分方法

有限差分方法主要是用有限差分逼近微分方程的数值方法,即对一个偏微分方程中的微分项进行有限差分,从而将偏微分方程转化成一个代数的差分表达式求解。本节主要介绍差分表达式的推导,同时以外载荷作用下的单自由度系统为例阐述相关应用的基本思想。

2.3.1 有限差分基本思路

这里采用一个简单的常微分方程来简述有限差分法的基本原理:

$$\begin{cases} \dot{y}(t) + cy(t) = f(t) \\ y_0 = y(0) \end{cases} \quad t \in [0, t_n] \tag{2.70}$$

求解微分方程最主要的就是处理微分项,有限差分基本原理即对方程微分项进行近似,为了得到微分近似,我们首先应用导数定义:

$$\dot{y}(t) = \lim_{\Delta t \to 0} \frac{y(t+\Delta t) - y(t)}{\Delta t} \approx \frac{y(t+\Delta t) - y(t)}{\Delta t} \tag{2.71}$$

式(2.71)的几何意义如图2.10和图2.11表示,使用割线斜率近似替代切线斜率,Δt为步长,当步长越短两切线斜率越接近,即表明函数某一点的微分可以由相邻点的函数值

近似代替。

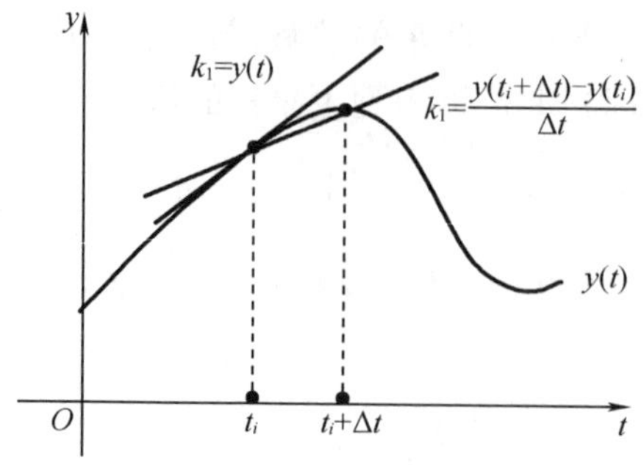

图 2.10　微分的近似表示

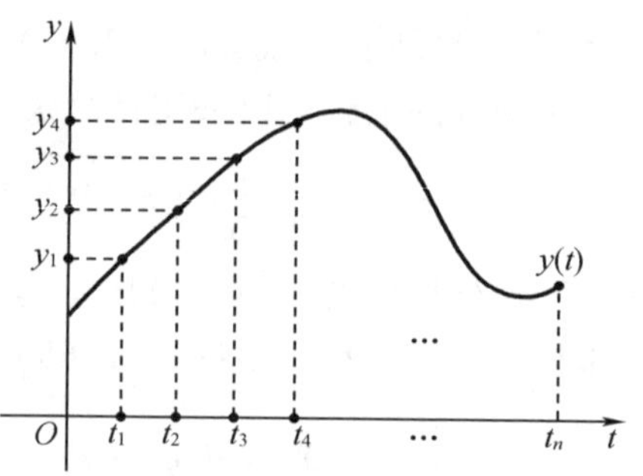

图 2.11　一维求解域的离散

显然微分近似的精度与步长选取有关,步长越小则近似数值越接近。因此,为了分别得到各离散点上的微分近似值,对上述一维问题,我们首先需要对求解域进行离散,将求解区间分为 n 个区间,步长设为 Δt,各个点的一阶微分记为 $y_i(i=1,2,\cdots,n)$,这样就把原问题的求解转化成各节点值 y_i 的求解,即函数导数的离散形式表示为

$$\dot{y}_i=\frac{y_{i+1}-y_i}{\Delta t}\quad(i=0,1,2,\cdots,n-1)\tag{2.72}$$

将式(2.72)代入原方程可以得到

$$\begin{cases}\dfrac{y_{i+1}-y_i}{\Delta t}+c\ \dot{y}=f(t_i)\\ y_0=y(0)\end{cases}\quad(i=1,2,\cdots,n-1)\tag{2.73}$$

合并同类项得到如下递推关系式,则每一项的数值近似均可由递推关系式得出

$$y_{i+1}=(1-c\Delta t)y_i+f(t_i)\Delta t\quad(i=1,2,\cdots,n-1)\tag{2.74}$$

以上以一个简单的一维问题用导数的思维进行简单描述,下面我们对其更广泛的使用进行拓展。注意到一阶微分可以使用相邻节点的函数值表示,一般的,假设函数值在求解域内连续可导,我们采用基于 Taylor(泰勒)展开式的离散近似表示。

对于二维、三维或时域问题,处理思路与方法类似。如图 2.12 所示。为了更清晰,这里我们对单自由度问题的时间求解区间进行网格离散,步长为 Δt,对应的函数值为 y_n。网离散点通过 t 方向增长的坐标 i 定义,其中 u_i 表示 i 点上 t 方向分量,则 u_{i+1} 可以用关于 i 点值的泰勒展开式表示,并进一步将方程 $\left(\frac{\partial y}{\partial t}\right)_i$ 项做整理:

$$y_{i+1}=y_i+\left(\frac{\partial y}{\partial t}\right)_i\Delta t+\left(\frac{\partial^2 y}{\partial t^2}\right)_i\frac{(\Delta t)^2}{2}+\left(\frac{\partial^3 y}{\partial t^3}\right)_i\frac{(\Delta t)^3}{6}+\cdots\tag{2.75}$$

$$\left(\frac{\partial y}{\partial t}\right)_i=\underbrace{\frac{y_{i+1}-y_i}{\Delta t}}_{\text{有限差分表示}}\underbrace{-\left(\frac{\partial^2 y}{\partial t^2}\right)_i\frac{\Delta t}{2}-\left(\frac{\partial^3 y}{\partial t^3}\right)\frac{(\Delta t)^2}{6}+\cdots}_{\text{截断误差}}\tag{2.76}$$

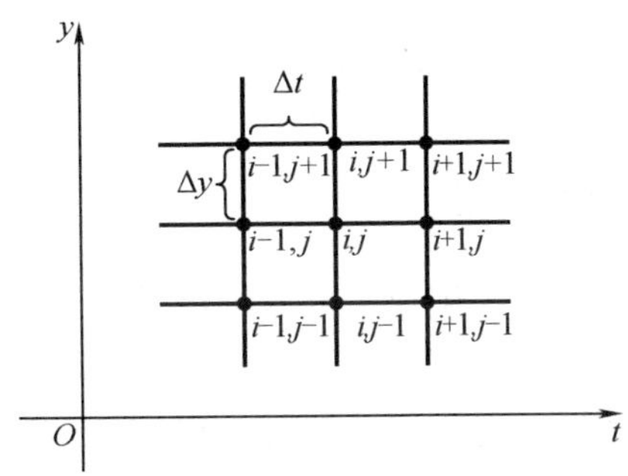

图 2.12 离散网格点

式(2.76)中,表示 i 点值的一阶偏微分式,右边第一项即是其有限差分表示,右边其余各项总和则表示截断误差,截断误差中最低阶项是 Δt 量级的量。因此,式(2.76)的有限差分式为一阶精度,可以表示为

$$\left(\frac{\partial y}{\partial t}\right)_i = \frac{y_{i+1} - y_i}{\Delta t} + o(\Delta t) \tag{2.77}$$

可以看出,式(2.77)中的有限差分式仅用到了 i 点的右侧信息,因此该方程的有限差分式叫作一阶精度前差分式。下面同理,运用 i 点的左侧信息,得到泰勒展开式,并得到 i 点一阶偏微分的一阶精度后差分式:

$$y_{i-1} = y_i - \left(\frac{\partial y}{\partial t}\right)_i \Delta t + \left(\frac{\partial^2 y}{\partial t^2}\right)_i \frac{(\Delta t)^2}{2} - \left(\frac{\partial^3 y}{\partial t^3}\right)_i \frac{(\Delta t)^3}{6} \cdots \tag{2.78}$$

$$\left(\frac{\partial y}{\partial t}\right)_i = \frac{y_i - y_{i-1}}{\Delta t} + o(\Delta t) \tag{2.79}$$

在一般工程问题中,一阶精度数值使用价值较低,需同时考虑 i 点左右两侧的信息,即可将式(2.75)减去式(2.78),得到对应的展开式,并将 i 点值的一阶偏微分项提出,得到方程:

$$y_{i+1} - y_{i-1} = 2\left(\frac{\partial y}{\partial t}\right)_i \Delta t + 2\left(\frac{\partial^3 y}{\partial t^3}\right)_i \frac{(\Delta t)^3}{6} + \cdots \tag{2.80}$$

$$\left(\frac{\partial y}{\partial t}\right)_i = \frac{y_{i+1} - y_i}{2\Delta t} + 2\left(\frac{\partial^3 y}{\partial t^3}\right)_i \frac{(\Delta t)^3}{6} + \cdots \tag{2.81}$$

式(2.80)、式(2.81)同时运用到 i 点左右两侧信息,其中截断误差最低阶项为$(\Delta t)^2$。因此,式(2.81)的有限差分式叫作二阶精度中心差分。同理,公式中二阶偏微分项的中心差分式可用式(2.75)加上式(2.78)得到对应的展开式,并提出二阶偏微分项,得到二阶精度差分式:

$$y_{i+1} + y_{i-1} = 2y_i + \left(\frac{\partial^2 y}{\partial t^2}\right)_i (\Delta t)^2 + \left(\frac{\partial^4 y}{\partial t^4}\right)_i \frac{(\Delta t)^4}{12} + \cdots \tag{2.82}$$

$$\left(\frac{\partial^2 y}{\partial t^2}\right)_i = \frac{y_{i+1} - 2y_i + y_{i+1}}{(\Delta t)^2} + o(\Delta t)^2 \tag{2.83}$$

本节的有限差分式推导只是一小部分,由以上推导思路可引入更多网格点信息,得到更高精度的差分近似。如 i 点的二阶偏微分项的四阶精度有限差分式可表示为

$$\left(\frac{\partial^2 y}{\partial t^2}\right)_i = \frac{-y_{i+2}+16y_{i+1}-30y_i+16y_{i-1}-y_{i-2}}{12(\Delta t)^2}+o(\Delta t)^4 \tag{2.84}$$

2.3.2 振动系统的有限差分应用

本节将上述运动微分方程问题转化为代数方程组求解,用有限差分代替位移对时间的一阶和二阶求导,在时间区域内求 $m\dot{y}(t)+c\dot{y}(t)+ky(t)=P(t)$ 得到每个离散区域的递推公式,进而求得整个时域内的反应。此处采用单自由度振动系统方程(2.1)做应用阐述。

根据 2.3.1 的思路推导,速度与加速度的中心差分近似表示为

$$\begin{cases}\dot{y}_i = \dfrac{y_{i-1}-y_{i+1}}{2\Delta t} \\ \ddot{y}_i = \dfrac{y_{i+1}-2y_i+y_{i-1}}{(\Delta t)^2}\end{cases} \quad (i=0,1,2\cdots) \tag{2.85}$$

将速度和加速度的差分近似公式代入振动方程式(2.1)中,得出在 t_i 时刻的运动方程,并将方程的$(i+1)$项提取出来整理得到

$$\left[\frac{m}{(\Delta t)^2}-\frac{c}{2\Delta t}\right]y_{i+1} = P_i+\left[\frac{2m}{(\Delta t)^2}-k\right]y_i+\left[\frac{c}{2\Delta t}-\frac{m}{(\Delta t)^2}\right]y_{i-1} \tag{2.86}$$

这样就可以根据 t_i 及 t_{i-1}时刻的运动递推 t_{i+1}时刻的运动。同时可见求 t_{i+1}时刻的数值,需要用到前两个离散点的数值作为基础,所以,式(2.1)仅适用于在初始条件下的动力响应问题,因此可将 t_{-1}和 t_0 两个时间点的位移看作零。

对于非零初始条件,我们需要建立两个初始时刻 t_{-1}及 t_0 的值。首先假定给定的初始条件为

$$\begin{cases}y_0 = y(0) \\ \dot{y}_0 = \dot{y}(0)\end{cases} \tag{2.87}$$

其速度和加速度的中心差分近似表示为

$$\begin{cases}\dot{y}_0 = \dfrac{y_1-y_{-1}}{2\Delta t} \\ \ddot{y}_0 = \dfrac{y_1-2y_0+y_{-1}}{\Delta t^2}\end{cases} \tag{2.88}$$

将式(2.85)消去 y_1 项,整理得到 y_{-1}表示的公式:

$$y_{-1} = y_0-\dot{y}_0\Delta t+\frac{1}{2}\ddot{y}\Delta t^2 \tag{2.89}$$

其中,0 时刻加速度的值$\ddot{y}_0$ 可由 $t=0$ 时刻的运动方程得到:

$$\ddot{y}_0 = \frac{1}{m}(P_0-c\ \dot{y}_0-ky_0) \tag{2.90}$$

这样就可以根据非零初始条件得到 y_{-1}的值,再将结果运用到式(2.86)中,即可递推出后续不同时刻的值。

2.3.3 适用性和稳定条件分析

根据上述推导的中心差分方程式(2.1),得到公式中的系数:

$$
\begin{cases}
a = \dfrac{m}{(\Delta t)^2} - \dfrac{c}{2\Delta t} \\
b = \dfrac{2m}{(\Delta t)^2} - k \\
c = \dfrac{c}{2\Delta t} - \dfrac{m}{(\Delta t)^2}
\end{cases} \tag{2.91}
$$

在受到外载荷的作用下，对于线性弹性体系来说，弹性变形的特点是无时间依赖性，所以线性弹性系统的差分计算可直接运用推导的方程式(2.86)；对于非线性弹性体系，弹性变形特点是具有时间依赖性，即需重复计算式(2.91)中的系数，并重新代入式(2.86)中计算。

在上述推导中心差分式步骤的泰勒展开式中，我们取的截断误差中的最低项为$(\Delta t)^2$项。对于二阶精度的差分近似是有稳定条件的，稳定条件为

$$
\Delta t \leqslant \frac{T_n}{\pi} \tag{2.92}
$$

其中，T_n 为结构的自振周期，对于多自由度体系则为最小自振周期。

2.3.4 有限差分法算例

以2.1外力作用下的单自由度体系为例，其质量 $m = 9\ 240$ kg、刚度 $k = 1\ 460$ kN/m、阻尼系数 $c = 6.41$ kN · s/m，对结构施加动力载荷假设结构处于线弹性状态，用中心差分法计算结构的自由振动反应。采用 MATLAB 语言编程，设初位移 $y_0 = 0.05$，初速度 $v_0 = 0$。先计算 Δt，由稳定条件 $\Delta t \leqslant \frac{T_n}{\pi} = \frac{2}{\omega_n}$，而 $\omega_n = \sqrt{\frac{k}{m}} = \sqrt{\frac{1\ 460\ 000}{9\ 240}} = 12.57\ rad/s$，则 $\Delta t \leqslant 0.16\ s$，所以本次取 $\Delta t = 0.1$ 进行计算。计算结果如图2.13所示。

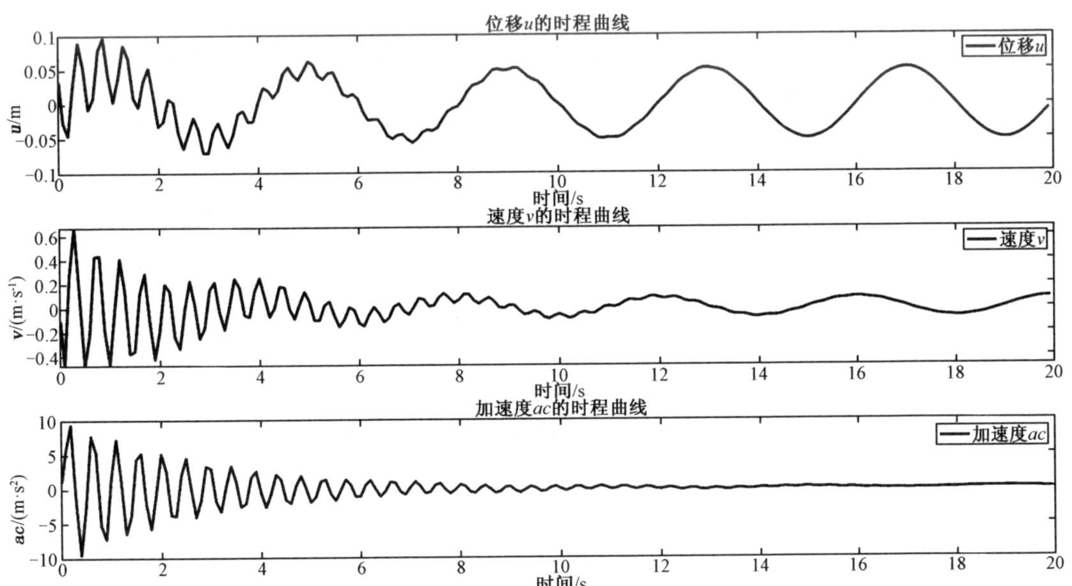

图2.13 有限差分法计算结果图

编程代码如下：

```
% m = 质量;k = 刚度;c = 阻尼;u0 = 初始位移;v0 = 初始速度;T = 所用时间;P0 = 载荷幅值;dt = 步长;
% u = 位移;v = 速度;ac = 加速度;ek = 等效刚度;p = 载荷;ep = 等效载荷;t = 时间;
clear
A0 = [9240 1460000 6410 0.05 0 20 73000 0.05];
m = A0(1,1);k = A0(1,2);c = A0(1,3);u0 = A0(1,4);v0 = A0(1,5);T = A0(1,6);P0 = A0(1,7);dt = A0(1,8);
t = [0:dt:T]; % 将时间分步,采用等时间步长;
[mm,nn] = size(t); % 计算 t 的向量长度,得出步数;
u = zeros(size(t)); % 设定存储 u 的矩阵;
v = zeros(size(t)); % 设定存储 v 的矩阵;
ac = zeros(size(t)); % 设定存储 ac 的矩阵;
u(:,2) = u0; % 赋值向量第 2 项为 u0;
v(:,2) = v0; % 赋值向量第 2 项为 v0;
ac(:,2) = (P0 - c * v(:,2) - k * u(:,2)) /m; % 求出初始加速度 ac0;
u(:,1) = u(:,2) - dt * v(:,2) + ((dt)^2) * ac(:,2) /2; % 计算初始条件 u - 1 项;
ek = m /(dt^2) + c /(2 * dt); % 计算等效刚度;
a = k - (2 * m) /(dt^2);
b = m /(dt^2) - c /(2 * dt); % 计算方程系数;
p(:,2) = P0 * sin(0); % 给出初始载荷条件;
ep(:,2) = p(:,2) - a * u(:,2) - b * u(:,1); % 计算初始等效载荷;
u(:,3) = ep(:,2) /ek; % 计算位移 u1 = u(:,3)
for i = 3:nn;% 从第二项开始进行中心差分法计算;
p(:,i) = P0 * sin(.5 * pi * (i - 2) * dt); % 给出载荷条件,按照简谐载荷计算;
ep(:,i) = p(:,i) - a * u(:,i) - b * u(:,i - 1); % 计算等效载荷;
% - - - - - - - - - - - - - - - - - - - - - - - - - - 得出所需要结果 - - - - - - - - - - - - - - - - - - - - - - - - - - - - - - - - - - - - - - %
u(:,i + 1) = ep(:,i) /ek; % 计算位移量;
v(:,i) = (u(:,i + 1) - u(:,i - 1)) /(2 * dt); % 计算速度量;
ac(:,i) = (u(:,i + 1) - 2 * u(:,i) + u(:,i - 1)) /(dt^2);% 计算加速度量;
end
t = t(:,1:end - 1);u = u(:,2:end - 1);v = v(:,2:end);ac = ac(:,2:end);p = p(:,2:end);ep = ep(:,2:end);
% - - - - - - - - - - - - - - - - - - - - - - - - - - - 绘制位移、速度、加速度时程曲线 - - - - - - - - - - - - - - - - - - - - - - - - - %
% plot(t,u,'b - o'),hold on,plot(t,v,'g - - p'),hold on,plot(t,ac,'r:x'),grid on,xlabel('时间(s)'),ylabel('位移(m)速度(m/s)加速度(m/s^2)'),title('顶层 u,v,ac 的时程曲线');
subplot(3,1,1),plot(t,u,'b - '),grid,xlabel('时间(s)'),ylabel('位移(m)'),title('位移 u 的时程曲线');legend('位移 u')
```

```
subplot(3,1,2),plot(t,v,'k'),grid,xlabel('时间(s)'),ylabel('速度(m/s)'),title('速度 v 的时程曲线');legend('速度 v')
subplot(3,1,3),plot(t,ac,'r'),grid,xlabel('时间(s)'),ylabel('加速度(m/s^2)'),title('加速度 ac 的时程曲线');legend('加速度 ac')
```

本章参考文献

[1] 唐友刚. 高等结构动力学[M]. 天津:天津大学出版社,2002.

[2] 闻邦椿,刘淑英,张纯宇. 机械振动学[M].2 版. 北京:冶金工业出版社,2011.

[3] 陈东东. 随机载荷识别技术在机载产品振动环境预示中的应用研究[D]. 南京:南京航空航天大学,2017.

[4] 陈清军,李文婷. 结构动力学课程多元化教学方法探讨[J]. 高等建筑教育,2015,24(2):47-52.

[5] 白旭,杜越,崔杰,等. 新工科背景下船海类专业研究生"高等结构动力学"课程的重构与设计[J]. 科教导刊,2021(7):135-136.

[6] 李玉学,王国安,荣学亮. 适用于博士研究生教学的《高等结构动力学》课程建设探索[J]. 石家庄铁路职业技术学院学报,2021,20(2):105-109.

[7] 于开平,邹经湘. 结构动力学[M]. 3 版. 哈尔滨:哈尔滨工业大学出版社,2015.

[8] 安德森. 计算流体力学入门[M]. 姚朝晖,周强,译. 北京:清华大学出版社,2010.

第3章　浮体在波浪中的运动响应

3.1　随机波浪载荷计算方法

在海洋环境中，海浪是作用在海洋平台的重要载荷。无风不起浪，海浪因风而起，风速、风向以及风的作用时间复杂多变，使得海面附近的风场结构复杂，加上波面对风场的反作用、波浪内部的涡动等，波浪具有高度不规则、不重复的现象。大量事实证明，把波浪按随机波浪研究，能够正确描述波浪对海洋建筑物的作用。本节主要运用线性波浪理论、随机波浪理论和 Morison 方程研究计算随机波浪载荷的计算方法。

3.1.1　线性波浪理论

此理论首先由 Airy 提出，故又被称为 Airy 波。Airy 波是对自然界海面上的波浪进行了简化的最简单的波动。满足线性波浪理论的波动面是水面呈简谐形式的起伏运动。水质点的运动是以平衡位置为圆心的圆周运动，即以圆频率 ω 作为简谐振动。假定波幅或波高相对于波长是无限小，因此可以忽略波动自由表面引起的非线性影响，即边界条件中的乘积项和平方项都可以忽略。此时自由表面的边界条件线性化为

$$\frac{\partial \Phi}{\partial z}-\frac{\partial \eta}{\partial t}=0 \quad (z=0) \tag{3.1}$$

$$\frac{\partial \Phi}{\partial t}+g\eta=0 \quad (z=0) \tag{3.2}$$

由式(3.1)、式(3.2)可得出

$$\frac{\partial^2 \Phi}{\partial t^2}+g\frac{\partial \Phi}{\partial z}=0 \quad (z=0) \tag{3.3}$$

然后通过分离变量法得出有限水深的线性波速度势为

$$\Phi=\frac{gH}{2\omega}\cdot\frac{\mathrm{ch}k(z+d)}{\mathrm{ch}kd}\sin(kx-\omega t) \tag{3.4}$$

式(3.4)显示速度势在 x 方向具有周期性，其波长 $L=2\pi/k$，周期 $T=2\pi/\omega$，ω 为波浪的圆频率，可知 $\omega=kc$，k 可定义为波数，$c=L/T$ 为波速。把式(3.4)代入式(3.3)可得到

$$\left.\frac{\partial^2 \Phi}{\partial t^2}+g\frac{\partial \Phi}{\partial z}\right|_{z=0}=\frac{gH}{2\omega\mathrm{ch}kd}(-\omega^2\mathrm{ch}kd+kg\mathrm{sh}kd)\sin(kx-\omega t)$$

从而得到

$$\omega^2=kg\tanh kd \tag{3.5}$$

这就是线性波的色散关系。

求得流体运动的速度势之后，根据速度势的定义，即可计算波浪中水质点在水平和垂直方向的运动速度如下：

$$\nu_x = \frac{\partial \Phi}{\partial x} = \frac{\pi H}{T} \cdot \frac{\mathrm{ch}k(z+d)}{\mathrm{sh}kd}\cos(kx-\omega t) \tag{3.6}$$

$$\nu_z = \frac{\partial \Phi}{\partial z} = \frac{\pi H}{T} \cdot \frac{\mathrm{sh}k(z+d)}{\mathrm{sh}kd}\sin(kx-\omega t) \tag{3.7}$$

水质点在水平及垂直方向的运动加速度为

$$\dot{\nu}_x = \frac{2\pi^2 H}{T^2} \cdot \frac{\mathrm{ch}k(z+d)}{\mathrm{sh}kd}\sin(kx-\omega t) \tag{3.8}$$

$$\dot{\nu}_z = \frac{2\pi^2 H}{T^2} \cdot \frac{\mathrm{sh}k(z+d)}{\mathrm{sh}kd}\cos(kx-\omega t) \tag{3.9}$$

3.1.2 随机波浪理论

海洋中的波浪是随机的，具有统计规律，可以利用概率统计理论进行研究，利用概率统计理论研究海浪现象的理论称为随机波浪理论。

随机过程理论告诉我们，当一个随机过程的统计特性不随时间的迁移而变化，或者说，其统计特性与时间的起点无关时，称该过程是平稳的。由于海上的气候条件有季节性的变化，因此，海洋中的波浪作为一个随机过程从长期而言并不具备平稳性，但对较短的一段时间来说，可以认为波浪是一个平稳的随机过程。此外，观测证实，波面升高 $\eta(t)$ 又是正态分布的，于是，波浪的长期状态可以看作由许多短期海况的序列组成，在每一短期海况中，波浪是一个均值为零的平稳正态随机过程，且此随机过程具有各态历经性。各态历经性保证某一随机过程的一个具体样本能代替总体，通过一样本能推求出随机过程总体的统计特性。每一短期海况由表征波浪特性的参数以及该海况出现的频率描述。常用的波浪参数为有义波高 H_s 和平均跨零周期 T_Z。H_s 定义为所有波浪中波高最大的1/3波浪的平均波高，因此 H_s 也可表示为 $H_{1/3}$。T_Z 定义为波面升高在相邻两次以正斜率跨越零均值线之间的平均时间间隔。它是波浪过程的跨零率的倒数，故有

$$T_Z = \frac{1}{f_0} = 2\pi\sqrt{\frac{m_0}{m_2}} \tag{3.10}$$

1. 随机波浪波面高度的分布特性

在随机波浪理论中，常将随机波浪看作由许多不同波长、不同波幅、不同相位的规则余弦波分量叠加而成，可以假定其振幅、频率、相位与方向都是随机量，但为处理简便，当前常仅假定相位是随机量。海面上某点的波高为

$$\eta(t) = \sum_{i=1}^{\infty} a_i \cos(k_i x - \omega_i t + \varepsilon_i) \tag{3.11}$$

式中 a_i——第 i 个余弦子波的振幅；

k_i——第 i 个余弦子波的波数，$k_i = 2\pi/L_i$；

ω_i——第 i 个余弦子波的圆频率；

ε_i——第 i 个余弦子波的随机相位，可认为此随机变量服从 $0 \sim 2\pi$ 均匀分布。

易证明 $\eta(t)$ 的均值为0，即 $E[\eta(t)]=0$。

自相关函数为

$$R[\eta(t)] = E[\eta(t)\eta(t+\tau)] = \sum_{i=1}^{\infty} \frac{1}{2}a_i^2 \cos \omega_i \tau \tag{3.12}$$

根据中心极限定理，η 的概率密度函数是正态分布的，该概率分布密度为

$$p(\eta) = \frac{1}{\sqrt{2\pi}\sigma_\eta} \exp\left(-\frac{\eta^2}{2\sigma_\eta^2}\right) \tag{3.13}$$

式中，$\sigma_\eta^2 = \overline{\eta^2(t)}$ 表示波面高度的方差。

2. 随机波浪的谱特性

研究海浪的特征时，我们可以进行谱分析，用一个非随机的谱函数描述。海浪是一种复杂的随机过程，20 世纪 50 年代初，皮尔生最先将瑞斯关于无线电噪声的理论应用于海浪，从此利用谱以随机过程描述海浪成为主要的研究途径。海浪的内部结构由它的各组成波所提供的能量来体现。海浪谱从数学意义上讲就是一个函数。所谓谱分析就是阐明海浪的能量相对于波浪频率、波浪传播方向或其他独立变量的分布规律，建立其函数关系。频谱是表明波浪能量相对于波浪频率的分布；方向谱是表明波浪能量相对于波浪频率和波向的分布。

对振幅为 a_n 的规则波，单位波面（单位波长 × 单位波宽）的波浪内所具有的波能为

$$E_n = \frac{1}{2}\rho g a_n^2 \text{或} E_n = \frac{1}{8}\rho g H_n^2 \tag{3.14}$$

可见波能量与波幅平方成正比。因此把 $\mathrm{d}\omega$ 范围内的各子波的 $\frac{a_n^2}{2}$ 叠加起来，并除以 $\mathrm{d}\omega$，得到一个 ω 的函数，令其为 $S_\eta(\omega)$，即

$$\sum_{\omega}^{\omega+\mathrm{d}\omega} \frac{a_n^2}{2} = S_\eta(\omega) d \tag{3.15}$$

显然函数 $S_\eta(\omega)$ 与频率位于 $\omega \sim \omega + \mathrm{d}\omega$ 间隔内的各组成波提供的能量成比例。如取 $\mathrm{d}\omega = 1$，则 $S_\eta(\omega)$ 与单位频率间隔内的能量成比例，即表示波能密度。所以函数 $S_\eta(\omega)$ 称为波能谱密度函数，简称海浪谱。又因为海浪谱 $S_\eta(\omega)$ 是波浪频率 ω 的函数，表明波能相对于波频的分布，故又称频谱。

海浪谱 $S_\eta(\omega)$ 相对于原点的 n 阶矩，即

$$m_n = \int_0^\infty \omega^n S_\eta(\omega)\mathrm{d}\omega \tag{3.16}$$

$$m_0 = \int_0^\infty S_\eta(\omega)\mathrm{d}\omega \tag{3.17}$$

海浪波面高度的方差 σ_η^2 也与单位波面内各组成波的总能量成比例，即

$$\sigma_\eta^2 = \sum_{n=1}^{\infty} \frac{1}{2}a_n^2 \tag{3.18}$$

因此

$$m_0 = \int_0^\infty S_\eta(\omega)\mathrm{d}\omega = \sigma_\eta^2 \tag{3.19}$$

海浪的 $S_\eta(\omega)$ 分布于 $\omega = 0 \sim \infty$ 整个频域内，但其显著部分却集中于一段狭窄的频率带内。波浪过程亦可按谱密度的形状分为窄带的和宽带的，并用不规则系数 α 或带宽系数 ε

表示。当波浪是窄带过程时,波浪中的能量相对集中在较窄的频率范围内,存在明显的主频率。这时,波幅服从 Rayleigh 分布。由此可计算波浪过程的标准差 σ_η、跨零率 f_0、峰值率 n_0,以及不规则系数 α 和带宽系数 ε 分别为

$$\sigma_\eta = \sqrt{m_0}, f_0 = \frac{1}{2\pi}\sqrt{\frac{m_2}{m_0}}, n_0 = \frac{1}{2\pi}\sqrt{\frac{m_4}{m_2}} \tag{3.20}$$

$$\alpha = \sqrt{\frac{m_2^2}{m_0 m_4}}, \varepsilon = \sqrt{1 - \frac{m_2^2}{m_0 m_4}} \tag{3.21}$$

目前求海浪谱的主要方法有:

①利用定点观测到的波面记录 $\eta(t)$,计算波面高度的自相关函数,然后经傅里叶变换求得频谱。

②由观测资料得出波高与周期的联合分布函数,经过理论推导,得出能量相对于频率的分布。

③由波浪能量平衡方程导出频谱。

下面介绍目前国内外常用的几种海浪频谱:

(1)P-M 谱

1964 年,Pierson 和 Moskowitz 依据北大西洋的实测资料,提出了一种新的能量谱形式,该谱表达式为

$$S(\omega) = \alpha g^2 \omega^{-5} \exp\left[-\beta\left(\frac{g}{U\omega}\right)^4\right] \tag{3.22}$$

式(3.22)中无因次常数 $\alpha = 0.008\ 1$,所示的波谱仅含一个参数,即海面上 19.5 m 高处的风速 U,如假定波浪谱为一窄谱,则由 $m_0 = \dfrac{\alpha U^4}{4 \times \beta \times g^2} = 2.84 \times 10^{-5} U^4$ 和 $H_s = 4.0\sqrt{m_0}$ 得到

$$H_s = 0.21\frac{U^2}{g} = 2.14 \times 10^{-2} U^2 \tag{3.23}$$

将式(3.23)代入式(3.22)得

$$S(\omega) = 0.78\omega^{-5} \exp(-3.11 \times H_s^{-2} \omega^{-4}) \tag{3.24}$$

由 $\dfrac{\partial S(\omega)}{\partial \omega} = 0$,可求得谱峰频率 $\omega_0 = 1.253/\sqrt{H_s}$。

将 ω_0 代入式(3.24)可得

$$S(\omega) = 0.78\omega^{-5} \exp\left[-1.25\left(\frac{\omega}{\omega_0}\right)^{-4}\right] \tag{3.25}$$

P-M 谱为经验谱,由于所依据的资料比较充分,分析方法比较合理,使用也比较方便,因此在海洋工程和船舶工程中得到了广泛的应用。

(2)JONSWAP 谱

JONSWAP 谱是由 Hassehian 等人在"联合北海波浪计划"期间提出的。JONSWAP 谱的形式可由 P-M 经修改得到,通常有如下的表达形式:

$$S(\omega) = \alpha g^2 \frac{1}{\omega^5} \exp\left[-1.25\left(\frac{\omega_m}{\omega}\right)^4\right] \gamma^{\exp\left[-\frac{(\omega-\omega_m)^2}{2\sigma^2\omega_m^2}\right]} \tag{3.26}$$

式中 γ——谱峰升高因子；

ω_m——谱峰频率；

g——重力加速度；

τ——峰形系数，取值为$\begin{cases}\omega \leqslant \omega_m & \tau=\tau_1 \\ \omega \geqslant \omega_0 & \tau=\tau_2\end{cases}$。

对于平均的 JONSWAP 谱而言：

$$\gamma=3.3, \tau_a=0.07, \tau_b=0.09$$

将上述的 JONSWAP 谱用有效波高以及峰值频率表示，则有如下的近似表达形式：

$$S(\omega)=\alpha^* H_s{}^2 \omega_0\left(\frac{\omega}{\omega_m}\right)^{-5} \exp\left[-1.25\left(\frac{\omega}{\omega_m}\right)^{-4}\right] \gamma^{\exp\left[-\frac{(\omega-\omega_m)^2}{2\tau^2\omega_0{}^2}\right]} \tag{3.27}$$

$$\alpha^*=\frac{0.0624}{0.230+0.0336\gamma-0.185(1.9+\gamma)^{-1}} \tag{3.28}$$

当 $\gamma=1$ 时，$\alpha^*=0.312$，此时 JONSWAP 谱与 P－M 谱的表达形式一致。

JONSWAP 谱是由中等风况和有限风距情况测得的，多数使用经验表明，此谱和实测结果是符合的，而且可以适用于不同成长阶段的风浪，因此日益得到了广泛的应用。

3.1.3 Morison 方程

作用于海洋结构物上的随机波浪载荷的计算是非常困难的，因为它包括了波浪和结构物之间的相互作用关系。就随机波浪的本质而言，目前高阶非线性理论发展仍不完备，直到目前为止，与波长相比尺度较小的细长柱体（例如圆柱体 $D/L<0.2$）的波浪力的计算，在工程设计中仍广泛采用 Morison 方程，它是以绕流理论为基础的半理论半经验公式。

该理论假定，柱体的存在对波浪运动无显著影响，认为波浪对柱体的作用主要是黏滞效应和附加质量效应。设有一柱体，直立在水深为 d 的海底上，波高为 H_s 的入射波沿 x 正向传播，柱体中心轴线与海底线的交点为坐标(x,z)的原点。如图 3.1 所示。

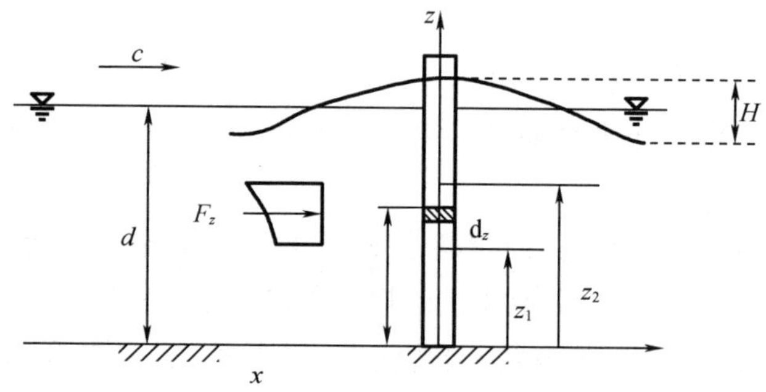

图 3.1 小尺度桩直立柱体波浪力计算的坐标系统

Morison 等认为作用于柱体任意 z（离海底以上的高度 z）处的水平波浪力 f_H 包括两个分量：一是波浪水质点运动的水平速度 u 引起对柱体的作用力——水平拖曳力 f_D；二是波浪水质点运动的水平加速度$\frac{du}{dt}$引起对柱体的作用力——水平惯性力 f_I。又认为波浪作用在柱体

上的拖曳力的模式与单向定常水流作用在柱体上的拖曳力的模式相同，即它与波浪水质点的水平速度的平方及柱体与波向的投影面积成正比；不同的是波浪水质点做周期性的往复的震荡运动，水平速度是时正时负的，故取 $u|u|$代替 u^2 以保证拖曳力的方向与速度的方向一致。当 $D/L<0.2$ 时，可以认为柱体的存在对波浪运动无显著影响，所以 u 和$\frac{\mathrm{d}u}{\mathrm{d}t}$可近似地分别采用柱体未插入波浪时相应于柱体轴中心位置处的水质点的水平速度和水平加速度$\frac{\partial u}{\partial t}$。作用于直立柱体任意高度 z 处 $\mathrm{d}z$ 柱高上的水平波力 $\mathrm{d}f_{\mathrm{H}}$ 为

$$\mathrm{d}f_{\mathrm{H}}=\mathrm{d}f_{\mathrm{I}}+\mathrm{d}f_{\mathrm{D}}=C_M\rho A\frac{\partial u}{\partial t}\mathrm{d}z+\frac{1}{2}C_D\rho Du|u|\mathrm{d}z \tag{3.29}$$

式中 $\mathrm{d}f_{\mathrm{I}}$——作用在长度为 $\mathrm{d}z$ 柱体的水平惯性力；

$\mathrm{d}f_{\mathrm{D}}$——作用在长度为 $\mathrm{d}z$ 柱体的水平拖曳力；

u、$\frac{\partial u}{\partial t}$——分别为柱体中心位置任意高度处波浪水质点的水平速度和水平加速度；

A——单位柱高垂直于波向的投影面积；

ρ——海水密度；

C_D——垂直于柱体轴线方向的拖曳力系数；

C_M——质量系数；

D——柱体直径。

为了得到作用在某一段柱体($z_2\sim z_1$)上的水平波力，可将式(3.21)从高度 z_1 到高度 z_2 进行积分：

$$F_{\mathrm{H段}}=\int_{z_1}^{z_2}f_{\mathrm{H}}\mathrm{d}z=\int_{z_1}^{z_2}\left(C_M\rho A\frac{\partial u}{\partial t}+\frac{1}{2}C_D\rho Du|u|\right)\mathrm{d}z \tag{3.30}$$

当 $z_1=0$、$z_2=d+\eta$ 时，可得到整个柱体上的水平波力为

$$F_{\mathrm{H}}=\int_0^{d+\eta}\left(C_M\rho A\frac{\partial u}{\partial t}+\frac{1}{2}C_D\rho Du|u|\right)\mathrm{d}z \tag{3.31}$$

由式(3.31)可以看出，正确计算作用在直立柱体上的水平波力的关键问题：一是针对所在海域的水深和设计波的波高、周期等条件，选用一种适宜的波浪理论计算波浪的 η、u、$\frac{\partial u}{\partial t}$；二是选取合理的拖曳力系数 C_D和质量系数 C_M。

从上式可以看出水平波力的拖曳力项因含有 $|u|u$ 而属于非线性项，在工程应用中，我们经常将其进行线性化处理。

假定 $|u|u$ 可以表达为如下的线性形式：

$$|u|u=c_1u(t) \tag{3.32}$$

这里我们假定水质点的速度 u 为具有零均值，标准差为 σ_u 的高斯分布，则最精确的线性化估计参数，可取 $c_1=\sqrt{\frac{8}{\pi}}\sigma_u$。式中，$\sigma_u$ 为速度谱 $S_u(\omega)$的方差，可以表达为

$$\sigma_u=\int_0^{\infty}S_u(\omega)\mathrm{d}\omega \tag{3.33}$$

通过线性化近似，单位长度柱体上的波浪力可以表示为

$$f_H = C_M A_{\mathrm{I}} \frac{\partial u}{\partial t} + \frac{1}{2} C_D A_{\mathrm{D}} \sqrt{\frac{8}{\pi}} \sigma_u u \tag{3.34}$$

式中,$A_{\mathrm{I}} = \dfrac{\pi D^2}{4}$,$A_{\mathrm{D}} = \dfrac{\rho D}{2}$。

3.1.4 随机波浪力的确定

1.广义随机波浪力的时域计算方法

基于线性波浪理论,运用 Morison 方程进行仿真波浪力。作用在海洋平台桩腿上的波浪力可以表示为

$$F(z,t) = C_M A_{\mathrm{I}} \int_0^d u(z,t) \left| u(z,t) \right| \mathrm{d}z + C_D A_{\mathrm{D}} \int_0^d \dot{u}(z,t) \mathrm{d}z \tag{3.35}$$

式中 C_D——拖曳力系数;

C_M——质量系数;

$A_{\mathrm{I}} = \dfrac{\pi D^2}{4}$;

$A_{\mathrm{D}} = \dfrac{\rho D}{2}$;

D——柱体直径;

ρ——海水密度;

d——水深;

z——积分变量;

$u(z,t)$、$\dot{u}(z,t)$——波浪水质点的水平速度和加速度,可表示为

$$u(z,t) = \sum_{i=1}^{m} \alpha_i \omega_i \frac{\cosh k_i z}{\sinh k_i d} \cos(\overline{\omega}_i t + \varepsilon_i) \tag{3.36}$$

$$\dot{u}(z,t) = -\sum_{i=1}^{M} \alpha_i \omega_i \frac{2\cosh k_i z}{\sinh k_i d} \sin(\overline{\omega}_i t + \varepsilon) \tag{3.37}$$

式中 $\alpha_i = \sqrt{2 S_\eta(\overline{\omega}_i) \Delta\omega_i}$;

$\overline{\omega}_i = (\omega_i + \omega_{i-1})/2$;

$\Delta\omega_i = \omega_i - \omega_{i-1}$;

ω_i、α_i 和 k_i——波浪的频率、振幅和波数;

ε_i——第 i 个波的初始相位;

S_η——波面能量谱密度函数。

通过式(3.35)、式(3.36)和式(3.37)就可以数值模拟出随机波浪力。

2.频域中随机波浪力谱的计算方法

通常波浪载荷的设计条件都是以波面谱参数的形式给出的,因此在频率域为了确定波浪载荷与波面之间的关系,则需计算出从 $\eta(t)$ 到 $F^*(t)$ 的传递函数。根据输入谱和输出谱之间的关系有:

设已知 y 的谱密度函数 $S_y(\omega)$,则 x 的谱密度函数 $S_x(\omega)$ 可表达为

$$S_x(\omega)=|T_{xy}(\omega)|^2S_y(\omega) \tag{3.38}$$

式中 $T_{xy}(\omega)$——由 y 到 x 的传递函数。

对于波浪力 F^*,从波面到随机波浪力的传递函数 $T_{F^*\eta}(\omega)$ 为

$$\eta\rightarrow T_{F^*\eta}(\omega)\rightarrow F^* \tag{3.39}$$

$$[T_{F^*\eta}(\omega)]^2=\left[C_MA_I\frac{gk}{\cosh kd}\int_0^d\cosh kzN(z)\,\mathrm{d}z\right]^2+\left[C_DA_D\frac{gk}{\overline{\omega}\cosh kd}\int_0^d\sqrt{\frac{8}{\pi}}\sigma_u\cos kzN(z)\,\mathrm{d}z\right]^2 \tag{3.40}$$

式中 C_D——拖曳力系数;

C_M——质量系数;

$A_\mathrm{I}=\dfrac{\pi D^2}{4}$;

$A_\mathrm{D}=\dfrac{\rho D}{2}$;

D——柱体直径;

σ_u——速度谱 $S_u(\omega)$ 的方差;

k、d、ω——波数、水深以及圆频率;

z——沿水深方向的纵向坐标。

因此可以得到波浪力谱为 $S_{F\cdot\eta}(\omega)=[T_{F\cdot\eta}(\omega)]^2S_\eta(\omega)$。

式中,$S_\eta(\omega)$为波面高度的谱密度函数,根据实际情况选择不同的波面谱。

计算出波浪力谱后,可以通过傅里叶变换法由波浪力谱求出波浪力时程,设波浪力谱 $S_{F\cdot\eta}(\omega)$的能量最大部分在 $\omega_\mathrm{L}\sim\omega_\mathrm{H}$,如图 3.2 所示,其余部分可以忽略不计。把频率范围划分成 N 个区间(一般取 $N=50\sim100$),其间距为 $\Delta\omega_i=\omega_i-\omega_{i-1}$,取 $\hat{\omega}_i=(\omega_{i-1}+\omega_i)/2$。

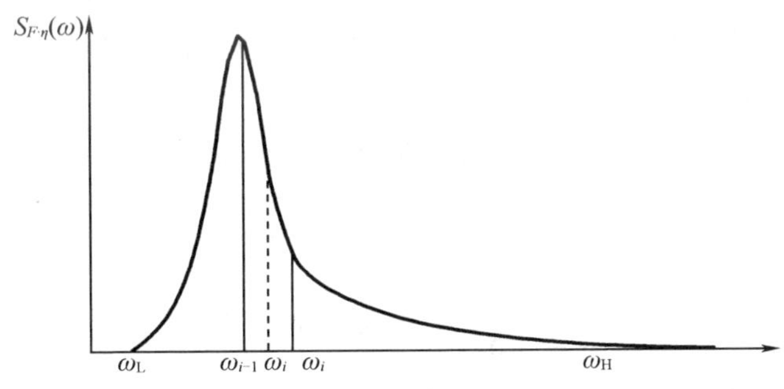

图 3.2 波浪力谱示意图

采用上式中的 $\hat{\omega}_i$ 作为 i 区间的代表频率,则模拟得到的波浪力时程将周期 $2\pi/\Delta\omega$ 重复出现,即所模拟的时间总长度 $t=N\Delta t=2\pi/\Delta\omega$,这里 Δt 为时间间隔。而 $\alpha_i=\sqrt{2S_{F*\eta}(\hat{\omega}_i)\Delta\omega_i}$,则将代表 N 个区间内能量的 N 个分量叠加起来,即得到随机波浪力。

3.2 船舶与海洋平台随机运动响应分析

3.2.1 运动控制方程

在进行结构动力响应分析时，建立数学模型通常有三种方法：集中质量法、广义坐标法和有限元法。实际的海洋平台结构较为复杂，在计算分析时，本节采用精度较高的有限元法。

考虑将平台离散为具有 n 个自由度的有限元系统，结构示意图见图 3.3。海洋平台运动方程可以表示为

$$\boldsymbol{M}\ddot{\boldsymbol{x}}(t)+\boldsymbol{C}\dot{\boldsymbol{x}}(t)+\boldsymbol{K}\boldsymbol{x}(t)=\boldsymbol{E}\boldsymbol{F}(t) \tag{3.41}$$

式中 $\ddot{\boldsymbol{x}}(t)=(\ddot{x}_1,\ddot{x}_2,\cdots,\ddot{x}_n)^{\mathrm{T}}$，为 $n\times1$ 维的结构节点的加速度向量；

$\dot{\boldsymbol{x}}(t)=(\dot{x}_1,\dot{x}_2,\cdots,\dot{x}_n)^{\mathrm{T}}$，为 $n\times1$ 维的结构节点的速度向量；

$\boldsymbol{x}(t)=(x_1,x_2,\cdots,x_n)^{\mathrm{T}}$，为 $n\times1$ 维的结构节点的位移向量；

$\boldsymbol{M}$、$\boldsymbol{C}$、$\boldsymbol{K}$、$\boldsymbol{E}$ 分别为总体坐标系下系统的质量矩阵、阻尼矩阵、刚度矩阵以及单位矩阵；$\boldsymbol{F}(t)$ 为 r 维的广义随机波浪载荷，可由分布的波浪力计算得到。

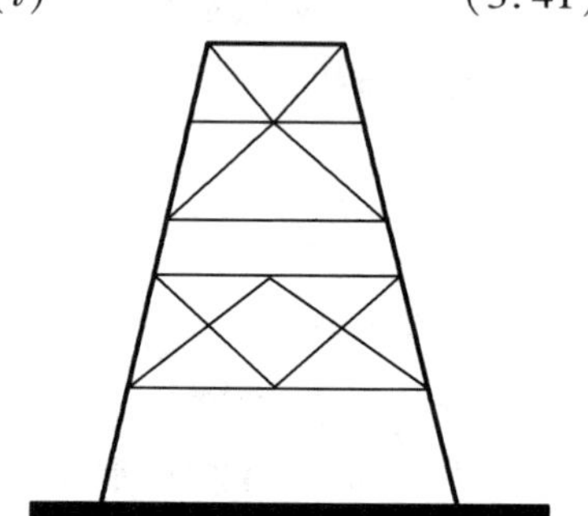
图 3.3 海洋平台系统模型示意图

3.2.2 平台运动响应

1. 时域分析

在时域求解式(3.41)所表述平台的运动方程一般可以采用两类方法：一类是直接积分法，就是按时间历程对上述微分方程直接进行数值积分，即数值解法，常用的数值解法有中心差分法、纽马克法和威尔逊 θ 法；另一类是模态(振型)叠加法。下面介绍中心差分法求解平台的时域动力响应。

如用两步长的差分公式表示位移向量对时间的导数，即

$$\dot{\boldsymbol{x}}_t=\frac{1}{2\Delta t}(\boldsymbol{x}_{t+\Delta t}-\boldsymbol{x}_{t-\Delta t})$$

$$\ddot{\boldsymbol{x}}_t=\frac{1}{(\Delta t)^2}(\boldsymbol{x}_{t+\Delta t}-2\boldsymbol{x}_t+\boldsymbol{x}_{t-\Delta t}) \tag{3.42}$$

则以中心时刻 t 的差分表示的式(3.41)的近似式为

$$\left(\boldsymbol{M}\frac{1}{(\Delta t)^2}+\boldsymbol{C}\frac{1}{2\Delta t}\right)\boldsymbol{x}_{t+\Delta t}=\boldsymbol{F}_t-\left(\boldsymbol{K}-\frac{2}{(\Delta t)^2}\boldsymbol{M}\right)\boldsymbol{x}_t-\left(\frac{1}{(\Delta t)^2}\boldsymbol{M}-\frac{1}{2\Delta t}\boldsymbol{C}\right)\boldsymbol{x}_{t-\Delta t} \tag{3.43}$$

若以如下记号简记：

$$a_0=\frac{1}{(\Delta t)^2},a_1=\frac{1}{2\Delta t},a_2=2a_0 \tag{3.44}$$

则式(3.43)可写成如下形式：

$$\overline{M}x_{t+\Delta t}=\overline{F}_t \tag{3.45}$$

其中

$$\overline{M}=a_0M+a_1C$$

$$\overline{F}_t=F_t-(K-a_2M)x_t-(a_0M-a_1C)x_{t-\Delta t} \tag{3.46}$$

由式(3.45)和式(3.46)可以看出，通过中心差分法可用系统在 $t-\Delta t$ 时刻以及 t 时刻向量 $\boldsymbol{x}$ 的值，近似表示它在 $t+\Delta t$ 时刻所应满足的方程。通过求解以 $x_{t+\Delta t}$ 为未知向量的方程组式(3.45)，即可使问题得到解答。由式(3.42)可知，中心差分法必须先计算出位移向量 $x_{t+\Delta t}$，然后才能得到前一刻 t 速度和加速度向量。

又由式(3.46)知，在计算的第一步，需要知道 $x_{t-\Delta t}$ 的值；但是，一般初始条件只给出 x_0 和 $\dot{x}_0$ 的值。为此，可从式(3.42)中的第一式解出 $x_{\Delta t}$ 代入第二式，经整理可得

$$x_{-\Delta t}=x_0-\frac{1}{2a_1}\dot{x}_0+\frac{1}{2a_0}\ddot{x}_0 \tag{3.47}$$

实际计算中，可直接补充给出加速度的初值$\{\ddot{x}\}_0$；也可自方式(3.41)通过计算

$$M\ddot{x}(t)_0+C\dot{x}(t)_0+Kx(t)_0=EF(t)_0 \tag{3.48}$$

精确方程来求得$\ddot{x}_0$，从而可进行式(3.46)的计算。

至此，通过式(3.46)计算静力方程组式(3.45)，这属于常规计算，可逐步解得 $x_{0+j\Delta t}$，$\dot{x}_{0+j\Delta t}$，$\ddot{x}_{0+j\Delta t}(j=1,2,\cdots)$。

由中心差分法的推导过程可以看出，它的计算程序是很简练的，而且此方法是很有效的。但是，中心差分法要求时间步长 Δt 足够少。通常要求：

$$\Delta t\leqslant\Delta t_{cr}=\frac{T_n}{\pi} \tag{3.49}$$

其中，Δt_{cr}是时间步长的临界值，T_n 是系统的最小的周期，n 是系统的阶数。

2. 频域分析

因为海洋平台的运动响应具有随机性，通常将该随机过程视为零均值的随机过程，所以本节采用响应的均方差在统计意义上衡量海洋平台运动幅度。

与式(3.41)相对应的状态空间方程为

$$\begin{aligned}\dot{z}(t)&=Az(t)+HF(t)\\ z(0)&=z_0\end{aligned} \tag{3.50}$$

式中　$z(t)=\begin{bmatrix}x(t)\\ \dot{x}(t)\end{bmatrix}$——$2n$ 维的状态向量；

$A=\begin{bmatrix}\boldsymbol{0} & \boldsymbol{I}\\ -M^{-1}K & -M^{-1}C\end{bmatrix}$——$2n\times2n$ 维的系数矩阵；

$H=\begin{bmatrix}\boldsymbol{0}\\ M^{-1}E\end{bmatrix}$——$2n\times r$ 维位置矩阵。

上述公式中的 $\boldsymbol{0}$、$\boldsymbol{I}$ 分别为相应维数的零矩阵和单位矩阵；M、K、C、E 如方程式(3.41)中定义。

若将平台简化为单自由度体系，状态空间方程由式(3.50)简化为

$$\dot{\boldsymbol{Z}}=\boldsymbol{AZ}+\boldsymbol{HF}^{*} \tag{3.51}$$

式中 $\boldsymbol{Z}=\begin{bmatrix} x_1 \\ \dot{x}_1 \end{bmatrix}$

$$\boldsymbol{A}=\begin{bmatrix} 0 & 1 \\ -\dfrac{k}{m} & -\dfrac{c}{m} \end{bmatrix}$$

$$\boldsymbol{H}=\begin{bmatrix} 0 \\ \dfrac{1}{m} \end{bmatrix}。$$

对于平台上第 $i(i=1,2,3,\cdots,n)$ 个节点的位移响应可以表示为

$$x_i=\boldsymbol{C}_u\boldsymbol{Z}(t) \tag{3.52}$$

上式中 $\boldsymbol{Z}(t)$ 为平台的状态向量，满足系统的状态空间方程；$\boldsymbol{C}_u$ 为输出位置矩阵，$\boldsymbol{C}_u=[0\cdots \underset{i}{1}\cdots 0]$，即第 i 列的值为 1，其他各列均为 0。

对于线性时不变系统，将式(3.8)左右两端进行拉普拉斯变换（简称拉氏变换），在 $\boldsymbol{Z}(0)=0$ 的条件下有

$$s\,\overline{\boldsymbol{Z}}(s)=\boldsymbol{A}\,\overline{\boldsymbol{Z}}(s)+\boldsymbol{H}\,\overline{\boldsymbol{F}}(s) \tag{3.53}$$

$\overline{\boldsymbol{Z}}(s)$ 为 $\boldsymbol{Z}$ 的拉氏变换，$\overline{\boldsymbol{F}}(s)$ 为波浪力 $\boldsymbol{F}^{*}$ 的拉氏变换，式中 $s=\mathrm{i}\omega$，i 为虚单位，则整理得到

$$\overline{\boldsymbol{Z}}(s)=\boldsymbol{T}(s)\overline{\boldsymbol{U}}(s)$$

$$\boldsymbol{T}(s)=(s\boldsymbol{I}-\boldsymbol{A})^{-1}\boldsymbol{H} \tag{3.54}$$

所以输出的响应与波浪力之间的传递函数矩阵为

$$\boldsymbol{T}_{x_iF^*}(\omega)=\boldsymbol{C}_u\ (s\boldsymbol{I}-\boldsymbol{A})^{-1}\boldsymbol{H} \tag{3.55}$$

式中，$\boldsymbol{A}$，$\boldsymbol{H}$ 分别如式(3.48)中所定义。

由式(3.10)所定义的谱密度与传递函数之间的关系可知：

$$S_{x_i}(\omega)=|T_{x_i\eta}(\omega)|^2S_\eta(\omega) \tag{3.56}$$

式中：

$$T_{x_i\eta}(\omega)=T_{x_iF^*}(\omega)T_{F^*\eta}(\omega) \tag{3.57}$$

平台位移响应的方差可由位移响应谱沿频域积分得到

$$E[x_i^{\ 2}]=\int_0^\infty S_{x_i}(\omega)\mathrm{d}\omega \tag{3.58}$$

位移标准差可表示为

$$\sigma_{x_i}=\sqrt{E[x_i^{\ 2}]}=\sqrt{\int_0^\omega S_{x_i}(\omega)\mathrm{d}\omega} \tag{3.59}$$

位移和速度之间的时域关系有

$$v=\frac{\mathrm{d}x}{\mathrm{d}t} \tag{3.60}$$

对上式进行拉氏变换可得

$$v_i(s) = sx(s) \tag{3.61}$$

因此,速度谱密度函数可以表示为

$$S_{v_i}(\omega) = s^2 S_x(\omega) \tag{3.62}$$

同理加速度的谱密度函数可以表示为

$$S_{a_i}(\omega) = s^4 S_x(\omega) \tag{3.63}$$

3.3 某海洋平台随机运动响应数值分析

3.3.1 平台概况

一导管架海洋平台位于墨西哥湾海域,水深 125 m,桩腿从上到下直径逐渐增大,水面处桩腿直径为 1.6 m,海底处桩腿直径为 3 m。该平台共离散为 390 多个单元。采用作用于 6 个主桩腿位置处质量单元来近似甲板和甲板上的设备。运用 ANSYS 10.0 有限元软件建立平台的 FE 模型,如图 3.4 所示,平台的基本参数见表 3.1。

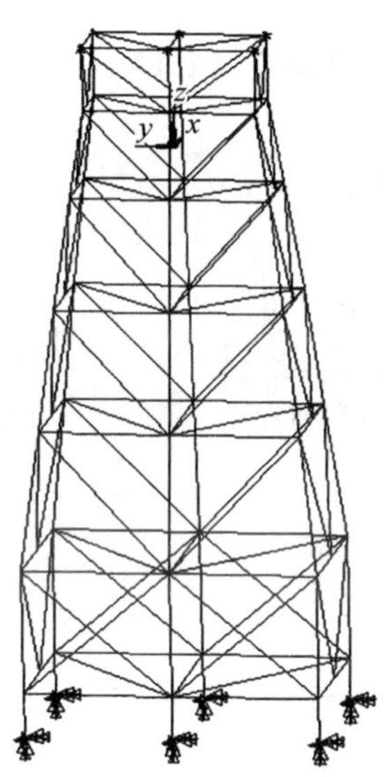

图 3.4 平台的 FE 模型

表 3.1 平台的基本参数

平台	总质量	15 570 000 kg
	结构阻尼	4%(主振型)
	等效固定高度	160 m
波浪载荷	等效拖曳力系数	1.40
	等效惯性力系数	2.0
	平均水深	125 m
	有效波高和周期	10 m;8 s

3.3.2 设计海况

根据当地海域情况，选取 JONSWAP 谱描述海况，波浪的周期为 8 s，有效波高为 10 m，波浪作用方向沿 x 轴，则 JONSWAP 谱如图 3.5 所示。C_D、C_M 分别取 1.4 和 2.0。本节将随机波浪力等效作用在桩腿上的水平面节点力，则作用在海洋平台上的随机波浪力以及相应的时域仿真结果如图 3.6 ~ 图 3.8 所示。

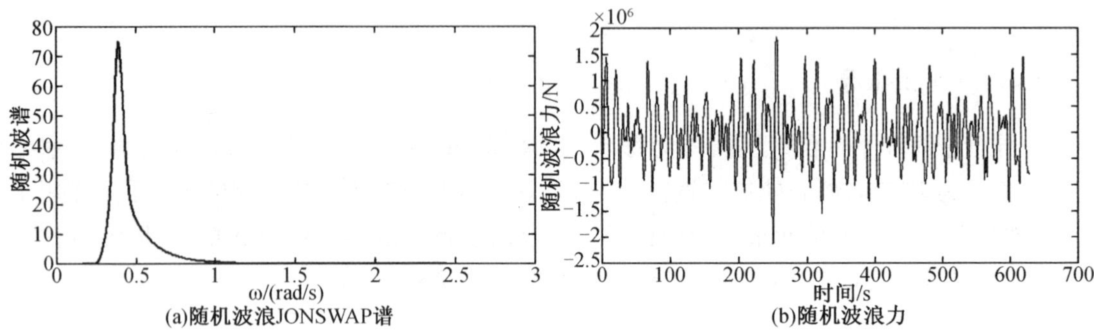

图 3.5 随机波浪力

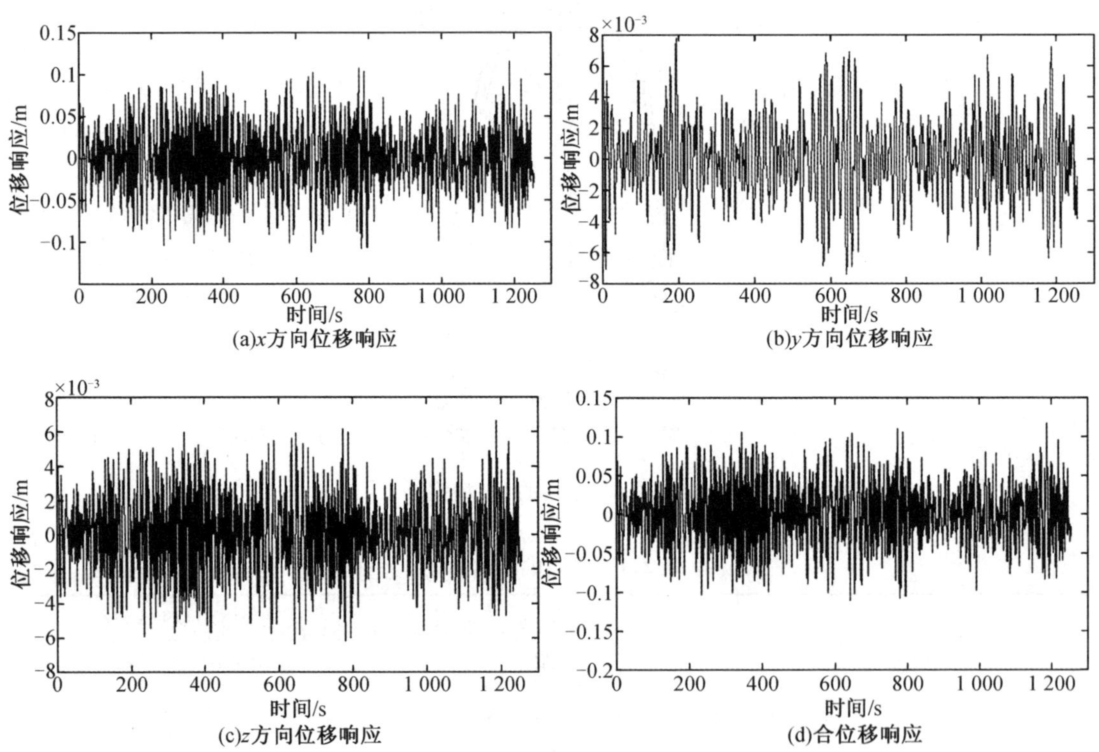

图 3.6 海洋平台位移响应

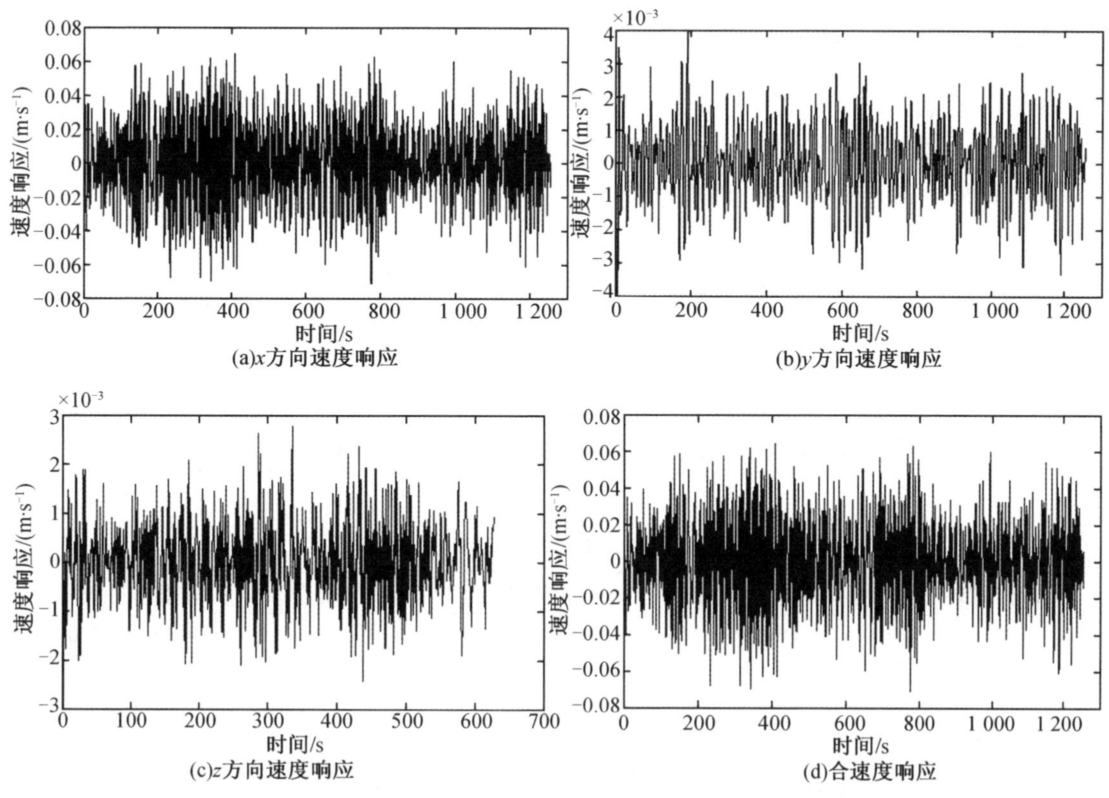

(a)x方向速度响应　(b)y方向速度响应

(c)z方向速度响应　(d)合速度响应

图 3.7　海洋平台速度响应

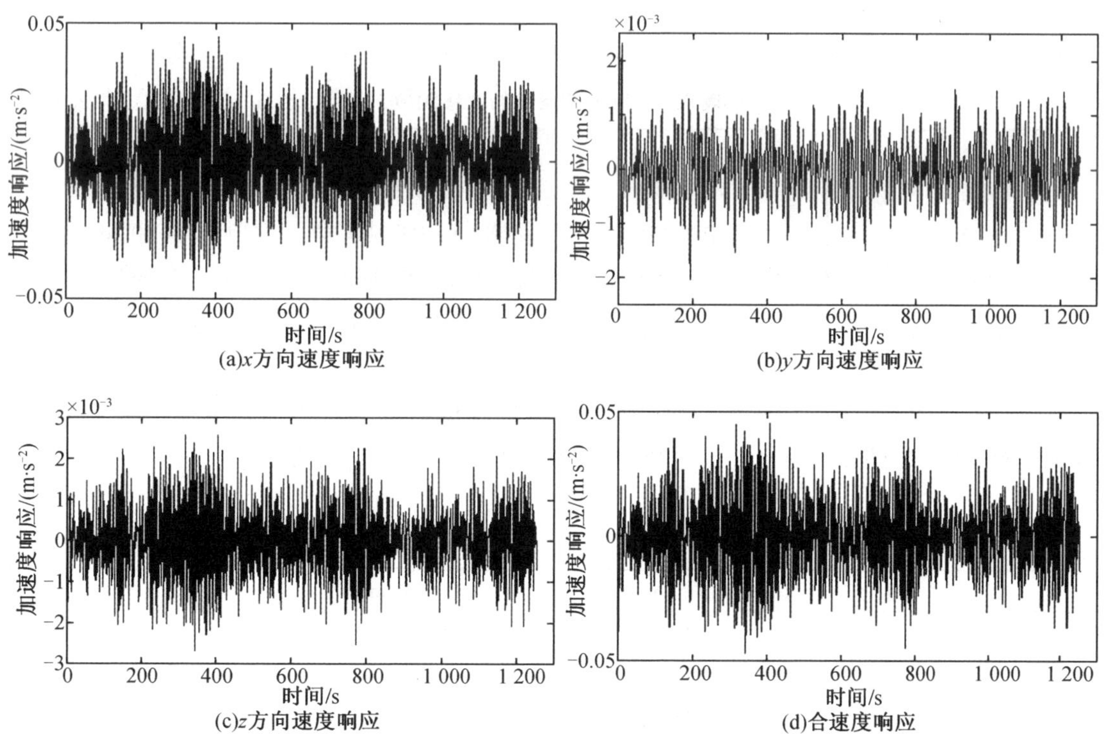

(a)x方向速度响应　(b)y方向速度响应

(c)z方向速度响应　(d)合速度响应

图 3.8　海洋平台加速度响应

3.3.3 数值仿真结果

1. 模态分析

根据以上计算出的外载荷，由 ANSYS 10.0 有限元软件分析，抽取前 9 阶模态，见表 3.2 ~ 表 3.3。结果表明：平台的第一阶模态振动响应占主要部分。

表 3.2 海洋平台各阶模态参数（x 方向）

模态阶数 i	模态频率 ω_i/Hz	参与比例 Λ_i	阻尼比 ξ_i	模态质量 $\hat{M}_i$/kg
1	0.427 7	0.788 6	0.04	11 855 300
2	2.843 6	0.163 7	0.04	2 461 670
3	10.576 2	0.008 2	0.04	122 733

表 3.3 海洋平台各阶模态的参数（y 方向）

模态阶数 i	模态频率 ω_i/Hz	参与比例 Λ_i	阻尼比 ξ_i	模态质量 $\hat{M}_i$/kg
1	2.013 7	0.818 4	0.04	12 112 300
2	9.015 6	0.141 7	0.04	2 098 070
3	15.223 2	0.039 4	0.04	583 697

2. 瞬态分析

（1）图 3.6 所示为结构在水平面第 5 节点处的位移时程。表 3.4 为结构在水平面第 5 节点处的位移响应情况。

表 3.4 第 5 节点处的位移响应 单位：m

	最小值 min	最大值 max	均方差 std
x 方向	−0.111 4	0.116 0	0.043 1
y 方向	−0.007 5	0.007 9	0.002 6
z 方向	−0.006 4	0.006 6	0.002 5
合位移	−0.111 8	0.116 4	0.043 3

（2）图 3.7 所示为结构在水平面第 5 节点处的速度时程。表 3.5 为结构在水平面第 5 节点处的速度响应情况。

表 3.5 第 5 节点处的速度响应 单位：m/s

	最小值 min	最大值 max	均方差 std
x 方向	−0.071 3	0.064 5	0.027 1
y 方向	−0.004 0	0.004 0	0.001 2
z 方向	−0.004 1	0.003 7	0.001 5
合速度	−0.071 4	0.064 6	0.027 2

(3)图3.8所示为结构在水平面第5节点处的加速度时程。表3.6为结构在水平面第5节点处的加速度响应情况。

表3.6 第5节点处的加速度响应 单位:m/s²

	最小值 min	最大值 max	均方差 std
x方向	-0.047 4	0.045 3	0.018 0
y方向	-0.002 1	0.002 3	0.000 6
z方向	-0.002 7	0.002 6	0.001 0
合加速度	-0.047 4	0.045 3	0.018 0

以上数值表明了平台的振动幅度较大,最大位移达到11.64 cm以上,最大速度高达0.071 4 m/s,加速度达到0.047 4 m/s^2,会加剧平台的疲劳破坏,降级系统的可靠度,而且会给平台作业人员带来很大的不适。

本章参考文献

[1] 黄祥鹿,陆鑫森. 海洋工程流体力学及结构动力响应[M]. 上海:上海交通大学出版社,1992.

[2] 李远林. 近海结构水动力学[M]. 广州:华南理工大学出版社,1999.

[3] WANG Y Y. Waves and wave loads on offshore structures[M]. 大连:大连海事大学出版社,2003.

[4] 俞聿修. 随机波浪及其工程应用[M].大连:大连理工大学出版社,2000.

[5] 竺艳蓉. 海洋工程波浪力学[M].天津:天津大学出版社,1991.

[6] 布雷比亚 C A,瓦尔克 S. 近海结构动力分析[M]. 北京:海洋出版社,1984.

[7] 宋金宝,徐德伦,孙孚. 计算孤立小桩柱上随机波浪力的一个线性化的 Morison 公式[J]. 海洋学报,1997,19(3):133-141.

[8] 嵇春艳. 海洋平台动力响应分析与振动控制技术研究[D]. 青岛:中国海洋大学,2003.

第 4 章　海洋平台中的气隙响应问题

4.1　海洋平台结构中气隙响应问题研究现状

在海洋平台设计建造过程中,需要考虑平台工作区域波浪与平台底部结构等关键部分的相对距离,是否发生波浪砰击现象,如有负气隙现象发生,则需要校核结构的结构强度安全。因此在海洋平台设计过程中,气隙响应分析是平台安全的重要保障。

气隙是指海洋平台甲板底部、救生艇平台底部等位置与水面之间的垂向间隙。在挪威船级社 DNV - RP - C205 规范中规定,平台瞬时气隙定义为

$$a(x,y,t) = a_0 + z(x,y,t) - \eta(x,y,t) \tag{4.1}$$

式中　x 和 y——关注点处的水平坐标;

t——瞬时时刻;

a_0——静水中甲板底部或其他相关结构底部与静水面的高度差;

$z(x,y,t)$——关注点处在 t 时刻的垂直位移;

$\eta(x,y,t)$——关注点处在 t 时刻的垂直下方水面高度。

如果关注点瞬时气隙 $a(x,y,z)$ 小于 0,则意味着该处结构发生了波浪砰击现象,结构有砰击载荷。

半潜式平台一方面由于海面的起伏,另一方面由于平台受到外界载荷作用下的垂荡响应,平台的甲板底部气隙会不断地变化。如果在恶劣海况下,平台的运动与波面的变化会导致气隙值很少,甚至为负,即波面接触到结构物,存在波浪砰击载荷。严重的波浪砰击会损坏平台结构,威胁平台和人员安全。所以海洋平台在设计过程中准确地预报平台气隙和波浪砰击载荷是非常重要的。半潜式平台气隙的预报是非常复杂的,不仅与平台的运动响应有关,还与外界载荷密切相关。尤其是平台承受的波浪载荷包含了线性部分和非线性部分,而且受平台多立柱和浮箱复杂的绕射和反射,以及平台运动产生的兴波影响。这些因素叠加到入射波上会使波面局部波高明显增加,从而使得平台气隙降低。

根据 DNV - OS - C103 规范中的规定,海洋平台气隙的数值模拟分析中应考虑的因素包括:

①波浪与船体的相互作用;

②波浪的不对称性;

③平台的刚体运动;

④锚泊,立管系统等影响;

⑤最大和最小吃水。

通常情况下,百年一遇的自存工况(ultimate limited states condition,ULS)不应出现负气隙现象。但是,如果结构强度分析结果能满足规范要求,局部的波浪砰击是可以接受的,并

且这样对设计难度和设计制造成本非常有利。从全面考虑来说,接受局部波浪砰击是更合理的。因此,准确预报平台气隙响应和波浪砰击载荷对平台的设计非常重要。

近年来工程界与学术界对半潜式平台气隙进行了大量的理论和试验研究。但是工程界对半潜式平台风载荷与流载荷对平台气隙的影响在设计过程中一般是忽略的,并且规范中对风载荷和流载荷对平台气隙的影响也没有明确的规定。国内外学术界就风载荷与流载荷对半潜式平台气隙的影响研究很少,主要集中在对波浪和波浪载荷的正确模拟上。Yang 等人运用 VOF 方法得到自由表面,运用 DeepC 软件预报了锚泊定位的半潜式平台的气隙响应。Yang 等人研究了四立柱大体积半潜式钻井平台的立柱爬浪现象,通过模型试验说明气隙分布与波浪参数的关系。Simos 等人进行了半潜式平台的小比例模型气隙响应试验研究,发现标准的一阶数值分析严重低估了在立柱附近的爬浪现象,特别是对低波陡波浪更为严重。Sweetman 等人使用商业软件 WAMIT 考虑了波浪的二阶非线性部分,对半潜式平台的气隙响应进行了预报分析。对波高较大的波浪,模型计算结果比线性理论的结果明显提高了精度。Kazemi 等人 2006 年在纽卡斯尔大学的水池中对 GVA4000 型半潜式平台进行模型试验研究发现:平台出现气隙最小值的地方靠近立柱处,此外需要特别关注的是浮箱上方的立柱中间处,此区域出现了除立柱处外波高的最大值。Lwanowski 等人和 Matsumto 等人运用商业的 CFD code ComFLOW,依据完全非线性方法研究了大立柱半潜平台的气隙响应分布。这个标准运用 VOF 方法描述自由表面,同时运用有限元法解决了 N-S 方程,发现完整非线性方法比 WAMIT 考虑二阶效应的结果更准确。

模拟分析的正确性受很多因素影响,如边界条件的处理、时间步长、非线性部分处理和模型精度等。所以在浮式平台设计中,模型试验是预报平台气隙响应比较合理的方法。但是,在拖曳水池试验中风载荷和流载荷很难准确模拟,而且全尺寸锚泊系统也很难模拟。虽然通过模型试验不能够直接准确地预报气隙响应,但水池试验结果是调整数值模型强有力的基础。图 4.1 为实际海洋环境下的平台负气隙现象。

(a)拖航

(b)风暴自存

图 4.1 实际海洋环境下的平台负气隙现象

4.2 海洋平台气隙运动响应分析方法

在半潜式平台的设计工作中,对半潜式平台在一定波浪载荷作用下的动态响应分析是十分必要的。因此,对半潜式平台在波浪载荷作用下的运动特点及其影响因素分析的研究具有重要价值。

波浪对海洋结构物的作用力主要包括一阶波浪力和二阶波浪力。其中一阶波浪力为线性波浪力,二阶波浪力为非线性波浪力。在一阶波浪力的作用下,海洋结构物能够产生波频效应,其特征频率与波浪的一致,二阶波浪力能够引起结构物的慢漂运动。

在比较复杂的海况下,波浪的非线性效应较大,二阶波浪力会有比较明显的增加,但是与一阶波浪力比起来,其值在量级上还是比较小的。在系泊状态下,由于平台本身在水平方向上基本没有回复力,主要的回复力由平台定位系统提供,其纵荡、横荡、首摇三个水平方向上的运动会产生比较大的慢漂。由于平台水平方向上的运动频率与二阶慢漂力相差不大,极易产生共振。在垂荡、横摇和纵摇三个竖直方向上,平台具有较大的回复力,这个回复力要比二阶慢漂力大很多,而且回复力的自振周期远离二阶慢漂力的周期,二者不易发生共振。因此,对于平台垂向上的运动模态来说,二阶慢漂力的影响并不大。

平台气隙是平台设计的一个重要内容,气隙的分析结果关系平台结构设计,即是否要计算平台结构的波浪砰击分析。当气隙小于零,意味着波浪砰击了平台水面上结构,砰击严重的情况会导致平台结构损坏,威胁平台和人员的安全。所以一旦发生负气隙,就要对结构强度进行评级校核,并对特殊部位(如救生艇和舷梯等)进行安全分析,分析其是否能满足人员工作安全要求。

本章对半潜式平台甲板箱底板进行短期预报分析,由于是在频域内进行预报分析,所以根据 DNV 规范要求考虑了波浪的不对称性因素影响,对甲板底板进行了气隙分析。

本研究实例中,运用商业软件 ANSYS 进行分析研究。在 ANSYS 软件中建立双浮箱半潜式海洋平台有限元模型,首先在 AQWA – LINE 模块中对半潜式平台进行频域分析,可得平台的 RAO 频域变化特性、一阶波浪力频域变化和运动响应等水动力参数,接着利用 AQWA – DRIFT 模块对包含锚泊系统的半潜平台整体进行时域分析,能够得到关注点的气隙响应,同时对锚链强度的安全性进行规范校核。

4.3 环境条件对平台气隙影响的敏感性分析

自存工况因为环境恶劣、运动响应大、结构应力高,容易产生负气隙和波浪砰击,并且易出现平台横撑露出水面发生波浪砰击现象。负气隙和波浪砰击载荷是平台结构强度设计的前提条件。

本节深入研究了风、流和锚泊系统对平台气隙响应的敏感性,研究结果可以指导平台设计过程中风、流和锚泊系统对平台气隙的影响是否可以忽略。具体内容:运用数值模型结果分析风、流和锚泊系统对半潜式平台气隙响应。本章以发生较大负气隙的海洋石油 982 平台为例说明了这种分析方法,并通过这种方法研究了风、流和锚泊系统对平台气隙响应的敏感性。

4.3.1 平台数值模型

1. 面元模型

数学模型是在 ANSYS - AWQA 中进行数值模拟,建模在 ANSYS 中进行。图 4.2 中给出了平台面元模型的网格划分情况。水下部分的最大网格尺寸为 1.9 m,为了减少面元模型的单元数量,在不影响运动响应分析精度的情况下,甲板箱体单元的最大网格为 4 m。

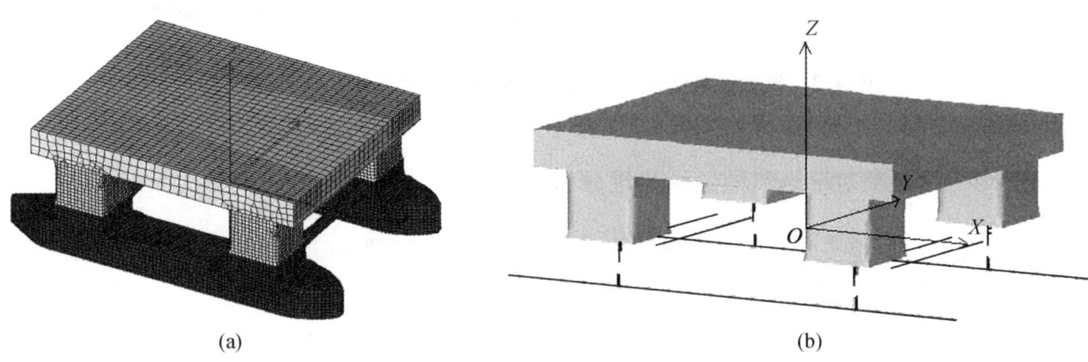

图 4.2 面元单元模型、tubular 和 disk 单元模型

2. 黏性阻尼单元

为了精确地模拟平台的运动响应,对浮箱、撑杆、立柱建立了 tubular 和 disc 单元计算 Morison 载荷的影响,进而考虑了结构的黏性阻尼。由于这些结构的排水体积已经在面元模型里面考虑进去,所以在创建 Morison 模型时,其截面尺寸缩小为原来的 1/100,而计算拖曳力系数时放大了 100 倍,保证其拖曳力的载荷不受影响。

在创建 Morison 模型时,其截面尺寸根据平台浮箱、撑杆和立柱的不同截面尺寸创建了多个横向和垂向的单元。图 4.2 给出了 tubular 和 disk 单元的图示。

3. 锚泊系统和推进器 DP3 的数值模拟

根据试验中测试出的锚泊系统线性刚度,运用弹簧单元模拟了试验中的锚泊系统。根据水池试验,锚链连接在平台立柱的四个角,锚链系统布置如图 4.3 所示。

平台在自存工况下,使用推进器辅助锚泊系统定位(automated thruster assist,ATA)。为了便于数值模拟,推进器根据平均环境载荷优化出最大推力以及推力的方向。

4. 平台气隙的关注点布置

根据平台的左右对称性,平台气隙的观测点取平台左舷部分的 19 个位置。其坐标以及相对于平台位置如图 4.3 所示。本节重点考虑了平台在船尾的 3 个关注点,即 P81301、P81311 和 P81331。

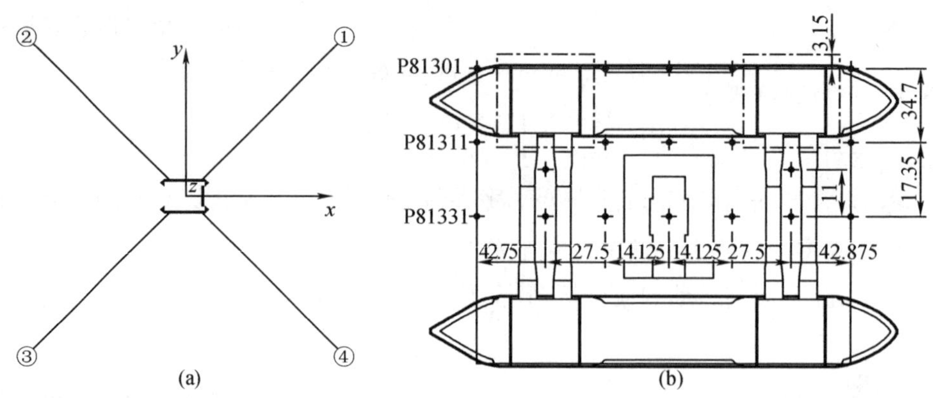

图 4.3 试验简易锚泊系统布置和甲板箱底部气隙关注点位置

4.3.2 风载荷对平台气隙的敏感性分析

本研究运用调整平台黏性阻尼和辐射阻尼后的数值模型,在时域内对平台气隙进行敏感性分析,对风载荷的方向和风速大小的影响进行了分析研究。

1. 环境条件

为了更好地研究风载荷在不同工况下对平台气隙的影响,分析了 5 个工况,环境条件的详细信息见表 4.1。

表 4.1 各工况的环境条件

工况	风速/$m \cdot s^{-1}$	风向/(°)	浪向/(°)	波高 H_s/m	周期 T_z/s
工况 01	37	0	0	17.28	16.5
工况 02	20	0	0	17.28	16.5
工况 03	0.01	0	0	17.28	16.5
工况 04	37	30	0	17.28	16.5
工况 05	37	330	0	17.28	16.5

风载荷通过风洞试验得到风载荷系数,根据风载荷系数计算风载荷,使用风谱描述风速。通过风洞试验得到的风载荷系数见表 4.2。风载荷计算公式如下:

$$F_j = C_j(\theta)(v - v_s)\,|(v - v_s)| \quad (j = 1,2,3,4,5,6) \tag{4.2}$$

式中 F_j——第 j 自由度下的风载荷;

$C_j(\theta)$——在 θ 风向下的风载荷系数;

$v - v_s$——风与船体的相对速度,其中 v 和 v_s 分别是风和船体的绝对速度。

表 4.2 风洞试验测试的风载荷系数

风向 /(°)	C_{FX} /[N/(m/s)^2]	C_{FY} /[N/(m/s)^2]	C_{FZ} /[N/(m/s)^2]	C_{MX} /[N/(m/s)^2]	C_{MY} /[N/(m/s)^2]	C_{MZ} /[N/(m/s)^2]
0	1.86×10^3	-5.48×10^1	9.17×10^2	4.14×10^2	5.64×10^4	2.00×10^3
30	1.88×10^3	1.25×10^3	1.35×10^3	-2.91×10^4	5.19×10^4	-3.59×10^3
330	2.00×10^3	-1.32×10^3	1.17×10^3	2.53×10^4	5.66×10^4	7.59×10^3

在计算波浪载荷时,运用了 JONSWAP 波浪谱模拟随机波浪工况。取海况($H_s=17.28$,$T_z=16.5$ s)作为气隙分析的条件。波浪的方向同为0°。

由于 AQWA 中模拟的自由波面是没有受到干扰的波面,在计算波浪载荷时,应对波面的辐射和衍射的影响进行研究。而在 AQWA 频域模拟波面时,考虑了波浪的衍射和辐射的影响。图4.4 给出了平台在单位波幅、周期15 s、浪向0°的海况下波面受到平台结构物干扰后的波面示意图。图中点 P81311 位置处的波面高度为 0.98 m。如果某点处高度值大于1.00表示该处受结构物辐射和衍射影响后的波面高于未受到干扰的波面高度。

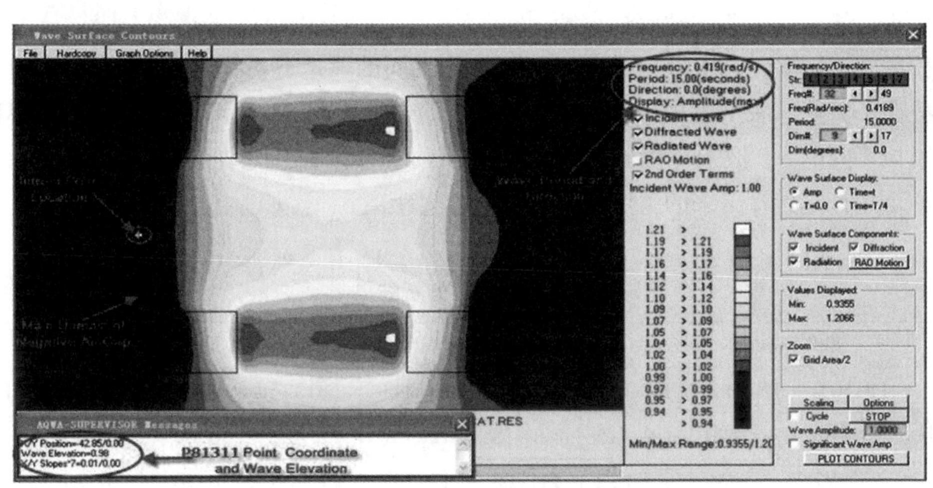

图 4.4 典型的平台衍射和辐射后的波面

图4.5 显示了关注点 P81311 处在周期 4 ~40 s 受辐射和衍射影响后波面的高度。由结果可以看出,在波浪周期低于 11 s 时,波面受辐射和衍射影响比较明显,最大处在周期8 s处,最大值为2.5。而平台的垂荡周期在 19.2 s 左右,而且通过试验测得平台最容易发生负气隙的工况在平台的垂荡和纵摇的固有周期附近。也就是说在波浪周期大于 15 s 时,波浪波面受辐射和衍射的影响非常有限。本研究使用的波浪周期 T_z 为 16.5 s,所以辐射和衍射对波面的影响可以忽略。

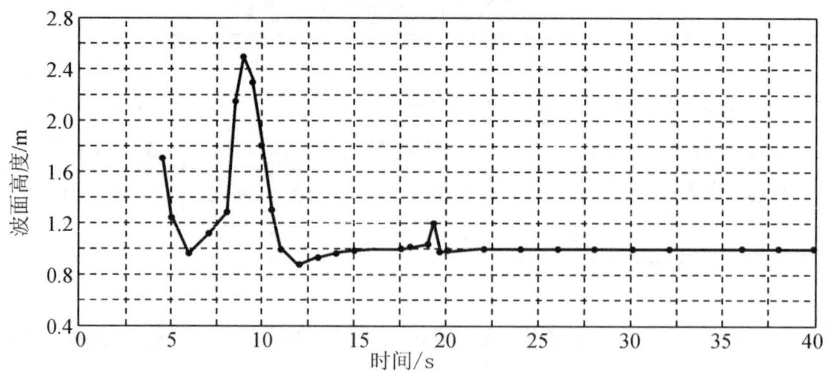

图 4.5 受辐射和衍射影响后的点 P81331 处的波面

2. 敏感性分析

为了得到比较准确的分析结果,每一种相同的工况模拟都进行了 20 个子工况模拟。每一种子工况都模拟 3 h 时间段的波浪和风载荷作用下的平台运动响应。根据 DNV 规范建议,认为这 20 个子工况分析结果满足 Gumbel 分布。取 90% 概率的 Gumbel 分布值作为该工况的最终结果。

(1)风速对平台气隙的敏感性分析

本研究在工况 01、工况 02 和工况 03 中,运用不同的风速分析了平台的气隙、水质点速度和砰击载荷。分析结果见表 4.3,工况 01 下的子工况结果见表 4.4,各个子工况由有不同的波浪种子模拟不同的 3 h 波浪环境,从结果可以看出,不同的子工况结果差别很大,每种工况给出了第一个子工况计算出来的关注点与波面的相对距离。

表 4.3 气隙分析结果

描述	90% Gumbel 分布/m			平均高度/m			平均砰击数		
观测点	P81301	P81311	P81331	P81301	P81311	P81331	P81331	P81331	P81331
工况 01	-2.703	-2.720	-2.745	12.418	12.421	12.422	0.60	0.60	0.60
工况 02	-3.077	-3.085	-3.092	11.708	11.707	11.706	0.70	0.70	0.70
工况 03	-3.389	-3.388	-3.387	11.500	11.487	11.476	1.05	1.05	1.05
工况 04	-2.745	-2.737	-2.725	12.833	12.603	12.375	0.70	0.70	0.70
工况 05	-2.557	-2.632	-2.708	12.092	12.258	12.423	0.55	0.60	0.60

根据分析结果可以看出,在纵摇固有周期附近,风载荷对平台气隙的影响比较明显,而在垂荡固有周期附近风载荷对平台气隙的影响比较有限。这就是说平台所承受的风载荷对纵摇影响比较明显,在平台纵摇固有周期附近更为突出。而平台的纵摇对平台气隙的计算有直接的影响。关于点 P81301,气隙的 90% Gumbel 分布在工况 03 比工况工况 01 多了 0.686 m;发生砰击的次数也比工况 01 工况多 0.55 次;在水平方向上的砰击载荷加剧了 23.8 kPa。也就是说如果忽略风载荷的影响,气隙会加剧 25.4%,水平方向上的压强加剧了 17.5%。所以在分析半潜式平台的气隙和波浪砰击时,风载荷不能够忽略,如果忽略风载

荷的影响会过分保守。如图 4.6、图 4.7 所示。

表 4.4 工况 01 详细结果

装载箱	最小空气间隙			砰击数			最大相对水平速度/($m \cdot s^{-1}$)			最大相对垂直速度/($m \cdot s^{-1}$)		
节点	P81301	P81311	P81331	P81301	P81311	P81331	P81301	P81311	P81331	P81301	P81311	P81331
工况 01 - 1	-0.429	-0.453	-0.477	1.00	1.00	1.00	5.45	5.46	5.46	1.54	1.50	1.47
工况 01 - 2	0.085	0.093	0.102	0.00	0.00	0.00	0.00	0.00	0.00	0.00	0.00	0.00
工况 01 - 3	-1.900	-1.934	-1.967	2.00	2.00	2.00	7.50	7.52	7.53	4.10	4.10	4.27
工况 01 - 4	2.143	2.147	2.152	0.00	0.00	0.00	0.00	0.00	0.00	0.00	0.00	0.00
工况 01 - 5	2.415	2.409	2.404	0.00	0.00	0.00	0.00	0.00	0.00	0.00	0.00	0.00
工况 01 - 6	-1.023	-1.024	-1.024	1.00	1.00	1.00	3.67	3.67	3.68	1.71	1.70	1.69
工况 01 - 7	1.213	1.203	1.194	0.00	0.00	0.00	0.00	0.00	0.00	0.00	0.00	0.00
工况 01 - 8	1.093	1.089	1.086	0.00	0.00	0.00	0.00	0.00	0.00	0.00	0.00	0.00
工况 01 - 9	0.802	0.786	0.771	0.00	0.00	0.00	0.00	0.00	0.00	0.00	0.00	0.00
工况 01 - 10	1.508	1.517	1.527	0.00	0.00	0.00	0.00	0.00	0.00	0.00	0.00	0.00
工况 01 - 11	1.232	1.221	1.212	0.00	0.00	0.00	0.00	0.00	0.00	0.00	0.00	0.00
工况 01 - 12	1.898	1.870	1.841	0.00	0.00	0.00	0.00	0.00	0.00	0.00	0.00	0.00
工况 01 - 13	-2.661	-2.683	-2.706	2.00	2.00	2.00	8.14	8.14	8.14	2.86	2.86	2.86
工况 01 - 14	0.472	0.461	0.450	0.00	0.00	0.00	0.00	0.00	0.00	0.00	0.00	0.00
工况 01 - 15	-1.056	-1.082	-1.108	1.00	1.00	1.00	4.99	5.00	5.01	2.62	2.60	2.58
工况 01 - 16	-4.947	-4.972	-4.998	1.00	1.00	1.00	8.87	8.87	8.87	5.45	5.43	5.42
工况 01 - 17	-0.267	-0.283	-0.299	2.00	2.00	2.00	5.61	5.61	5.61	2.68	2.91	2.93
工况 01 - 18	-1.315	-1.328	-1.342	1.00	1.00	1.00	6.52	6.52	6.53	3.43	3.40	3.37
工况 01 - 19	1.895	1.881	1.867	0.00	0.00	0.00	0.00	0.00	0.00	0.00	0.00	0.00
工况 01 - 20	-0.197	-0.224	-0.252	1.00	1.00	1.00	2.06	2.07	2.14	0.73	0.76	0.78
平均值	—	—	—	0.60	0.60	0.60	—	—	—	—	—	—
90% Gumble 分布	-2.703	-2.720	-2.745	—	—	—	7.094	7.098	7.103	3.735	3.739	3.761

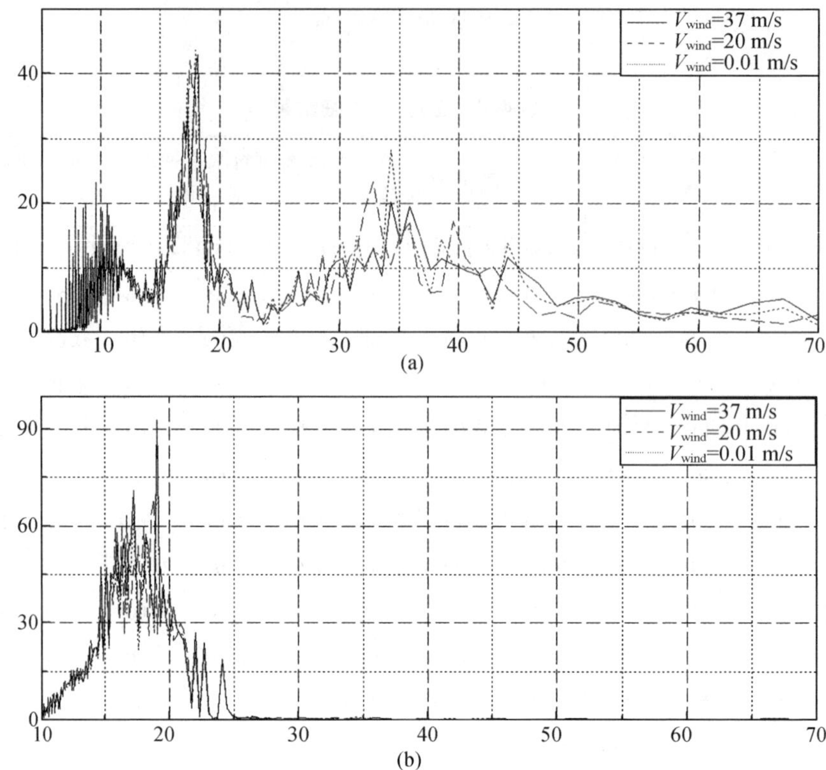

图 4.6　不同风速下点 P81301 的气隙和垂荡响应比较

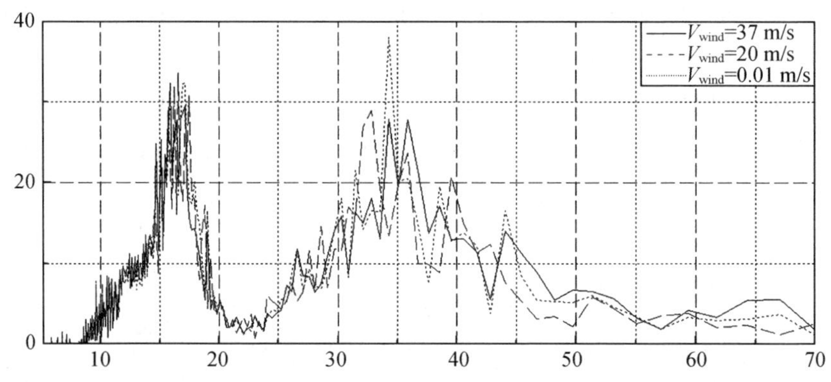

图 4.7　不同风速下平台点 P81301 的纵荡响应比较

(2)风向对平台气隙的敏感性分析

由于台风和海流等的影响,风与波浪的方向有一定的偏角。工况 01、工况 04 和工况 05 分别在 0°、30°和 330°风向下,对平台进行了气隙分析和波浪砰击载荷分析。根据分析结果可以看出,在纵摇固有周期附近,风的方向对平台气隙的影响比较明显。关于点 P81301,气隙的 90% Gumbel 分布在工况 04 比工况 01 多了 0.042 m;发生砰击的次数也比工况 01 多 0.10 次;在水平方向上的砰击载荷加剧了 12.5 kPa。气隙的最大值不一定发生在风与波浪方向同向的工况。因为风载荷会影响平台的纵摇和横摇运动,平台纵摇和横摇会对气隙产生一定的影响。如图 4.8 ~ 图 4.11 所示。

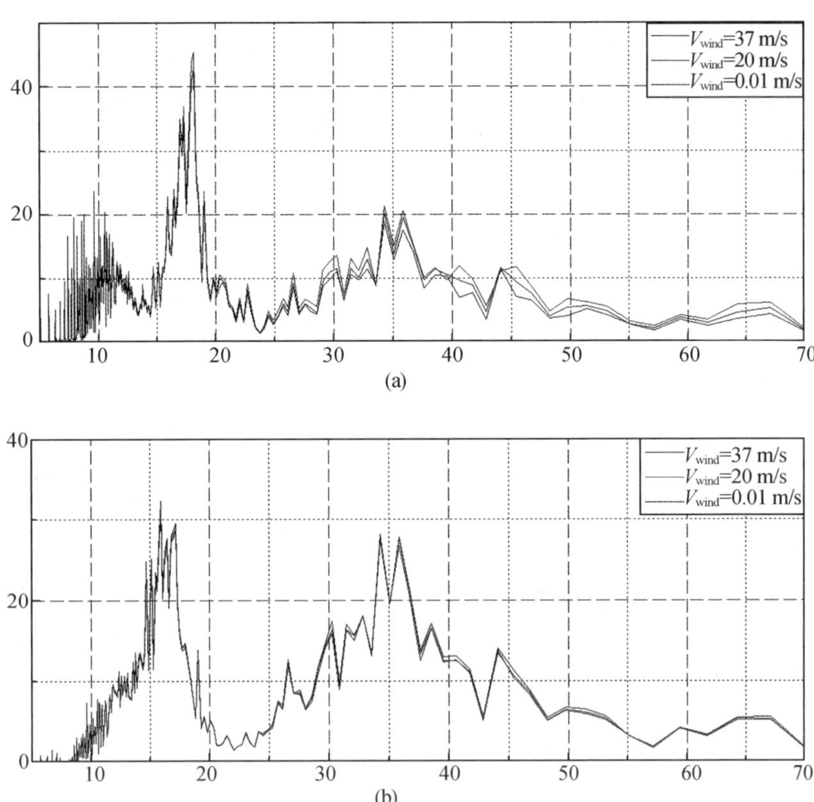

图 4.8 不同风向下点 **P81301** 的气隙和纵摇响应比较

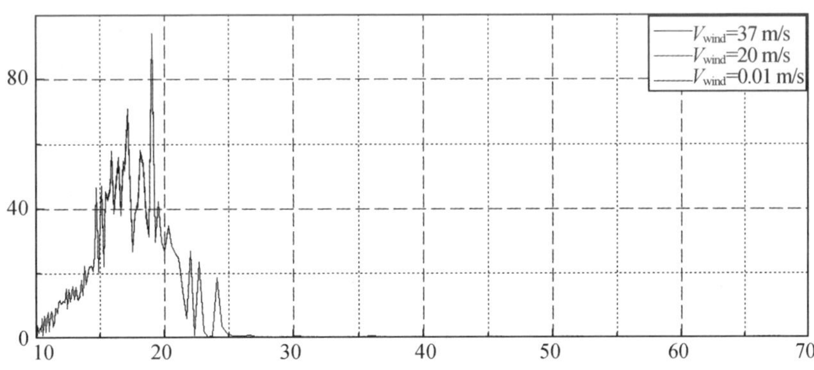

图 4.9 不同风向下点 **P81301** 的垂荡响应比较

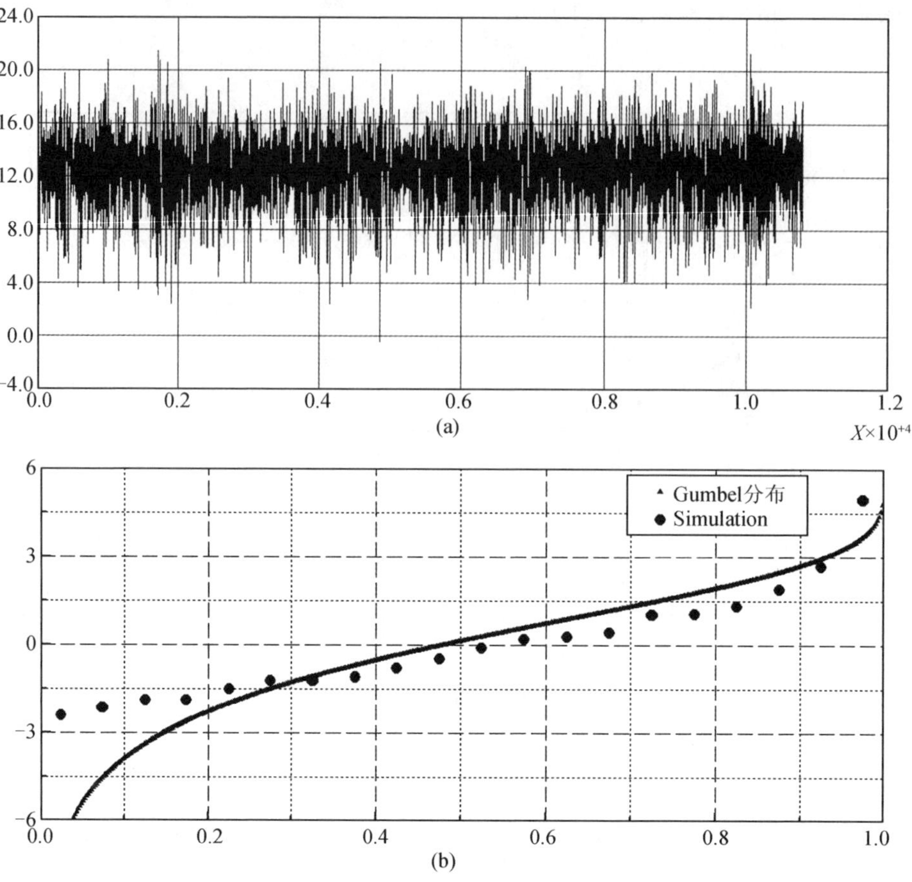

图 4.10　工况 01 下点 P81301 处的气隙运动和工况 01 下 Gumbel 分布

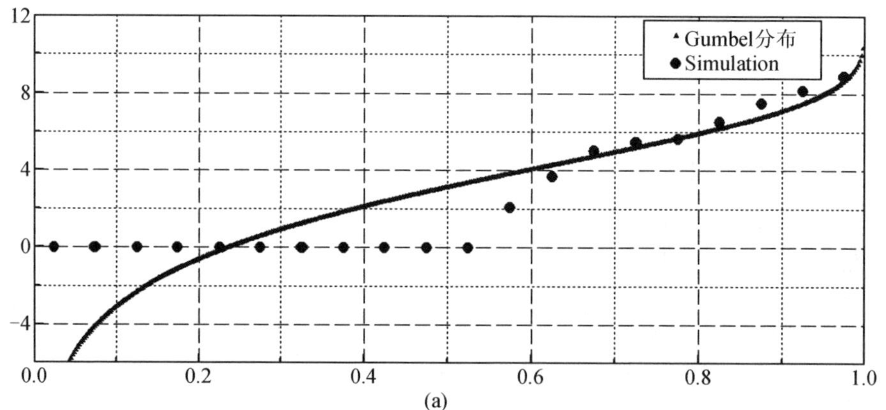

图 4.11　工况 01 下关注点 P81301 处横向和垂向速度的 Gumbel 分布

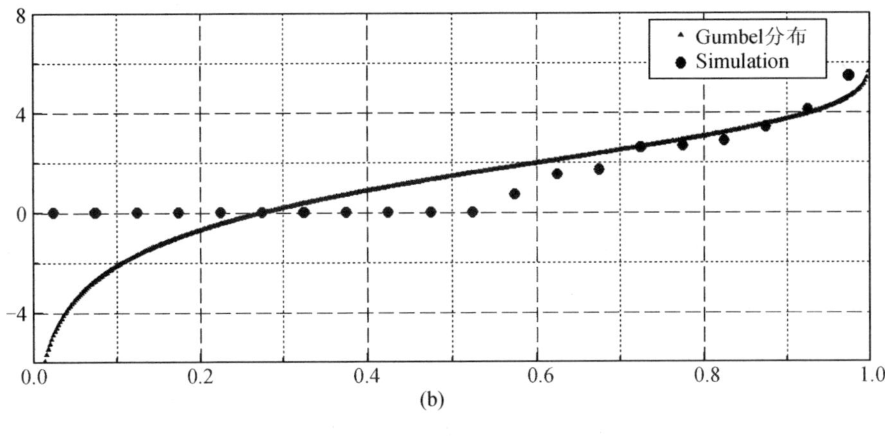

图 4.11(续)

4.3.3 流载荷对平台气隙的敏感性分析

在半潜式平台工作生成期间,海流是平台所承受的主要环境载荷之一。虽然规范中在计算平台气隙时没有明确是否考虑海流的影响,但海流不仅会影响平台的平均漂移和平衡位置,对平台的纵摇和横摇运动也有影响,而且流载荷的存在也会对平台在大风浪情况下的平衡位置有影响。

为了考虑流载荷对平台的气隙影响,本节运用调整好的数值模型,分析了平台在不同流速工况下的气隙响应。

1. 环境条件

为了更好地研究流载荷在不同工况和不同环境条件下对平台气隙的影响,分析了 3 个工况,环境载荷的详细信息见表 4.5。为了得到比较准确的分析结果,每一种相同的工况模拟都进行了 20 个子工况模拟。每一种子工况都模拟 3 h 时间段的波浪和风载荷作用下的平台运动响应。取 90% 概率的 Gumbel 分布值作为该工况的最终结果。

表 4.5 各工况下环境条件

工况	流速/($m \cdot s^{-1}$)	流向/deg	风速/($m \cdot s^{-1}$)	风向/(°)	浪向/(°)	波高 H_s/m	周期 T_z/s
工况 06	2	0	37	0	0	17.28	16.5
工况 07	1	0	37	0	0	17.28	16.5
工况 01	0	0	37	0	0	17.28	16.5

风载荷和流载荷通过风洞试验得到风载荷和流载荷系数,根据流载荷系数来计算流载荷。通过风洞试验得到的流载荷系数见表 4.6。流载荷计算公式为

$$F_j = C_j(\theta)(v - v_s)\,|(v - v_s)| \quad (j = 1,2,3,4,5,6) \tag{4.3}$$

式中 F_j——第 j 自由度下的流载荷;

$C_j(\theta)$ ——在 θ 风向下流载荷系数;

$v - v_s$——流与船体的相对速度,其中 v 和 v_s 分别是流和船体的的绝对速度。

表 4.6 风洞试验中的流载荷系数

	载荷风向/deg	C_{FX}/[N/(m/s)^2]	C_{FY}/[N/(m/s)^2]	C_{FZ}/[N/(m/s)^2]	C_{MX}/[Nm/(m/s)^2]	C_{MY}/[Nm/(m/s)^2]	C_{MZ}/[Nm/(m/s)^2]
流	0	3.28×10^5	2.80×10^3	-1.40×10^5	1.75×10^5	-5.21×10^6	-4.68×10^5

在计算波浪载荷时，运用了 JONSWAP 波浪谱模拟随机波浪工况。取海况($H_s=17.28$，$T_z=16.5$ s)作为气隙分析的工况，波浪的方向同为0°。

(2)敏感性分析

在时域内对关注点 P81301、点 P81311 和点 P81331(图 4.3)进行了气隙的分析。结果见表 4.7 和表 4.8，工况 06 下的子工况结果见表 4.9。在图 4.12 中给出了关注点 P81301 气隙能量谱密度。为了更好地进行比较，分别对流速 1 m/s，1.5 m/s，2 m/s 和 2.5 m/s 进行了数值模拟。由气隙能量谱密度可以看出，流载荷对气隙的影响在纵摇固有周期附近比较明显，而在垂荡固有周期附近影响不是太明显。也就是说，在 0°或 180°流载荷工况下，流载荷对平台垂荡的影响比较明显，由此对平台气隙的影响比较大。90% Gumbel 分布概率的气隙，在工况 07 下比工况 09 大了 1.317 m，波浪的砰击次数增加了 3.70 次；由此产生的水平的砰击压强增加了 188.8 kPa，垂向压强增加了 63.3 kPa。所以，在平台气隙和波浪砰击载荷分析时，流载荷会增加负气隙和波浪的砰击载荷。如图 4.13 和图 4.14 所示。

表 4.7 各工况下平台气隙结果

工况	90% Gumbel 分布/m			平均砰击数		
	P81301	P81311	P81331	P81331	P81331	P81331
工况 06	-4.470	-4.446	-4.419	4.30	4.30	4.30
工况 07	-4.246	-4.241	-4.232	1.95	1.95	1.95
工况 01	-2.703	-2.720	-2.745	0.60	0.60	0.60

表 4.8 各工况下波浪砰击载荷

工况	90% Gumbel 水平压力/kPa			90% Gumbel 垂直压力/kPa		
	P81301	P81311	P81331	P81331	P81331	P81331
工况 06	350.8	350.6	350.5	108.2	108.2	105.1
工况 07	269.6	269.5	269.4	81.9	81.7	81.6
工况 01	162.0	162.2	162.4	44.9	45.0	45.5

表 4.9 工况 06 详细结果

装载箱	最小气隙			砰击数			最大相对水平速度/(m·s^{-1})			最大相对垂直速度/(m·s^{-1})		
	P81301	P81311	P81331	P81301	P81311	P81331	P81301	P81311	P81331	P81301	P81311	P81331
工况 06-1	-2.490	-2.472	-2.453	3.00	3.00	3.00	8.55	8.04	7.12	3.05	3.04	3.04
工况 06-2	-2.047	-2.016	-1.985	7.00	7.00	7.00	8.35	8.35	8.35	4.06	4.05	4.05
工况 06-3	-2.388	-2.368	-2.348	8.00	8.00	8.00	9.95	9.95	9.95	5.26	5.25	5.25
工况 06-4	-3.845	-3.844	-3.843	9.00	9.00	9.00	11.21	11.21	11.21	5.77	5.78	5.78
工况 06-5	-0.911	-0.897	-0.884	2.00	2.00	2.00	7.04	7.04	7.02	2.17	2.17	2.16
工况 06-6	-2.104	-2.090	-2.076	4.00	4.00	4.00	9.48	9.48	9.48	5.06	5.06	5.06
工况 06-7	-5.372	-5.348	-5.324	6.00	6.00	6.00	8.81	8.81	8.81	5.57	5.56	5.56
工况 06-8	-2.498	-2.472	-2.447	3.00	3.00	3.00	8.46	8.46	8.46	3.83	3.82	3.83
工况 06-9	-2.181	-2.171	-2.161	3.00	3.00	3.00	10.45	10.45	10.44	3.44	3.44	3.44
工况 06-10	-2.149	-2.126	-2.103	3.00	3.00	3.00	6.92	6.91	6.91	3.78	3.78	3.78
工况 06-11	-0.631	-0.607	-0.583	1.00	1.00	1.00	6.25	6.25	6.25	2.22	2.22	2.22
工况 06-12	-3.349	-3.329	-3.308	4.00	4.00	4.00	9.18	9.18	9.18	5.52	5.52	5.52
工况 06-13	-5.358	-5.331	-5.303	7.00	7.00	7.00	10.10	10.09	10.09	5.96	5.96	5.96
工况 06-14	-1.855	-1.858	-1.862	3.00	3.00	3.00	8.24	8.24	8.24	3.49	3.16	3.16
工况 06-15	-1.221	-1.195	-1.169	4.00	4.00	4.00	8.65	8.65	8.64	3.20	3.00	3.00
工况 06-16	-1.261	-1.240	-1.219	3.00	3.00	3.00	8.96	8.96	8.95	3.19	3.19	3.19
工况 06-17	-2.766	-2.755	-2.744	5.00	5.00	5.00	9.10	9.09	9.09	5.02	5.01	5.01
工况 06-18	-3.968	-3.946	-3.923	2.00	2.00	2.00	9.13	9.12	9.12	5.58	5.58	5.58
工况 06-19	-2.184	-2.167	-2.151	4.00	4.00	4.00	10.50	10.50	10.50	4.52	4.51	4.51
工况 06-20	-3.887	-3.838	-3.790	5.00	5.00	5.00	9.76	9.75	9.69	6.10	5.56	6.09
Mean	—	—	—	4.30	4.30	4.30	—	—	—	—	—	—
90% Gumble 分布概率	-4.470	-4.446	-4.419	—	—	—	10.44	10.437	10.435	5.798	5.798	5.714

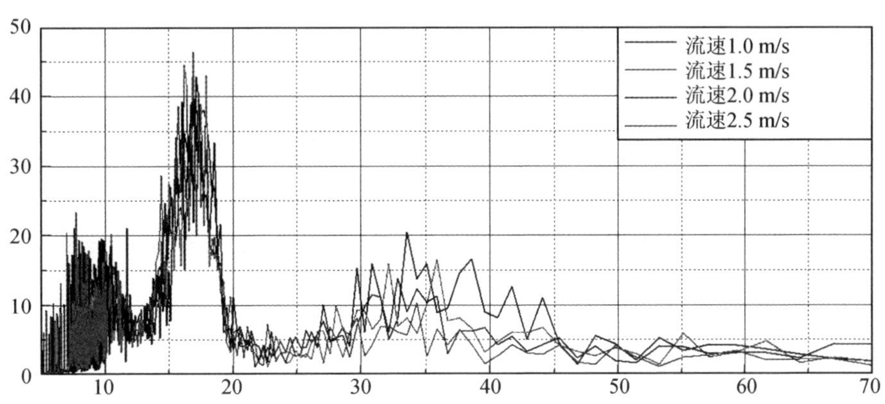

图 4.12 不同流速下点 P81301 处气隙响应的能量密度分布

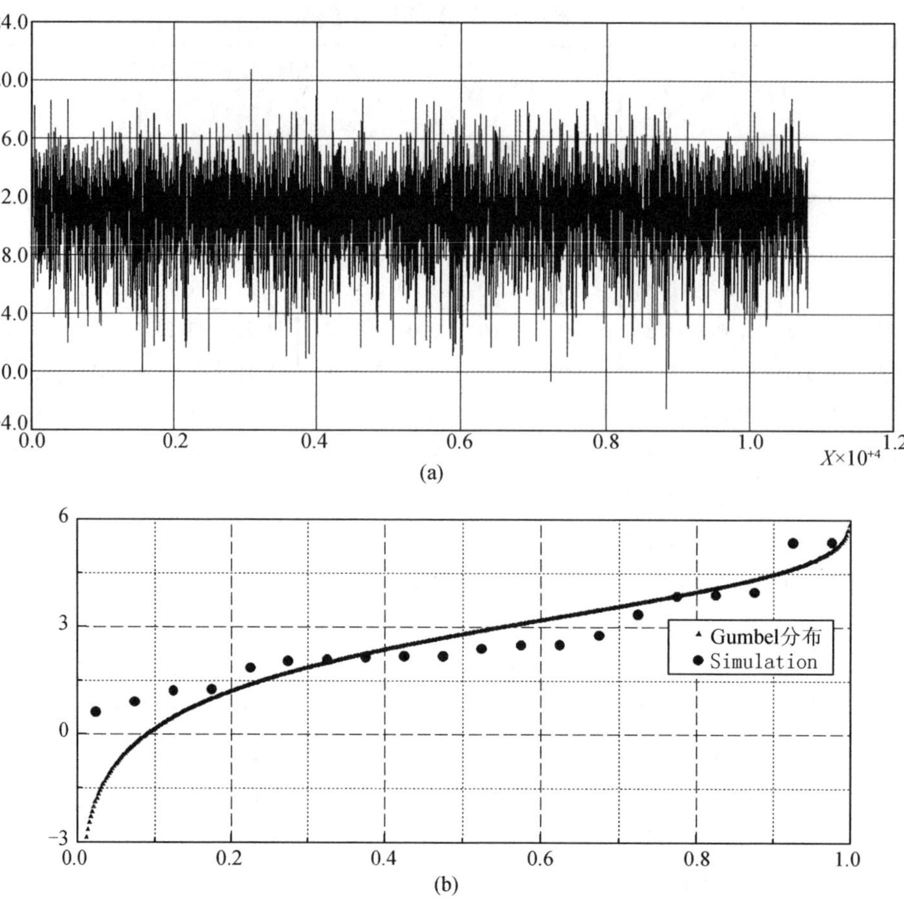

(a)

(b)

图 4.13　点 P81301 处在工况 06 -1 下的气隙运动响应和工况 06 下 Gumbel 分布

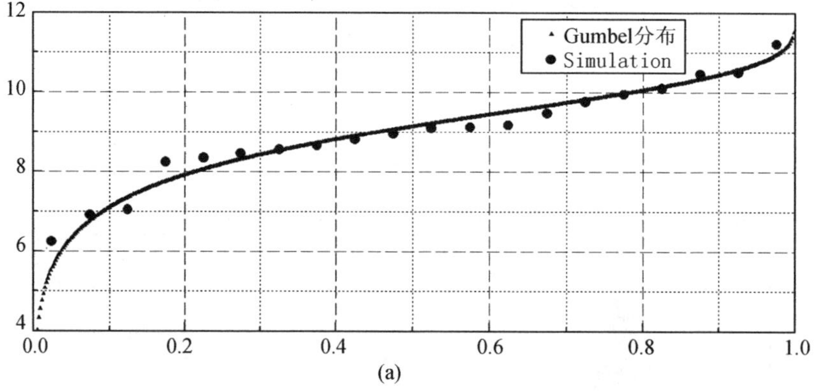

(a)

图 4.14　工况 06 下关注点 P81301 处横向和垂向速度的 Gumbel 分布

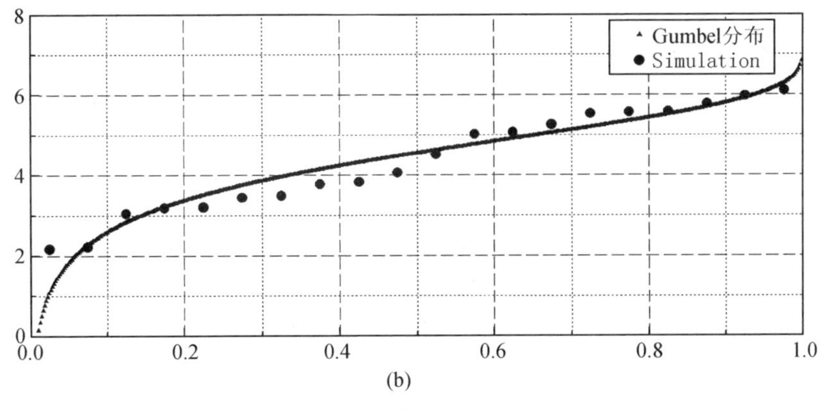

(b)

图 4.14(续)

4.4 负气隙工况下砰击载荷分析

为了对船舶与海洋平台在极端海况下的砰击载荷进行预报,基于动量理论的简化计算方法以及基于统计理论的估算方法也经常被工程界用来快速预报船舶与海洋平台受到的最大的水平和垂向的砰击载荷。

在船舶与海洋平台波浪砰击载荷简化计算方法中,砰击压力系数 C_s 是用于预报最大砰击载荷极其重要的参数,其表达式定义如下:

$$C_s = \frac{2F_s}{\rho AU^2} \tag{4.4}$$

式中 F_s——模型试验中测量得到的波浪砰击载荷;

ρ——海水密度;

A——波浪砰击区域的湿面积;

U——波浪砰击过程中和船舶和海洋结构接触的水质点速度。

砰击压力系数决定了水质点速度与砰击载荷之间的关系。通常来说,砰击压力系数的取值选在 $\pi \sim 2\pi$。Baarholm 提出一个简化的计算公式用于求解船舶与海洋平台甲板垂向的砰击载荷,且该方法适用于三维复杂结构,有一定的意义。该方法的核心是用薄矩形板以及薄椭圆形板的附加质量近似地表达波浪砰击甲板过程中砰击区域的附加质量。而关于如何基于砰击区域附加质量求解平台所受垂向波浪砰击载荷的方法已经给出,此处不再详细阐述。本节重点对附加质量的近似方法进行重点讲解。

根据动量守恒定理,甲板受到的垂向波浪砰击载荷可以表示为

$$F_3 = \left(\frac{\mathrm{d}}{\mathrm{d}t}(A(t)V(t))\right) = \frac{\mathrm{d}A(t)}{\mathrm{d}t}V(t) + A(t)\dot{V}(t) \tag{4.5}$$

式中 $A(t)$——瞬时甲板砰击区域的湿表面积;

$V(t)$——平均相对波浪砰击速度。

式(4.5)中右边的第一项代表的是水质点与甲板的接触作用力,后一项为流体质点的

惯性力。这个公式早前被用于研究结构物入水以及出水问题。二维的水平薄板在自由液面附近振动的边界问题可以通过图 4.15 简单地表示。

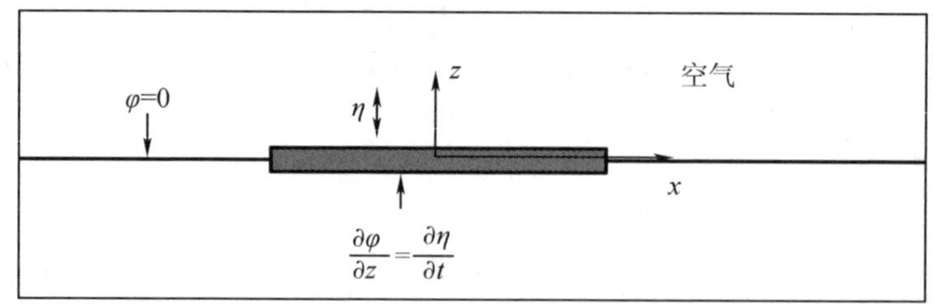

图 4.15　二维的水平薄板在自由液面附近振动的边界问题

除此之外，绕射波场的波动压力以及静水压力同样对整个平台的砰击载荷有很大的影响。因此，作用在船舶与海洋平台甲板上的总载荷可以表示为

$$F_3=\frac{\mathrm{d}A(t)}{\mathrm{d}t}V(t)+A(t)\dot{V}(t)+\rho\Omega(g+\bar{a}) \tag{4.6}$$

式中　ρ——海水密度；

Ω——瞬时没过甲板下表面的海水体积；

$\bar{a}$——波浪砰击船舶与海洋平台瞬时甲板下表面砰击区域的水质点平均加速度。

值得注意的是，垂向上的系统动量转换只在结构物入水和出水阶段考虑。

任意形状的甲板砰击区域都可以用矩形平板或者椭圆形平板进行近似。位于自由液面处的三维矩形平板的附加质量可以表示为

$$A_{(t),\mathrm{rect}}=J(k)\frac{\pi}{8}\rho l^2 b \tag{4.7}$$

其中，l 和 b 分别代表平板的长度和宽度，而 $k=b/l$ 为长宽比系数。公式 $k=b/l$ 反映了三维效应，其表达式为

$$J(k)=\frac{1}{\sqrt{1+k^2}}\left(1-\frac{0.425k}{1+k^2}\right) \tag{4.8}$$

相似地，位于自由液面处的三维椭圆形平板（长轴为 $b/2$，短轴为 $a/2$）的附加质量可以表示为

$$A_{(t),\mathrm{ellipse}}=C_s\rho\frac{\pi}{12}a^2 b \tag{4.9}$$

式中　C_s——平板附加质量系数取决于椭圆形平板的长宽比 b/a。

需要注意的是，b 必须等于或者大于 a。对于 45°浪向角的长峰波砰击船舶与海洋平台事件，砰击区域的形状很接近等腰三角形。而等腰三角形的砰击区域的附加质量也可以通过矩形或者椭圆形平板的公式进行近似，此时，长宽比定义为三角形的底边 b 与三角形高 h 的比值。

最后，Baarholm 应用此简化计算公式估算了一座重力式平台的波浪砰击载荷并与相应的模型试验结果进行对比验证，发现该方法能够很好地对波浪砰击载荷进行预报。但是当涉及高阶影响的时候，Stansberg、Suyuthi 人认为对于多立柱平台波浪砰击问题，特别是在波

陡参数较大的海况时,应用基于动量定理以及势流理论的简化计算方法对平台砰击载荷进行估算仍然不能够满足要求。

除此之外,根据区域海况的波浪统计模型得到平台波浪砰击载荷的统计模型的方法也是目前研究的热点,其更接近于真实海况,对于工程界有很重要的意义。早期,Haver 提出了一个 Gumbel 分布模型来预测极端海况下的平台波浪砰击载荷。紧接着,Dalane 也建立了一个 Cumulative Frechet 分布模型来估算设计海况下的平台波浪砰击载荷。

4.5 负气隙工况下局部结构安全评估分析

通常情况下,在设计标准中严重的砰击现象是应该避免的。砰击是指海洋结构物因平台与波浪的相对运动,产生的平台结构件撞击波面的现象。下面两种现象一定产生砰击现象:

(1)结构相对的垂向运动超过了位于水面的结构物与静海面的距离;

(2)结构件相对于波浪的速度大于一门槛值,这个门槛值通常定义为砰击载荷开始高于浮力的相对速度(指导值:3~3.5 m/s)。

半潜式平台在自存工况和拖航工况下,由于波浪载荷作用,平台的浮箱和横撑会时现时没。横撑在沉入水中的过程中就会受到波浪的砰击。根据 DNV 规范 DNV-OS-C103,Sec.4 A302 规定,在平台拖航工况下,横撑的极限强度计算过程应考虑横撑承受波浪砰击载荷的影响。

波浪的砰击载荷在频域内很难准确模拟,需要在时域中进行模拟分析。对平台总体结构强度分析时大多是运用频域计算的波浪载荷,很难考虑到波浪的砰击载荷。由于平台总体结构强度分析过程中需要考虑的工况较多,每种工况至少需要数值模拟 3 h 时间跨度。同时时域分析需要对每个工况进行多次分析,运用分布函数来取其最危险的结果作为最终的分析结果,这需要大量的时间,工程上一般不采用这种分析方法,而是运用频域分析合理避开这些问题。

本节根据这一现象,提出一种运用时域和频域相结合的方法,对半潜式平台的横撑考虑平台总体强度和波浪砰击载荷作用下的强度进行校核。运用 AWQA 软件在时域中模拟波浪砰击,每个工况分析 10 次子工况,运用90% Gumble 分布的结果作为最终该工况的波浪砰击载荷。然后运用 SESAM 软件在频域内分析的平台总体强度结果,考虑 AWQA 分析的波浪砰击载荷,运用 SESAM 软件的 submod 模块,对横撑的强度进行校核。并以某典型半潜式钻井平台为例,运用该方法对平台横撑进行了极限强度屈曲和屈服校核。

4.5.1 拖航和自存工况下负气隙载荷分析

1. 平台砰击分析关注点

本节使用的平台主要参数和静水力参数分别见表 4.10 和表 4.11。在横撑结构上,关注点编号和坐标见表 4.12 所示,相应位置如图 4.16 所示。

表 4.10　平台主要参数

描述	参数	描述	参数
浮箱长/m	105	甲板箱高度/m	30.5
浮箱宽/m	16.5	立柱宽/高/m	37.5
浮箱高/m	10.0	工作吃水/排水体积/(m/t)	17.5/40 800
双浮箱外板间距/m	71.0	自存吃水/排水体积/(m/t)	15.5/38 400
主甲板高度/m	36.5	拖航吃水/排水体积/(m/t)	9.5/30 800

表 4.11　平台的静水力参数

重心位置/m			浮心位置/m			回转半径/m		
LCG	TCG	VCG	LCB	TCB	VCB	Rxx	Ryy	Rzz
0.1	0.0	23.4	0.1	0.0	6.5	29.9	31.6	34.5

表 4.12　关注点编号和坐标

关注点编号	X/m	Y/m	Z/m
60001	31.4	0.00	-5.6
60021	31.4	6.95	-5.6
60031	31.4	15.05	-6.0
60002	23.6	0.00	-5.6
60022	23.6	6.95	-5.6
60032	23.6	15.05	-6.0
60003	-23.6	0.00	-5.6
60023	-23.6	6.95	-5.6
60033	-23.6	15.05	-6.0
60004	-31.4	0.00	-5.6
60024	-31.4	6.95	-5.6
60034	-31.4	15.05	-6.0

本节运用 AQWA 有限元软件在时域范围内计算横撑与水质点的相对速度，计算过程中考虑了浮箱和横撑的黏性阻尼等影响。平台的自存工况吃水为 15.5 m，拖航工况吃水为 9.75 m。

2. 局部结构强度计算模型与计算方法

根据运动响应计算得到横撑与水质点相对速度，计算横撑上受到的水压。为了简化计算，根据规范计算出横撑上受到的波浪砰击产生的水压，以静载荷方式加载到横撑的表面上，并取 1.3 作为波浪砰击载荷系数。考虑到横撑承受的波浪砰击载荷方向有所不同，本研究计算了横撑受到垂直向上到横向的范围内的 4 个方向(0°、30°、60°和 90°)的砰击载荷工况。

横撑与水质点的相对速度,是运用 AQWA 有限元软件在时域范围内分析计算的。计算的波浪载荷时间为 3 h 时间跨度,时间间隔为 0.1 s。为了得到更精确的相对速度,每种工况都分析了 10 次,运用这 10 次计算结果的 90% Gumble 分布作为最终的横撑与水质点的相对速度。

根据 DNV 规范的规定,波浪载荷产生的砰击载荷可根据下述方法计算:

$$P_s = \frac{1}{2}\rho C_{Sp} v_s^2 \tag{4.10}$$

式中 ρ——海水密度;

C_{Sp}——砰击载荷系数,圆柱型结构取 5.15;

V_s——结构件与水质点的相对速度。

横撑结构除波浪砰击作用应计算外,平台在静载作用下横撑所承受的静载荷以及由于浮箱、立柱等承受的波浪载荷作用下横撑所承受的动载荷也应考虑进去。

计算得到波浪的砰击载荷后,运用 SESAM 软件中 Sub - model 模块,把波浪的砰击载荷作为静载压力的形式加载到在 GeniE 中建立的子模型上,然后把子模型关联到总体模型内,计算波浪砰击载荷和平台总体强度对横撑影响后的横撑自存工况下的结构强度。

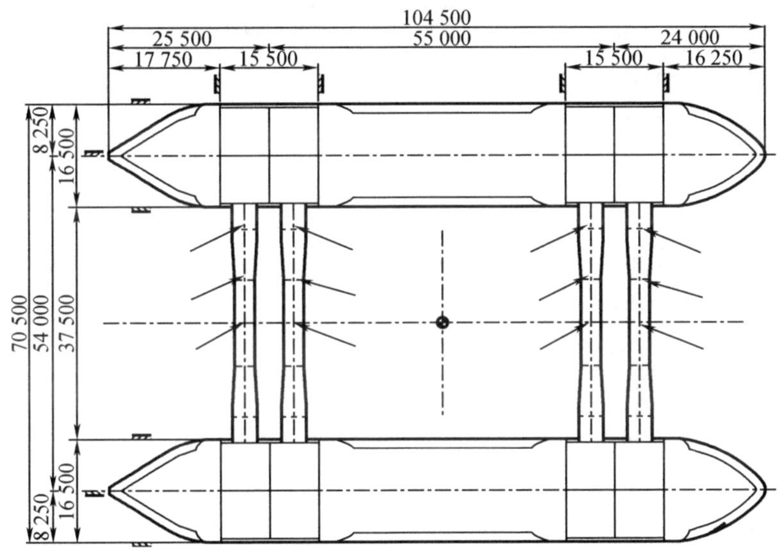

图 4.16 关注点位置

4.5.2 横撑波浪载荷分析

在自存工况下,平台横撑上关注点与水质点的最大相对速度见表 4.13。关于拖航工况,分析计算了波高 H_s 为 5 m,周期 T_z 为 9 s 的工况,结果见表 4.14;自存工况 01 下的关注点所示。点 60001 和点 60002 在自存工况下的加速度的 Gumbel 分布见图 4.18。自存工况中最大相对速度为 5.583 m/s,波浪砰击载荷为 82 269 N/m^2;拖航工况中最大相对速度为 4.986 m/s,波浪砰击载荷为 65 645 N/m^2。

表 4.13　自存工况下关注点与水质点的最大相对速度

工况	点 60001/($m\cdot s^{-1}$)	点 60002/($m\cdot s^{-1}$)	点 60003/($m\cdot s^{-1}$)	点 60004/($m\cdot s^{-1}$)
工况 01	-5.199	-5.355	-3.819	-4.060
工况 02	-5.637	-5.573	-4.233	-4.400
工况 03	-4.959	-4.974	-3.968	-4.269
工况 04	-5.267	-4.996	-4.932	-5.244
工况 05	-4.977	-5.081	-4.155	-4.307
工况 06	-5.220	-5.228	-4.841	-4.609
工况 07	-5.316	-4.982	-4.391	-4.989
工况 08	-5.193	-5.296	-4.679	-5.293
工况 09	-5.678	-5.574	-4.258	-4.851
工况 10	-5.289	-5.176	-4.287	-4.613
90% Gumbel 分布	-5.583	-5.513	-4.810	-5.182

表 4.14　T_z =9 s 拖航工况下关注点最大的相对速度

工况	点 60001/($m\cdot s^{-1}$)	点 60002/($m\cdot s^{-1}$)	点 60003/($m\cdot s^{-1}$)	点 60004/($m\cdot s^{-1}$)
工况 01	-3.183	-2.973	-3.255	-3.327
工况 02	-3.397	-23912	-3.113	-3.129
工况 03	-3.238	-3.015	-2.912	-3.094
工况 04	-3.514	-3.446	-2.848	-3.149
工况 05	-3.558	-2.919	-2.968	-3.155
工况 06	-4.012	-3.307	-3.358	-3.290
工况 07	-3.248	-3.126	-2.926	-3.033
工况 08	-3.168	-2.876	-3.083	-3.305
工况 09	-3.145	-2.822	-2.869	-3.348
工况 10	-3.675	-3.072	-2.800	-2.981
90% Gumbel 分布	-3.808	-3.322	-3.260	-3.331

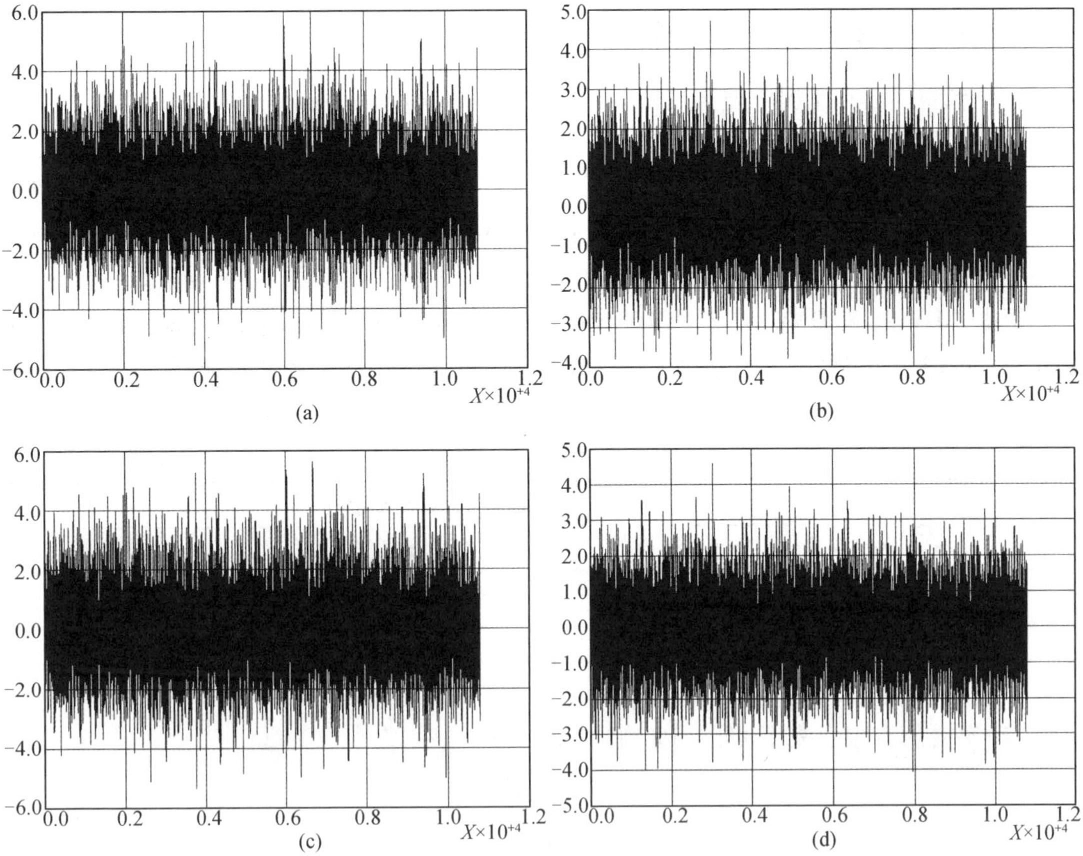

(a)

(b)

(c)

(d)

图 4.17 自存工况 01 下的关注点相对与海面的相对速度

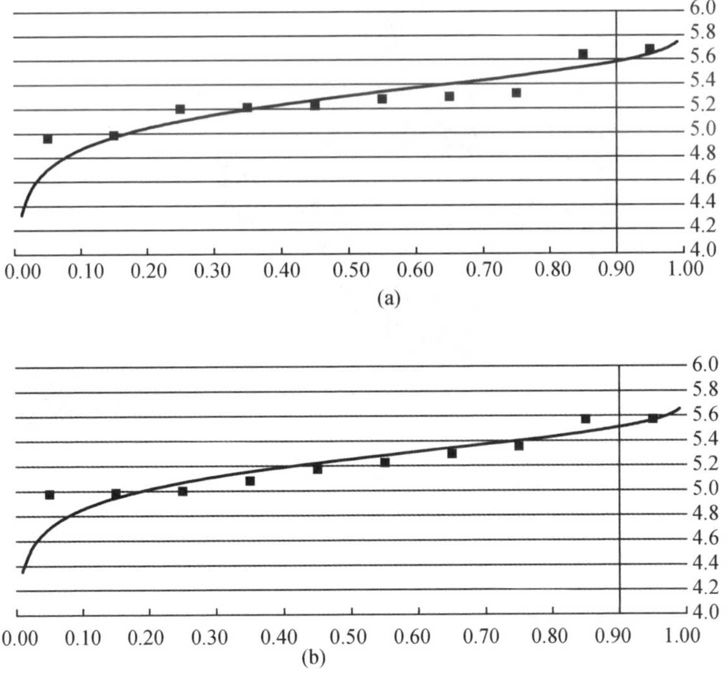

图 4.18 点 60001 和点 600002 在自存工况下的相对速度的 Gumbel 分布

4.5.3 局部结构安全评估分析

1. 平台整体自存工况下屈服校核

(1)载荷系数和设计工况

由于平台在自存工况下比拖航工况下更危险,并且横撑与水质点的相对速度在自存工况下更大(自存工况:5.583 m/s,拖航工况:4.986 m/s),所以只对横撑在自存工况下进行结构屈服强度和屈曲强度校核。

根据 NDV 规范 DNV - OS - C103(Structural Design of Column Stabilised Units_LRFD Method)Sec.4 中的规定,平台承受的载荷在自存工况下使用的系数见表 4.19。

表 4.15 自存工况下的的载荷系数

结合体	载荷类别		
	永久性(G)	功能(Q)	环境
自存工况 A	1.2	1.2	0.7
自存工况 B	1.0	1.0	1.2

(2)平台的有限元模型(图 4.19 ~ 图 4.23)

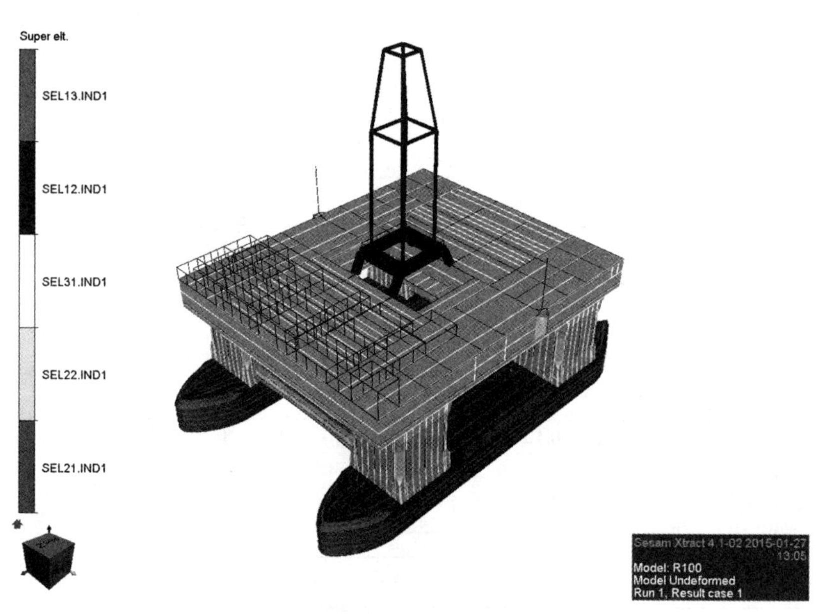

图 4.19 平台模型总图

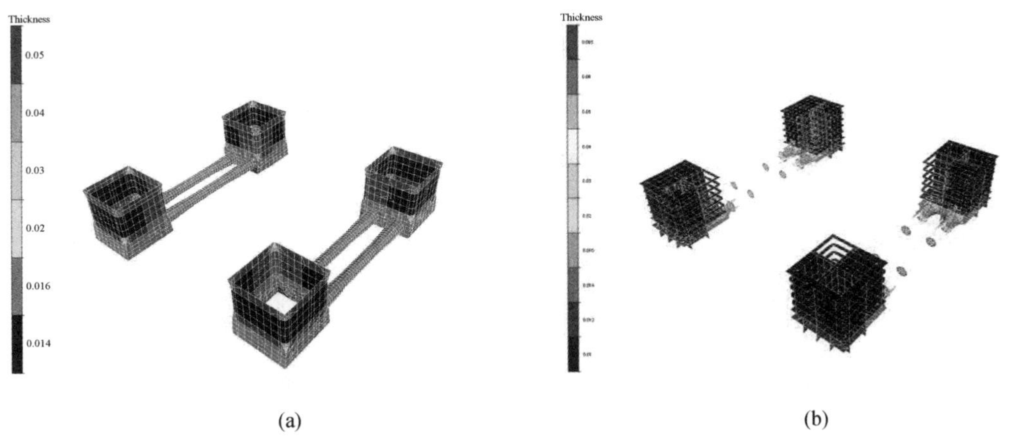

(a) (b)

图 4.20 立柱部分内外结构有限元与板厚示意图

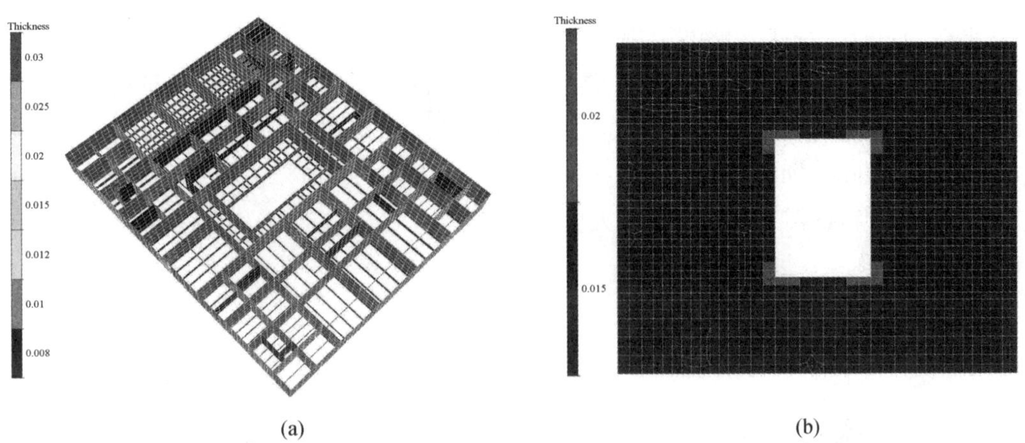

(a) (b)

图 4.21 甲板箱部分内外结构有限元与板厚示意图

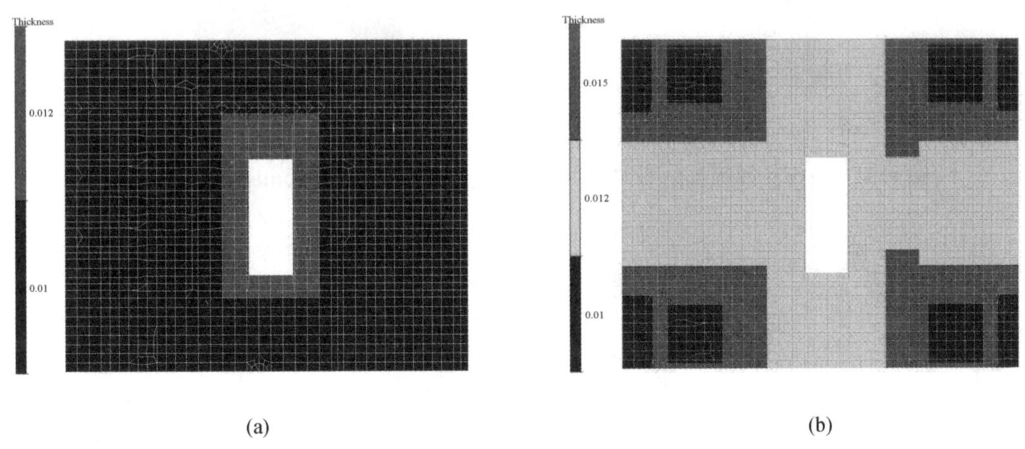

(a) (b)

图 4.22 甲板箱内底板和地板结构有限元与板厚示意图

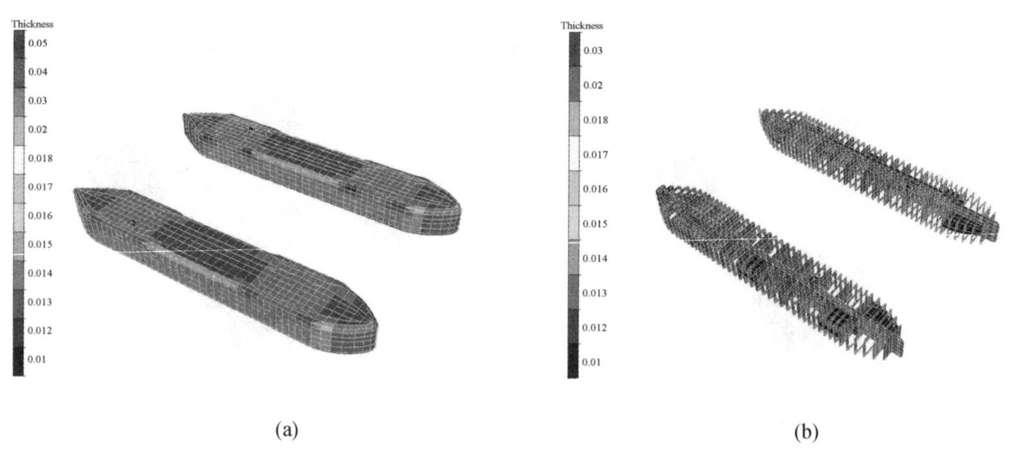

(a) (b)

图 4.23　浮箱分内外结构有限元与板厚示意图

(3)平台的自存工况下忽略波浪砰击载荷的分析结果

本部分仅考虑平台在静载荷作用下横撑所承受的静载荷和浮箱、立柱等承受的波浪载荷作用下横撑所承受的动载荷。平台在工况自存工况 - A 和自存工况 - B 的工况下,总体的结构 Von Mises Stress 如图 4.24 所示;横撑的应力如图 4.25 所示。从结果可以看出,横撑在自存工况 - A 和自存工况 - B 的最大应力分别是 237 MPa 和 300 MPa 。

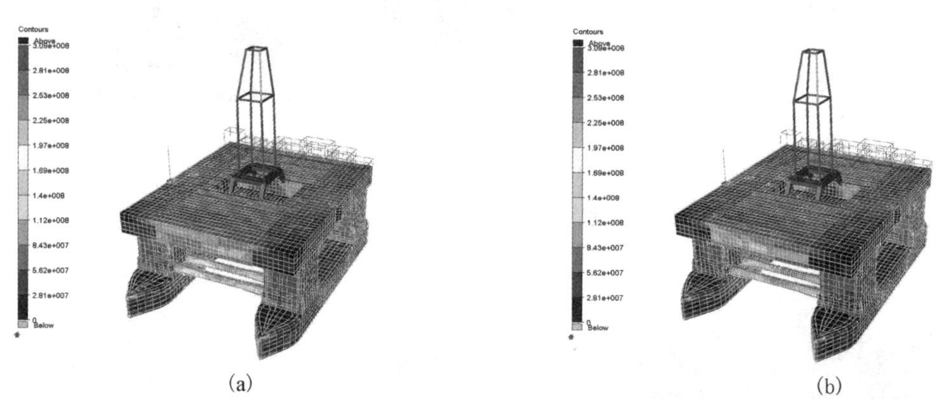

(a) (b)

图 4.24　平台总体强度结果 自存工况 - A 和自存工况 - B Vomises Stress

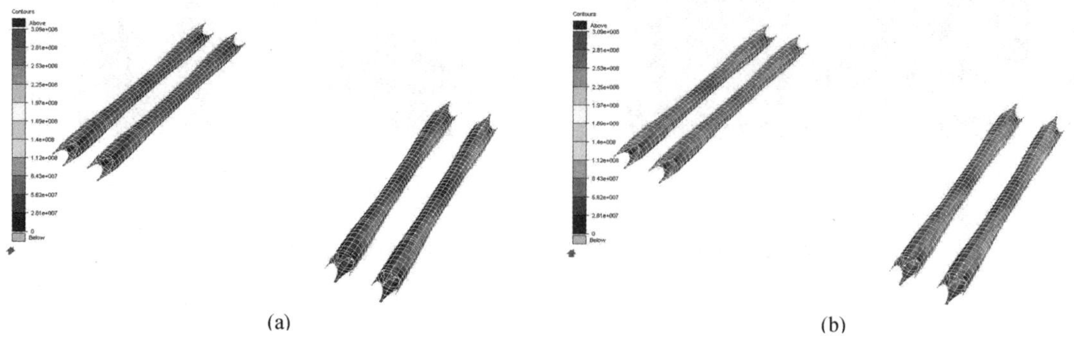

(a) (b)

图 4.25　横撑总体强度结果自存工况 - A 和自存工况 - B Vomises Stress

2. 横撑考虑波浪载荷后的屈服强度校核

根据平台总体计算结果，运用 SESAM 软件中 Submodel 模块，考虑波浪砰击载荷后对横撑再做进一步分析。横撑的子模型和承受的波浪砰击载荷，如图 4.26 和图 4.27 所示。根据运动响应计算的横撑与水质点的相对速度，计算得到相应的波浪砰击压强，以静载荷加载到子模型上，载荷系数取 1.3。

分析结果如图 4.28 和图 4.29 所示。根据分析结果可以看出，在波浪砰击载荷作用方向为 0°的工况下，Von Mises Stress 达到最大，为 347.2 MPa；由于超过需用应力 309 MPa 的范围非常小，横撑的屈服可以认为满足规范要求。由应力分布图可以看出，横撑在考虑波浪砰击载荷后应力超过 150 MPa 的面积比不考虑波浪砰击载荷的情况下明显增多，而且最大 Von Mises Stress 由 300 MPa 增加到 347.2 MPa，增加了 15.7%。也就是说波浪砰击载荷在横撑上产生的应力很大，在设计过程中要充分考虑。

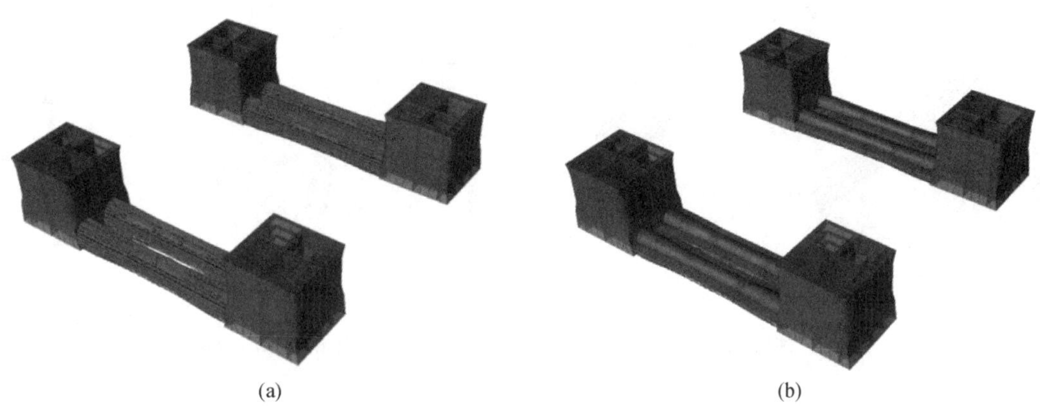

(a)　　　　　　　　　　(b)

图 4.26　0°和 30°波浪砰击载荷压力示意图

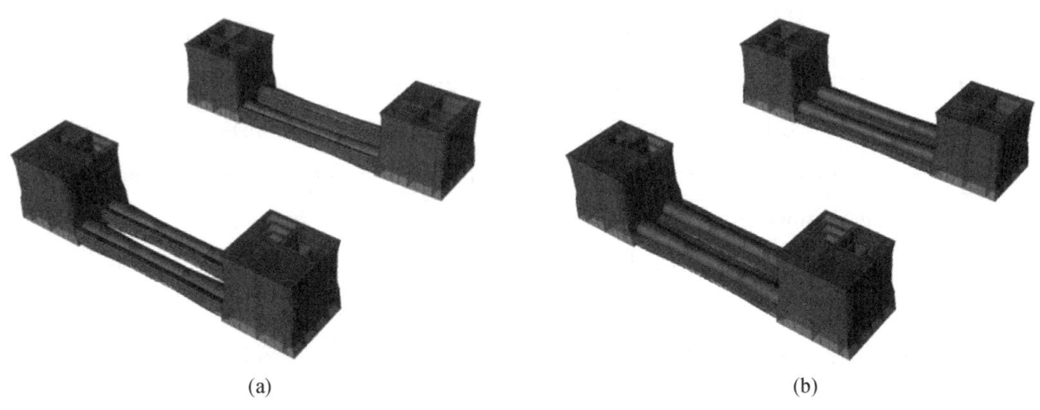

(a)　　　　　　　　　　(b)

图 4.27　60°和 90°波浪砰击载荷压力示意图

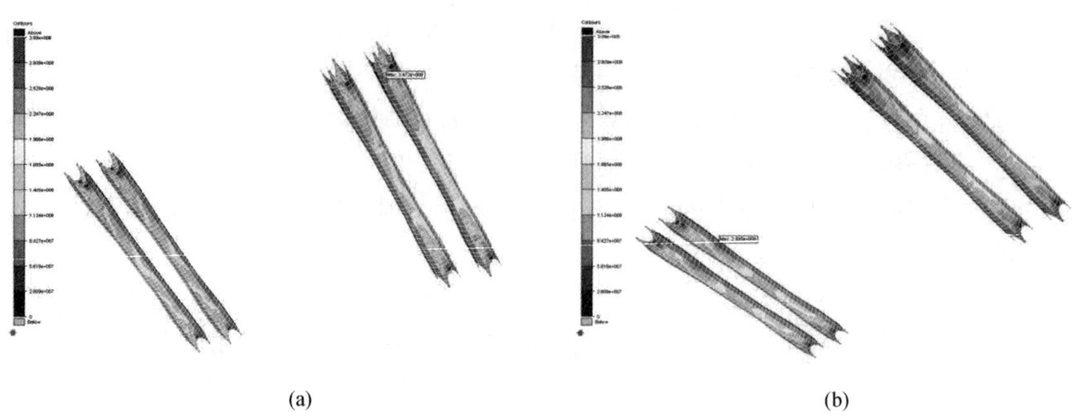

(a) (b)

图 4.28 横撑自存工况下 0°和 30°方向上波浪砰击下的 Von Mises Stress

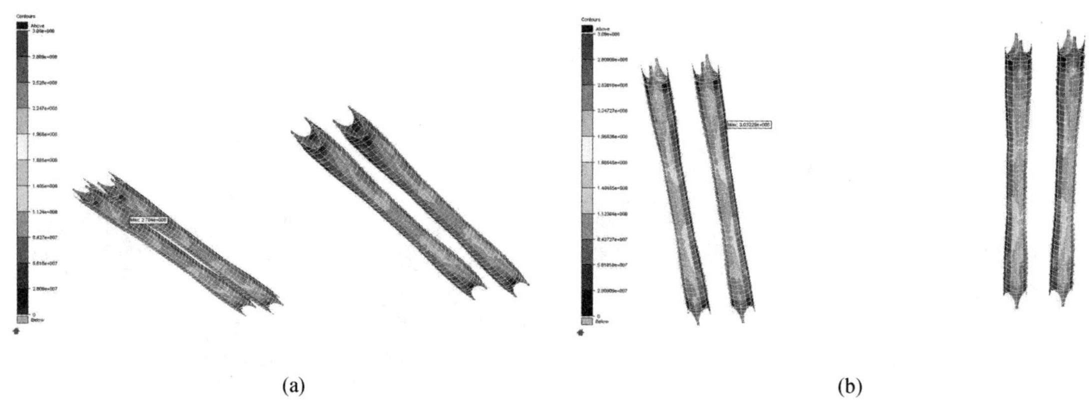

(a) (b)

图 4.29 横撑自存工况下 60°和 90°方向上波浪砰击下的 Von Misses Stress

本章参考文献

[1] VERITAS D N. DNV – RP – C205 Environmental Conditions and Environmental Loads [EB/OL]. [2010 – 10 – 01]. http://www.dnv.com.

[2] KAZEMI S., INCECIK A. Experimental study of air gap response and wave impact forces of a semi – submersible drilling unit[C]//International Conference on Offshaore Mechanics and Arctic Engineering, 2006.

[3] APRL. Structural design of column stabilised units – LRFD Method [EB/OL]. [2010 – 10 – 01]. http://www.dnv.com.

[4] SHAN T B, YANG J M, XIN L, et al. Experimental investigation on wave run – up characteristics along columns and air gap response of semi – submersible platform [J]. Journal of Hydrodynamics. 2001,23(5): 625 – 636.

[5] SIMOS A N, SPARANO J V, ARANHA J A P, et al. 2nd order hydrodynamic effects on resonant heave, pitch and roll motions of a large – volume semi – submersible platform

[C] // ASME 2008 27th International Conference on Offshore Mechanics and Artic Engineering, 2008.

[6] SWEETMAN B, WINTERSTEIN SR, MELING T S, et al. Air gap prediction: Use of second – order diffraction and multi – column models[J]. Proceedings lsope I L availuble from Group and polar Engineers,2001(4):56 – 88.

[7] LWANOWSKI B, WEMMENHOVE R. CFD simulation of wave run – up on a semi – submersible and comparisonwith experiment [C] // ASME 2009 28th International Conference on Offshore Mechanics and Arctic Engineering.

[8] MATSUMTO F T, WATAI R A. SIMOS A. N. Wave run – up and air gap prediction for a large – volumesemi – submersible platform [C] // ASME International Conference on Ocean,2013.

[9] ROOS J, SWAN C, HAVER S. An Experimental Investigation of Wave Impacts on the Deck of a Gravity Based Structure[C] //ASME International Conference on Ocean, 2009.

[10] BAARHOLM R. A Simple Numerical Method for Evaluation of Water Impact Loads on Decks of Large – Volume Offshore Platforms [C] // ASME 2005 24th International Conference on Offshore Mechanics and Arctic Engineering, 2005.

[11] BAARHOLM R, STANSBERG C T. Extreme Vertical Wave Impact on the Deck of a Gravity – Based Structure(GBS) Platform[J]. Actes de colloques – IFREMER, 2004,35 (2):18 – 41.

[12] WAGNER H. Über Stoß – und Gleitvogänge an der Oberfläche von Flüssigkeiten[J]. ZAMM – Journal of Applied Mathematics and Mechanics / Zeitschrift fÃ1/4r Angewandte Mathematik und Mechanik, 2010, 12(4): 193 – 215.

[13] STANSBERG C T, BAARHOLM R, FOKK T. Wave Amplification and Possible Deck Impact on Gravity Based Structure in 10 – 4 Probability Extreme Crest Heights[C] // ASME 2004 23rd International Conference on Offshore Mechanics and Arctic Engineering, 2004.

第5章　砰击载荷下船舶与海洋结构的动力响应

5.1　砰击对船舶与海洋工程结构的影响

21世纪人类进入了海洋经济的时代,随着工业技术的发展和海洋资源开发的需要,各种新型船舶和海洋结构物不断出现。由于当代船舶向高速化、大型化发展,因此结构上出现砰击与上浪等现象的概率越来越高。在结构设计时如何合理地确定这种瞬态非线性的载荷是一个重要的内容。

船舶在航行时,船首船底出水和上浪等原因,导致船首底部、舭部及外飘等区域发生砰击。砰击发生时,一方面船体在直接与波浪冲撞的区域承受着巨大的砰击压力,局部结构的强度可能发生破坏;另一方面将会引起整个船体剧烈的颤振,产生较大的振动弯矩,当它与低频波浪诱导弯矩叠加时,可能导致船体总纵强度的丧失。长期航行实践证明,砰击引起的局部强度问题和总强度问题都必须给予足够的重视。

结构砰击问题是液固耦合问题中的一类重要问题,在民用和军事领域有着很多工程的应用背景,如传统砰击、空投鱼雷入水、海上救生艇抛落、水上飞机降落着水等都属于这类问题。目前这方面的重要理论不是很多,不少问题都是基于一些经验数据和试验,通过各种数据间的对比进行研究和解决的。常用的一种方法是数值方法。

砰击问题面临一个重要任务,就是要针对砰击的特点提高结构物的抗撞强度。这也是工程中一个迫切需要解决的问题。特别是随着科学技术的高速发展,不少新型材料和新型结构形式不断出现,这个问题更加突出。

从力学的角度来看,研究砰击结构的抗撞强度的关键是要解决这个流固耦合系统的砰击响应,其中重要的是有效数值方法、计算机实施以及响应特性的研究,根据现在情况我们可以清楚地看到,目前这个问题的解决还不成熟,需要在前人工作的基础上,进一步研究三维结构撞水问题的流固耦合求解,为砰击结构的设计和分析提供理论依据和参考。

5.2　砰击载荷的理论分析方法

最早解析研究砰击入水问题的学者是Karman,他将水上飞机的降落简化成楔形体入水的过程,首次得到了楔形体模型入水砰击载荷:

$$P_{\max} = \frac{\rho}{2} V_0^{\,2} \pi \cot \beta \tag{5.1}$$

由式(5.1)可知,当β趋向0时,冲击压力趋向于无穷大,这个结果显然与事实不符。因此该公式不适用于小斜升角的情况。随后Wagner计入自由液面效应,采用二维平板模拟入水砰击，给出了经典的基本假定，如假定流场无黏、不可压缩和忽略重力影响等。上述两个模型均为早期经典的砰击解析模型理论，在众多文献中均可找到相关材料，因此这里就不再赘述，这里主要详细描述一下近期发展且广泛应用的二维解析模型，分别为广义 Wagner 模型（GWM）和修正的 Logvinovich 模型（MLM）。

上述两种方法均为计算二维剖面结构入水砰击问题的解析模型。图 5.1 给出了斜升角为 α 时的二维楔形体剖面入水的示意图，图中的虚线表示初始静水面的情况，在流体和结构交界面处形成了射流现象，在楔形体左侧部位给出了最大砰击压力峰值分布图，在靠近交界点 c 处出现了压力峰值。

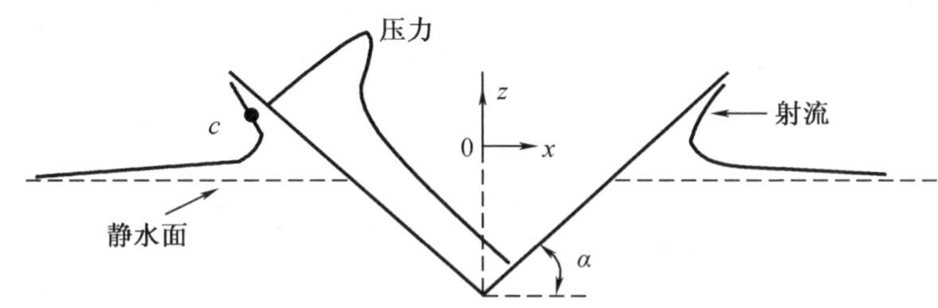

图 5.1　二维楔形体剖面入水示意图

为了提高入水砰击时流场作用在结构上砰击载荷预报的准确性，在广义 GWM 模型和 MLM 模型中考虑了伯努利方程的高阶项。在 MLM 模型中，湿表面的速度势分布与传统的 Wagner 理论相同，然而湿表面区域的载荷分布则是通过非线性伯努利方程计算，同时考虑到结构几何外形的影响。这里首先回顾了经典 Wagner 理论的速度势数学模型。

为了得到楔形体湿表面上的压力分布 $c(t)$，对流场特性做出如下假设，假设流体是理想的、不可压缩的，且流场无限深，同时忽略重力作用和表面张力。流域中的水动力压力 $P(x,z,t)$ 由 Cauchy - Lagrange 积分给出，表达式如下：

$$P(x,z,t) = -\rho\left(\frac{\partial\varphi}{\partial t} + \frac{1}{2}|\nabla\varphi|^2\right) \tag{5.2}$$

其中 $\varphi(x,\ t)$ 为接触区域速度势，引入物面边界条件如下：

$$\frac{\partial\varphi}{\partial \mathrm{t}} = \frac{\partial\varphi}{\partial x}f'(x) - \dot{h}(t) \tag{5.3}$$

式中　$\dot{h}(t)$——入水深度；

$f'(x)$——物体形态。

通过物面条件的引入可得压力分布：

$$P(x,t) = -\rho\left(\frac{\partial\varphi}{\partial t} + \frac{f'(x)\dot{h}}{1+\left(\frac{\partial f(x)}{\partial x}\right)^2}\frac{\partial\varphi}{\partial x} + \frac{1}{2}\frac{\left(\frac{\partial\varphi}{\partial x}\right)^2 - \dot{h}^2}{1+\left(\frac{\partial f(x)}{\partial x}\right)^2}\right) \tag{5.4}$$

为了得到接触区域的速度势 $\varphi(x,\ t)$ 分布，首先针对砰击的初始阶段进行分析，Howison 等人对砰击初始阶段的流动和压力分布进行了详细推导，Korobkin 基于经典 Wagner 理论讨论了速度势的解析模型。在 MLM 模型中由于考虑了伯努利方程的高阶项，因此得到的速度势具体形式为

$$\varphi(x,t)=\varphi^{(w)}(x,0,t)-\dot{h}(t)[f(x)-h(t)-d(t)] \tag{5.5}$$

其中,$\varphi^{(w)}(x,z,t)$是经典 Wagner 理论的解,相应的控制方程如下:

$$\Delta\varphi^{(w)}=0 \quad (z<0) \tag{5.6}$$

$$\Delta\varphi^{(w)}=0 \quad (z=0,|x|>c(t)) \tag{5.7}$$

$$\Delta\varphi^{(w)}=-h\cdot(t) \quad (z=0,|x|<c(t)) \tag{5.8}$$

$$\Delta\varphi^{(w)}\to 0 \quad (z<0) \tag{5.9}$$

对于 Wagner 理论,接触区域对应的区间为

$$-c(t)<x<c(t) \tag{5.10}$$

其中,$c(t)$是湿表面长度的一半,主要由 Wagner 条件计算得到。对于楔形体,$c(t)$记为 $c(t)=\pi h/2\tan\beta$。Howison 等人给出了接触区域中速度势的表达式:

$$\varphi^{(w)}(x,0,t)=-\dot{h}(t)\sqrt{c^2(t)-x^2} \quad (|x|<c(t)) \tag{5.11}$$

$$p(x,t)=\rho\dot{h}^2(t)\left\{\frac{\dot{c}}{\dot{h}}\frac{c}{\sqrt{c^2-x^2}}-\frac{1}{2}\frac{c^2}{c^2-x^2}\frac{1}{1+f_x}-\frac{1}{2}\frac{f_x^{\ 2}}{1+f_x^{\ 2}}-\frac{\dot{d}}{\dot{h}}+\frac{\ddot{h}}{\dot{h}}\left[\sqrt{c^2-x^2}+f(x)-h(t)-d(t)\right]\right\} \tag{5.12}$$

式中 $f_x=\dfrac{\partial f(x)}{\partial x}$,$f(x)=\tan\beta$,$\beta$表示底部斜升角;

$d(t)$——与垂直变量 z 相关的函数。

在此公式中,$d(t)\equiv 0$ 是初始液面附近原问题的线性化,$z=0$ 与 $d(t)=f[c(t)]-h(t)$ 对应于线性化的飞溅高度。前者应用于 MLM 模型中,后者应用于 GWM 模型中。

当楔形体以恒定速度 V 入水砰击时,压力为

$$p(x,t)=\frac{1}{2}\rho V^2\left[\frac{\pi}{\tan\beta}\frac{c}{\sqrt{c^2-x^2}}-\cos^2\beta\frac{c^2}{c^2-x^2}-\sin^2\beta-2\frac{\dot{d}}{\dot{h}}\right] \tag{5.13}$$

当 $d(t)\equiv 0$,MLM 模型中接触区域的压力为

$$p(x,t)=\frac{1}{2}\rho V^2\left[\frac{\pi}{\tan\beta}\frac{c}{\sqrt{c^2-x^2}}-\cos^2\beta\frac{c^2}{c^2-x^2}-\sin^2\beta\right] \tag{5.14}$$

当 $d(t)=f[c(t)]-h(t)$,GWM 模型中接触区域的压力为

$$p(x,t)=\frac{1}{2}\rho V^2\left[\frac{\pi}{\tan\beta}\frac{c}{\sqrt{c^2-x^2}}-\cos^2\beta\frac{c^2}{c^2-x^2}-\sin^2\beta+2-\pi\right] \tag{5.15}$$

式(5.13)~式(5.15)中在区间 $-a(t)<x<a(t)$ 内,压力是正数,其中 $a(t)$是式 $p[a(t),t]=0$ 的解,通过定义 $\xi=a(t)/c(t)$,可得 $a(t)=\xi c(t)$,$\xi=\sqrt{1-x^2}$,不同模型中的 X 表示为

$$X=\frac{\sin(2\beta)}{\pi\left(1+\sqrt{1-4\pi^{-2}\sin^4\beta}\right)},\ (\mathrm{MLM}) \tag{5.16}$$

$$X=\frac{\sin(2\beta)}{\pi\left[1+\sqrt{1-4\pi^{-2}\sin^2\beta(\sin^2\beta+\pi-2)}\right]},\ (\mathrm{GWM}) \tag{5.17}$$

因此可知,湿表面上最大压力表示为

$$p_{\max}=\frac{1}{2}\rho\ \dot{c}(t)\left[\cos^{-2}\beta-\frac{V^2}{\dot{c}^2(t)}\sin^2\beta\right],(\text{MLM}) \tag{5.18}$$

$$p_{\max}=\frac{1}{2}\rho\ \dot{c}(t)\left[\cos^{-2}\beta-\frac{V^2}{\dot{c}^2(t)}(\sin^2\beta+\pi-2)\right],(\text{GWM}) \tag{5.19}$$

5.3 砰击载荷下船首结构的动力响应分析

船舶砰击主要发生在船首三分之一区域内,发生砰击后船体底部所有受到的砰击压力沿船长也是变化的,越靠近船首部,砰击压力峰值发生的概率越大,并且航行速度的增加发生砰击的概率越大。随着航速的增加砰击压力峰值向船后移动,且最大值也增加,因此船首的船底板架是承受砰击载荷的主要区域。船舶的入水砰击载荷作用在船体底部的板架上,严重的冲击会使冲击区域承受巨大的压力,局部结构可能发生失效破坏。船首底部板架通常是由龙骨、底纵桁、底纵骨、实肋板及一些加强筋等构件组成。本节采用直接计算流固耦合的方法研究了船首结构入水砰击响应问题,首先,研究刚性艏部结构不同速度下入水砰击过程;其次,对弹塑性艏部结构入水砰击问题进行了数值模拟研究,分析了肋板、纵桁和外板等构件的应力情况;最后,对于船首底部结构形式和材料进行了优化研究,从而得到抗砰击性能最优的结构和材料。

5.3.1 艏部结构有限元模型

目前,三维结构入水砰击理论在数学模型和数值方法上均不成熟,只局限于圆锥或圆球等规则结构的入水问题,对于复杂的船体结构形式则无能为力。本节采用数值仿真技术对船舶首尾结构入水砰击问题进行了仿真计算,研究了在砰击载荷作用下,刚性艏部结构入水砰击压力沿曲线变化规律、流场变化规律,并给出一定具有指导意义的结论。

本节研究的船首结构入水砰击过程是以整个艏部结构为研究目标,结构包括水密横舱壁、水平桁、船底纵桁、舷侧外板、各层甲板、甲板横梁等构件。在数值计算中,各层甲板、舷侧外板、横舱壁、船底龙骨、甲板、横梁均采用板单元,舱壁上加强筋采用梁单元。艏部结构有限元模型如图5.2所示。

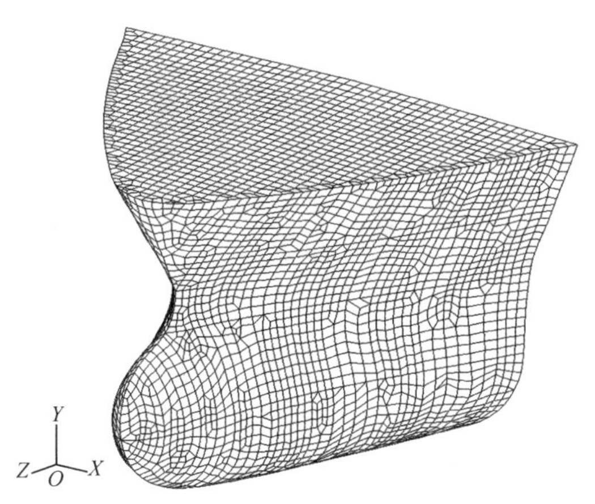

图5.2 艏部结构有限元模型

图 5.3 为有限元计算模型,Euler 区域分为空气域和水域。

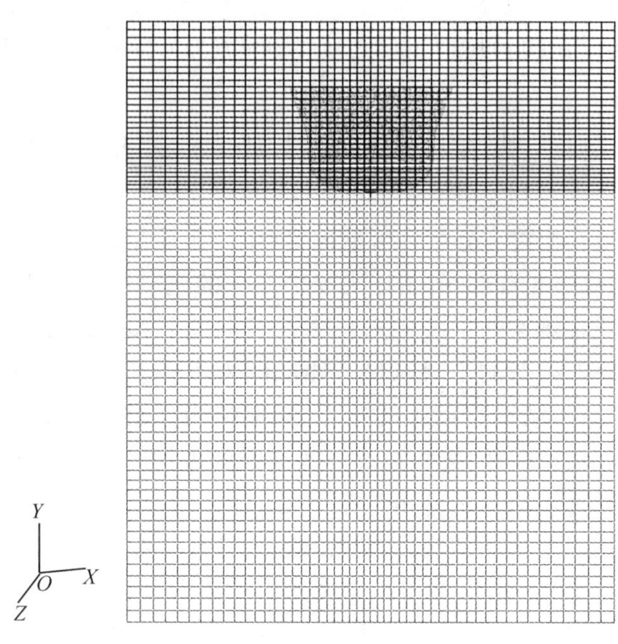

图 5.3　砰击有限元计算模型

水域尺寸为 0.6m ×0.6m ×0.3m,该区域共划分 296 352 个 Euler 单元,用无黏性、可压缩性线性流体本构关系的材料来填充。水区域内的压力用多项式状态方程描述:

$$p_w = \begin{cases} a_1\mu + a_2\mu^2 + a_3\mu^3 + (b_0 + b_1\mu)\rho_0 e & \text{压缩状态}(\mu > 0) \\ a_1\mu + (b_0 + b_1\mu)\rho_0 e & \text{拉伸状态}(\mu < 0) \end{cases} \tag{5.20}$$

式中　p_w——水中压力;

$\mu = \dfrac{\rho_w}{\rho_0} - 1$ 中,

ρ_w——水的密度,ρ_0——参考密度;

e——单位质量内能;

a_1、a_2、a_3 和 b_0、b_1——方程系数。

空气部分的尺寸为 0.6 m ×0.6 m ×0.3 m,该区域划分了 211 680 个 Euler 单元,材料采用的是理想气体状态方程描述:

$$p_a = (\gamma - 1)\rho_a e_a \tag{5.21}$$

式中　p_a——空气压力;

γ——空气的比热;

ρ_a——空气密度;

e_a——空气的内能。

在一个标准大气压 101 300 Pa 下,$\rho_a = 1.2\ \text{kg/m}^3$,$e_a = 211\ 041\ \text{J/kg}$。

该模型采用的是 87 828 个单元,材料的弹性模量为 2.1×10^{11} Pa,泊松比为 0.3。外表面定义为流固耦合面,采用一般耦合算法。

5.3.2 刚性艏部结构入水砰击研究

计算时刚性结构恒速入水速度 V_e 分别为 5 m/s、10 m/s、15 m/s 和 20 m/s,本研究在模拟三维模型入水砰击过程时,流场单位取模型尺寸的 2 ~ 3 倍,在边界上施加无反射边界条件,从而模拟无限水域情况。

1. 液面变化

在艏部结构入水过程中,水域液面受到结构的挤压作用发生变形,入水砰击初始时刻,结构和水面之间的空气层随着结构被压入水中,空气垫的存在在结构和液面之间起到了缓冲的作用,延长了砰击压力的作用时间,在冲量相同的情况下有利于减小砰击压力的大小。黄震球等人在研究如何减小船体底部砰击问题时,通过在平底结构模型两侧设置翼缘的方法来增加平底与液面之间空气层的厚度,从而减小结构上砰击压力峰值的作用。

图 5.4 和图 5.5 为刚性艏部结构 15 m/s 入水过程中横剖面和中纵液面的变化情况。

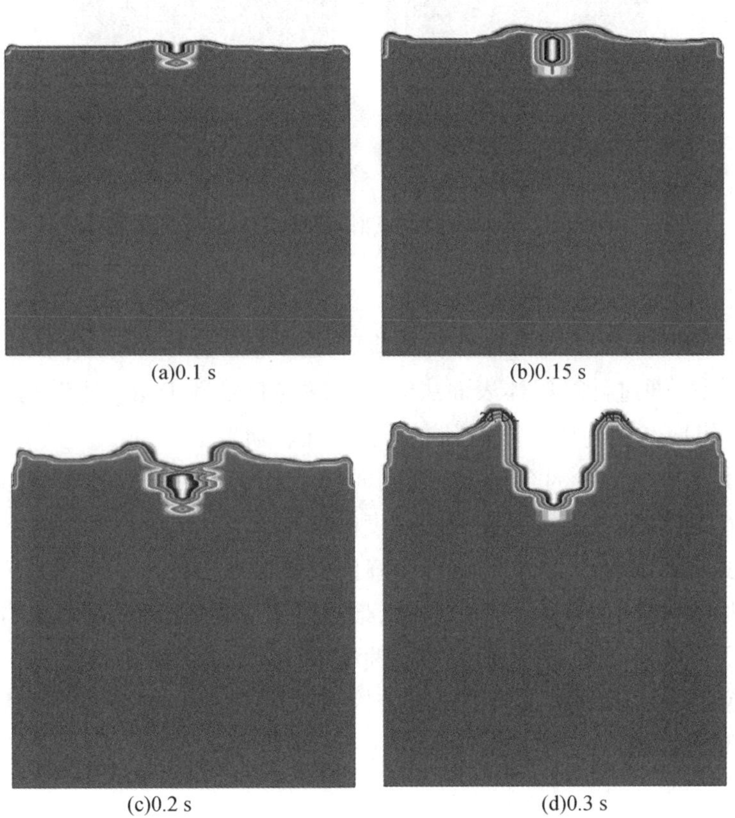

(a)0.1 s (b)0.15 s

(c)0.2 s (d)0.3 s

图 5.4 15 m/s 典型横剖面不同时刻液面变化图

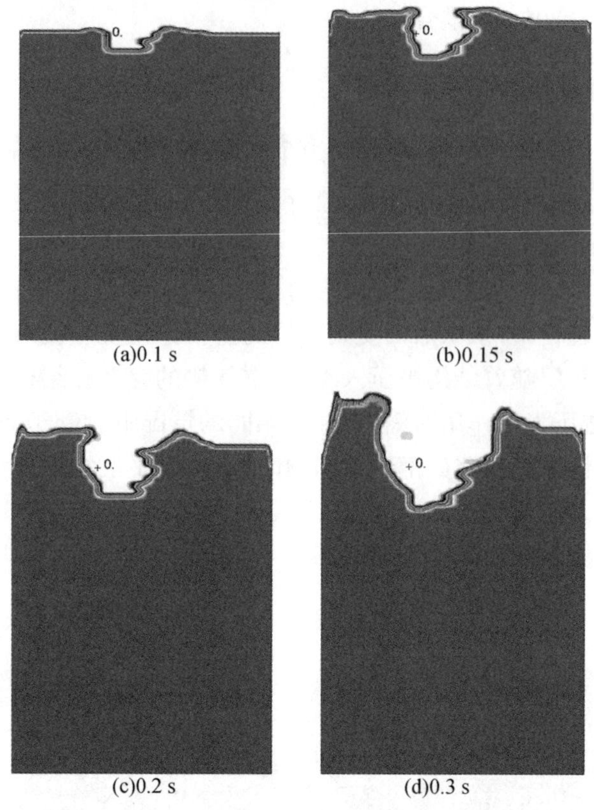

图 5.5　15 m/s 典型纵剖面不同时刻液面变化图

2. 曲率对砰击压力峰值的影响

Chuang 在二维结构入水砰击理论和试验研究的基础上对具有纵向倾角的船体结构入水砰击进行了计算,通过计算船体表面法向速度确定有效砰击角。本节对三维艏部结构在 4 种砰击速度下纵向和横向砰击压力分布进行了比较研究。

图 5.6 和图 5.7 为中纵剖面和两个横剖面上不同节点在 4 种砰击入水速度下砰击压力峰值。由图 5.6 可以看到,随着结构入水速度的增加,结构上各个节点砰击压力峰值增加;纵向没有曲率变化的前 5 个节点,砰击压力峰值要明显大于曲率变化明显位置的节点;随着纵向曲率的增加,砰击压力峰值呈降低趋势,最后趋于平稳,由图 5.7 可以看到,曲率变化不大的位置砰击压力峰值几乎相同,随着横向曲率的增加,变化趋势与纵向相一致,即砰击压力峰值降低,趋于平稳。因此,在研究三维结构入水砰击过程时,要考虑到纵向和横向曲率对砰击压力峰值的影响。

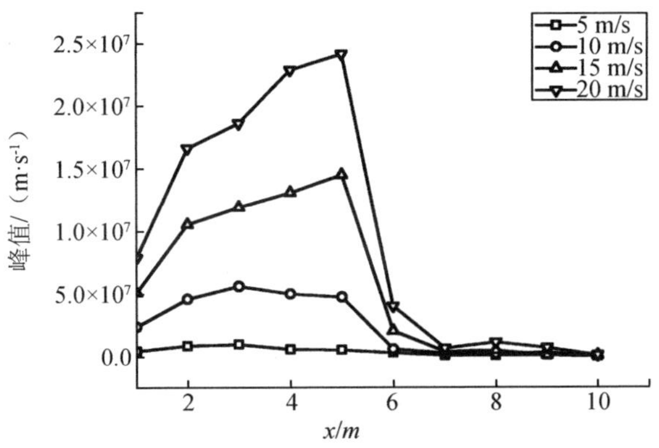

图 5.6 艏部压力峰值纵向分布图

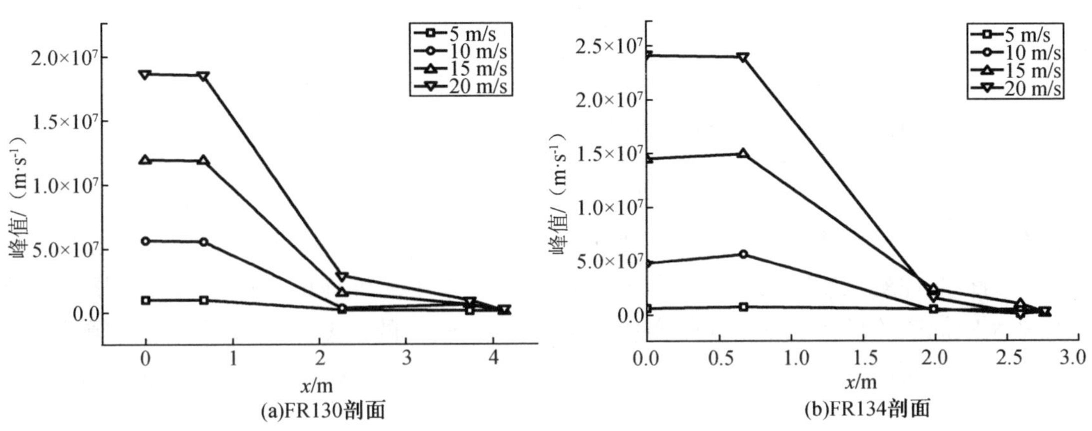

图 5.7 艏部压力峰值横向分布图

图 5.8 和 5.9 为 15 m/s 入水砰击下艏部结构纵向和横向节点压力时间历程曲线。

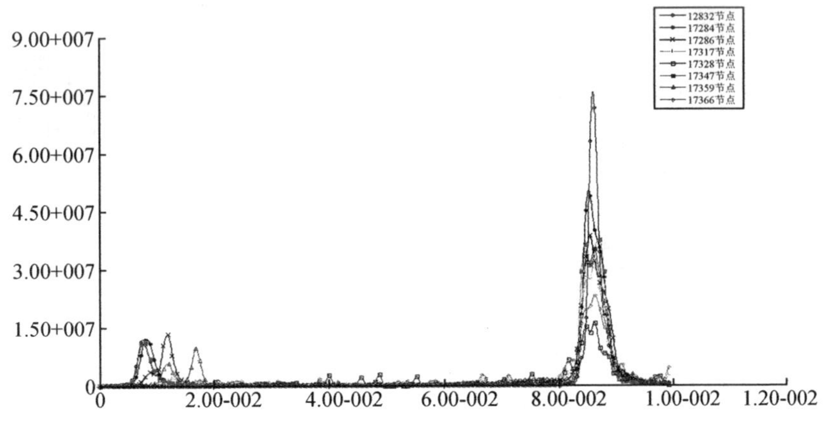

图 5.8 纵向节点压力时间历程曲线

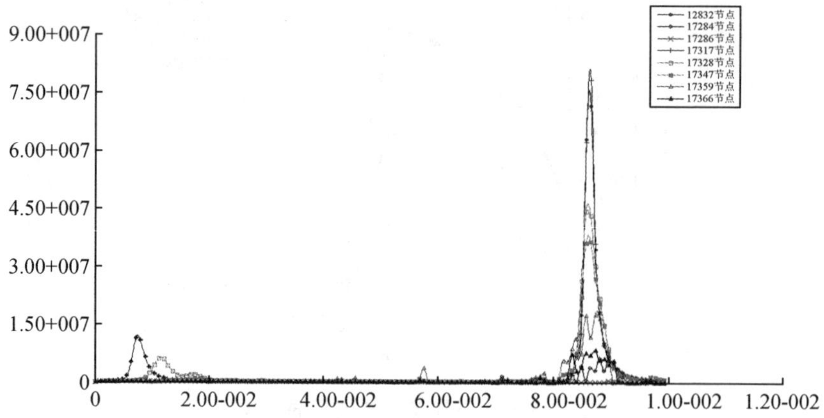

图 5.9　横向节点压力时间历程曲线

5.3.3　弹塑性艏部结构入水砰击过程研究

船首是发生入水砰击概率较高的区域，对于一些具有球鼻艏的船舶，准确地确定砰击载荷对设计出更加合理的结构形式和保证艏部结构完全性具有十分重要的研究意义。但是由于船首线性变化比较大，周围流场的运动复杂，采用二维理论分析入水砰击压力不能准确地反映周围流场在三维空间的变化情况，将产生较大的误差。在对船舶刚性艏部结构入水砰击过程研究的基础上，本节开展了弹塑性船首结构入水砰击过程的数值模拟研究。对弹塑性艏部结构入水砰击过程中各个构件上的应力、变形、吸能等参数进行了研究。艏部结构外底板厚度为 13 mm，肋板厚度为 13 mm、高度为 1 200 mm，肋板上的加强筋为 100 mm × 12 mm 的扁钢，中内龙骨厚度为 14 mm，高度为 1 200 mm。艏部结构有限元模型如图 5.10 所示，图 5.11 为艏部结构入水砰击过程的有限元计算模型。

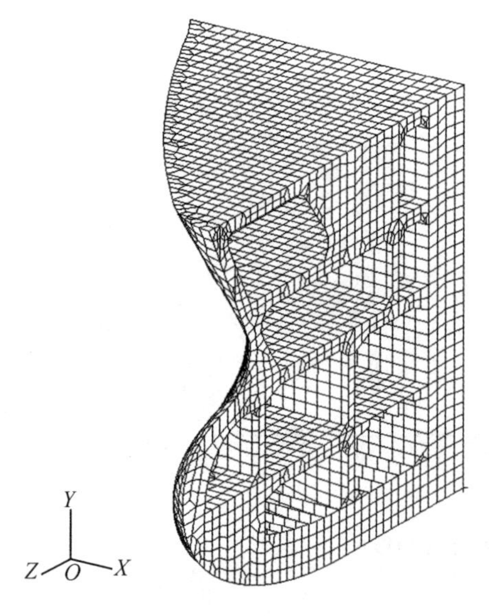

图 5.10　艏部结构有限元模型

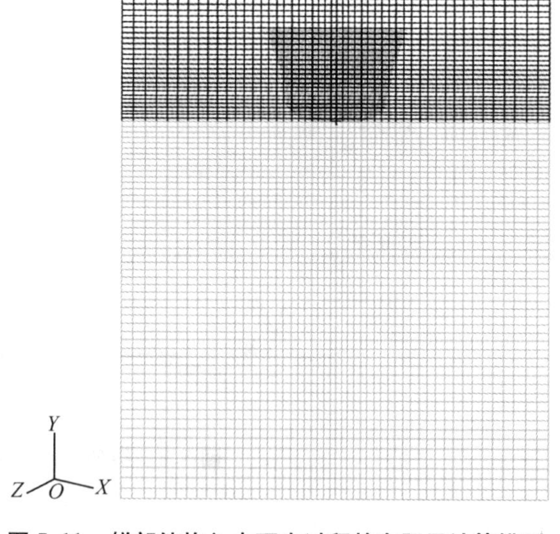

图 5.11　艏部结构入水砰击过程的有限元计算模型

1. 艏部结构砰击压力

图 5. 12 和图 5. 13 为中纵剖面和两个典型横剖面上不同节点在砰击入水速度 10 m/s 和 15 m/s 下各点的砰击压力峰值。由图 5. 12 可以看到,随着结构入水速度的增快,弹塑性艏部结构上各节点砰击压力峰值也相应增加;纵向没有曲率变化的前两个点,砰击压力峰值要明显大于曲率变化明显位置的砰击压力峰值;随着纵向曲率的增加,砰击压力峰值呈降低趋势。由图 5. 13 可以看到曲率变化不大的位置砰击压力峰值几乎相同,随着横向曲率的增加,变化趋势与纵向相一致,即砰击压力峰值降低,趋于平稳。因此,在研究艏部三维结构入水砰击过程时,要考虑到纵向和横向曲率对砰击压力峰值的影响。

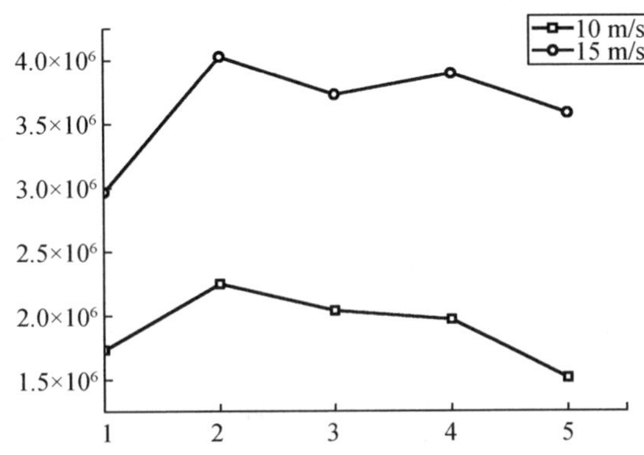

图 5. 12　艏部压力峰值中纵剖面分布图

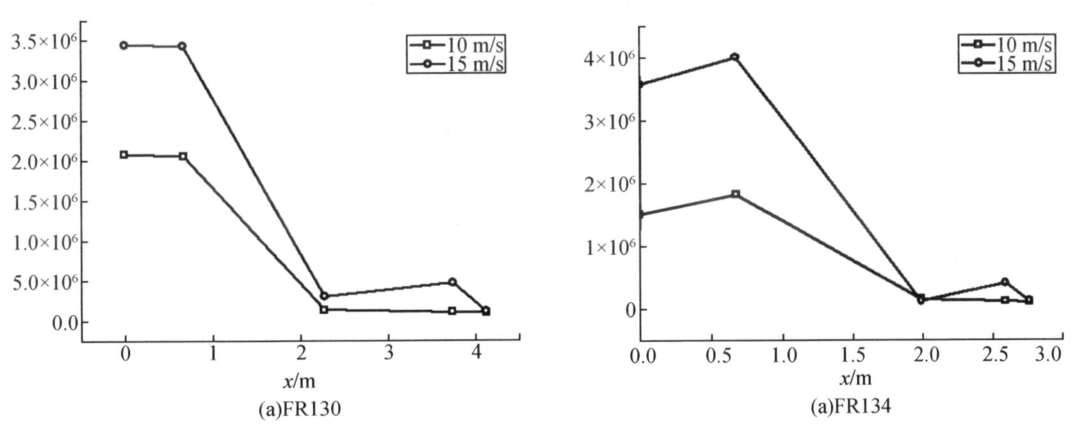

图 5. 13　艏部压力峰值横剖面分布图

图 5. 14 和 5. 15 为 10 m/s 和 15 m/s 入水速度下艏部结构中纵剖面和横剖面节点压力曲线。

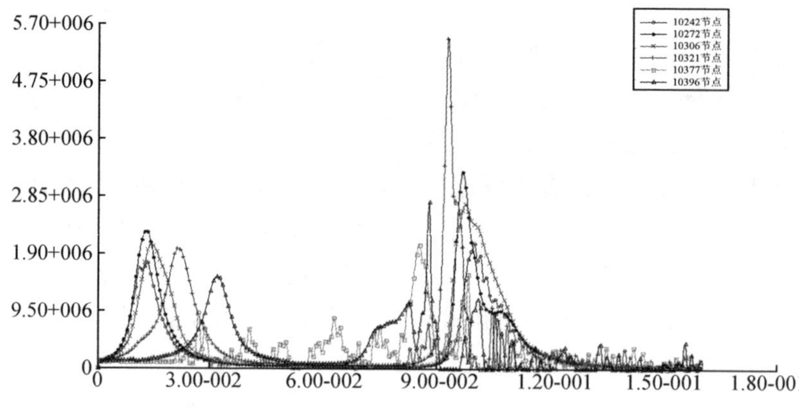

(a)10 m/s

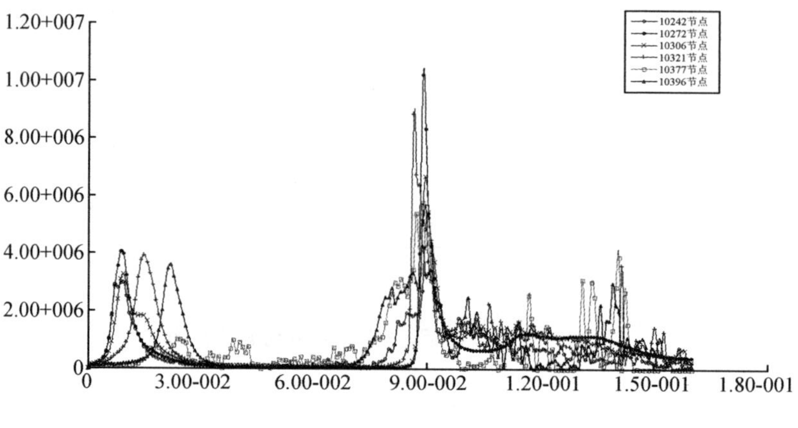

(b)15 m/s

图 5.14　中纵剖面压力曲线

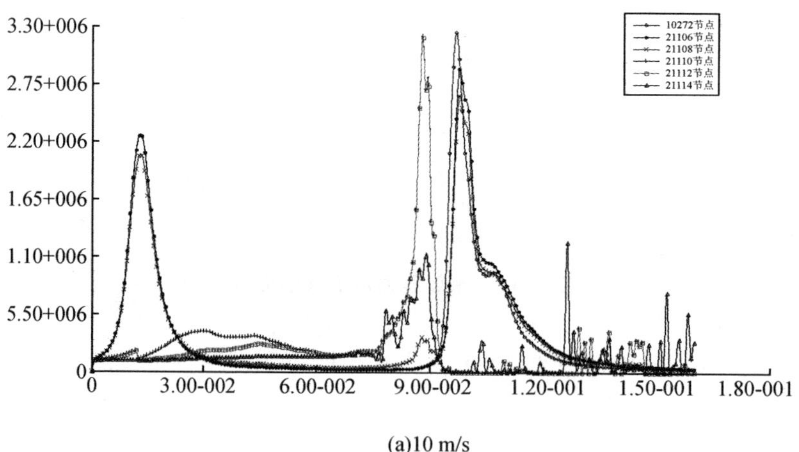

(a)10 m/s

图 5.15　典型横剖面压力曲线

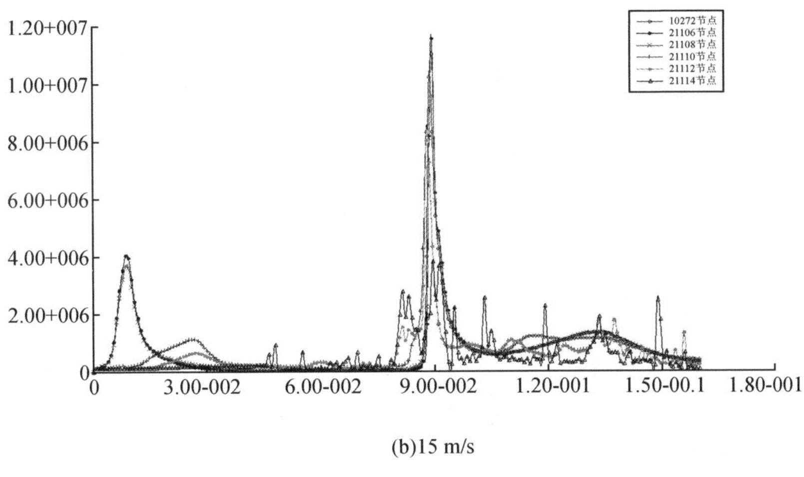

(b)15 m/s

图 5.15(续)

2. 艏部结构应力研究

图 5.16 ~ 图 5.18 为艏部结构 10 m/s 入水速度时不同位置和结构应力时间历程曲线。由图 5.16 可得,当结构刚与水面接触时,外壳上部区域应力较小,2500 平台以下区域由于直接结构入水砰击载荷的作用,应力水平较高,而该平台以上外壳的应力较小,并且外壳上应力响应持续时间较长;初始入水后,船底结构应力开始降低,当时间约为 0.1 s 时,外板上的应力达到最大,这是由于在重力的作用下艏部结构与水面再次砰击而产生。图 5.17 为各层甲板和平台入水砰击过程中应力最大位置时间历程曲线。由图 5.17 可以看到甲板和三层平台中最大应力出现在 2500 平台上,这是由于 2500 平台是直接参与结构砰击的主要构件;图 5.18 为四道横舱壁应力随时间变化曲线。由图 5.18 可以看到,四个舱壁结构的最大应力值相差不大,说明除了船体外板外,四道横舱壁是船首主要抗砰击结构。

图 5.19 为艏部结构以 10 m/s 入水时整体结构 4 个不同的应力云图。由图 5.19 可以得到,结构距水面 0.1 m,当时间为 0.004 s,即结构入水之前,在重力的作用下结构中局部区域出现了应力集中;随着结构与水面开始接触,船底受到水面砰击载荷的作用,而产生较大的应力,随着艏部结构入水深度的增加,结构上的应力开始向上传播,并在各个结构的局部区域产生应力集中。由图 5.19 可以清楚地看出应力波的传播过程。

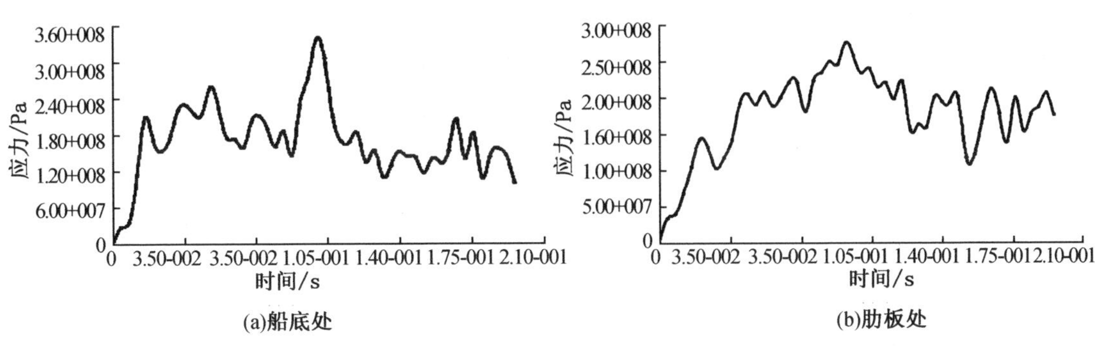

(a)船底处 (b)肋板处

图 5.16 外板应力时间历程曲线

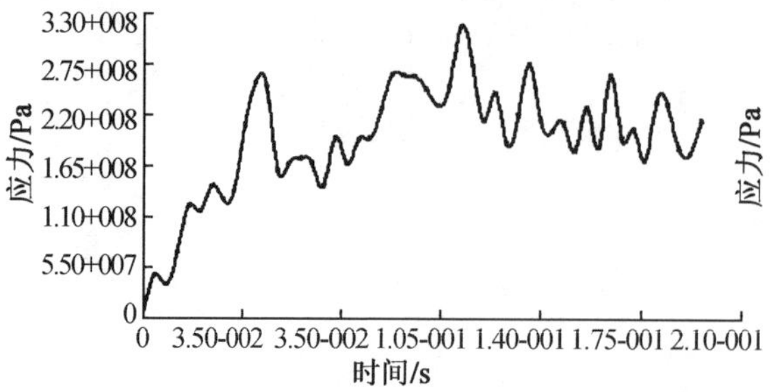

(c)2500平台处

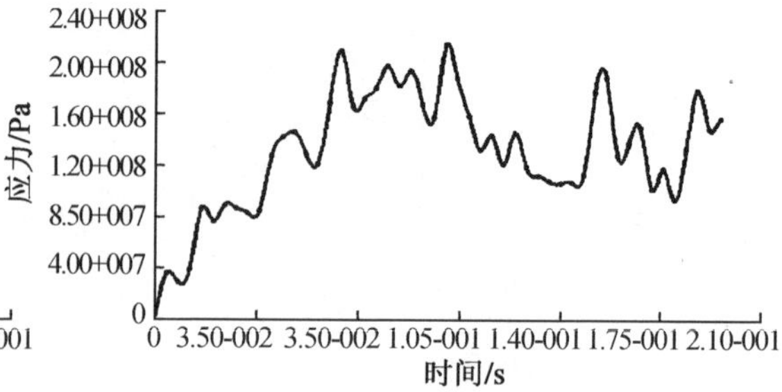

(d)5450平台处

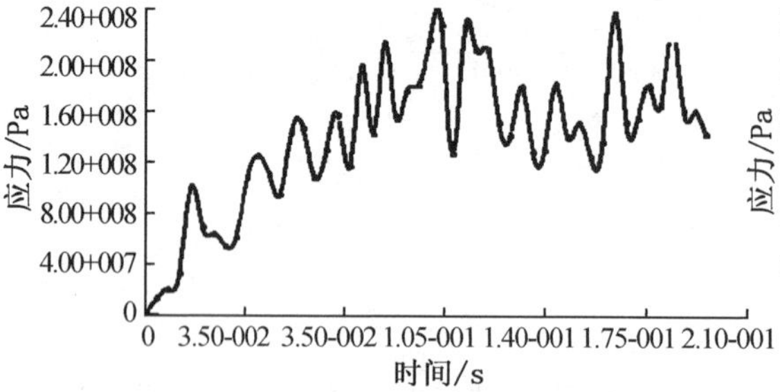

(e)7200平台处

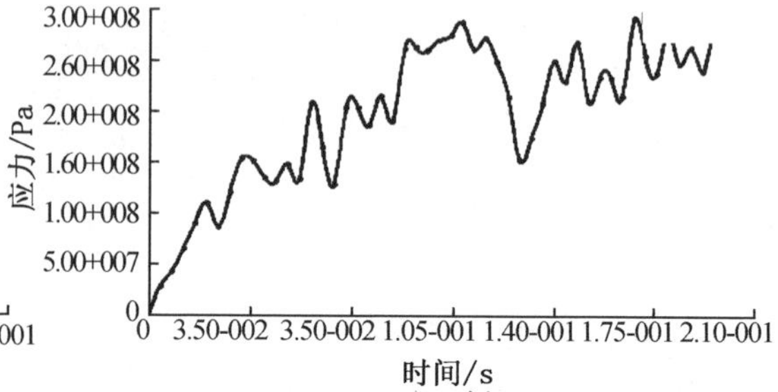

(f)上甲板处

图 5.16(续)

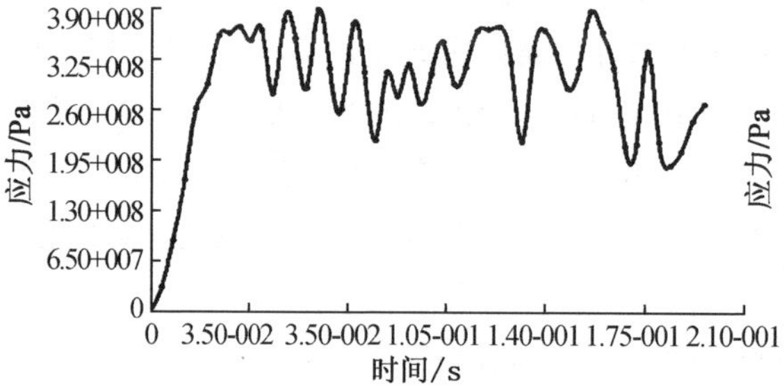

(a)甲板

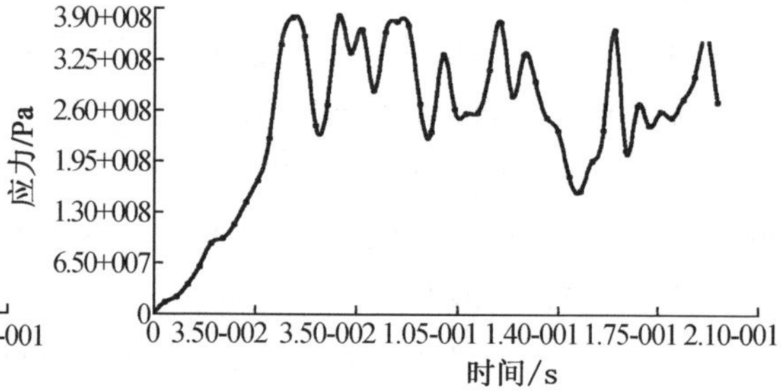

(b)7200平台

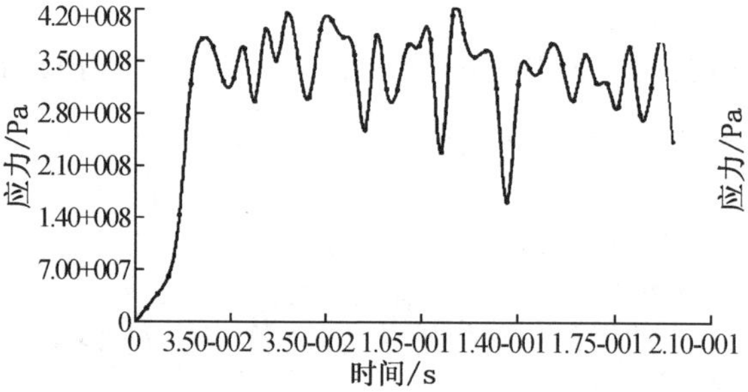

(c)5450平台

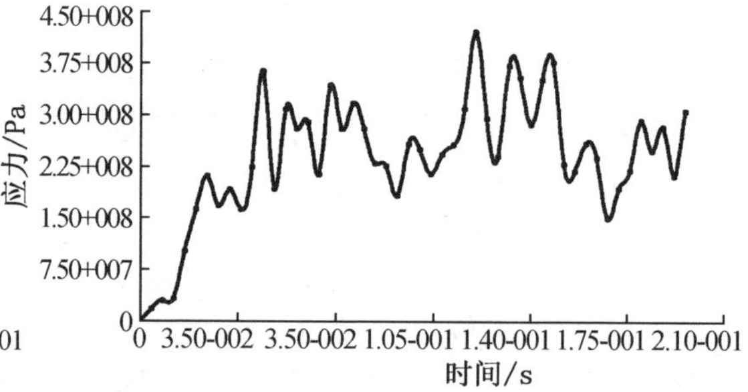

(d)2500平台

图 5.17　水平结构应力历程曲线图

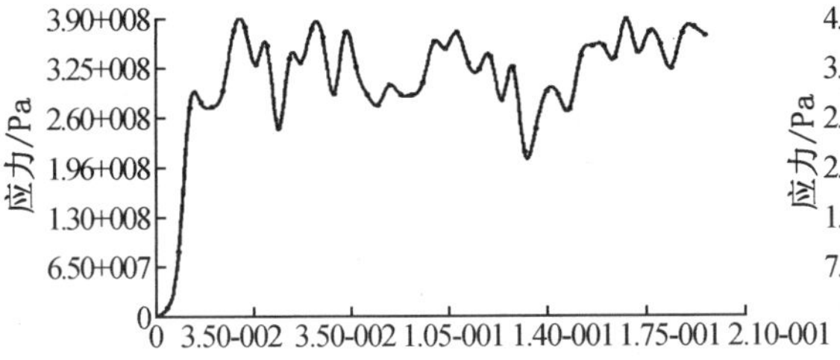

(a)第一道舱壁

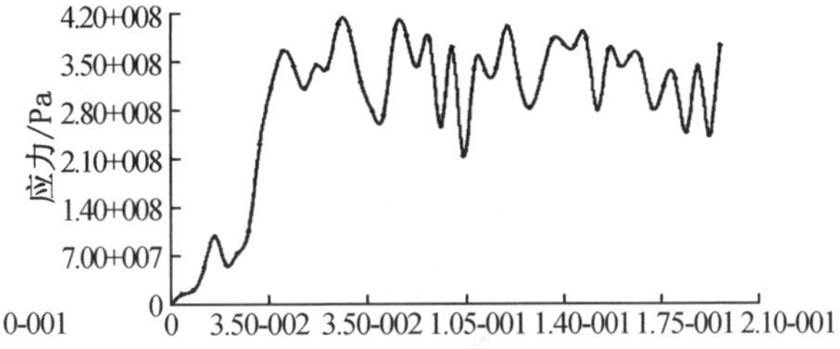

(b)第二道舱壁

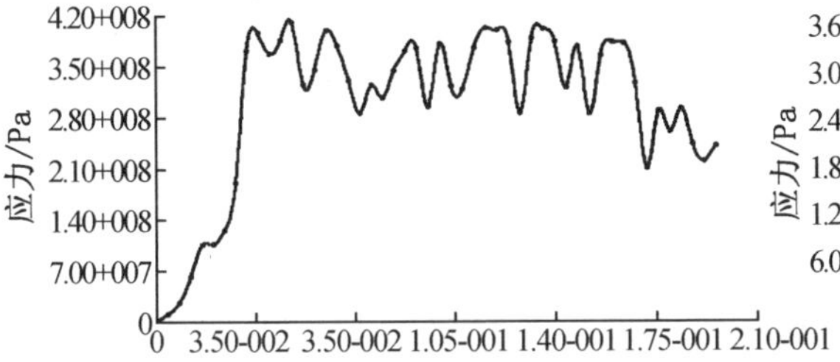

(c)第三道舱壁

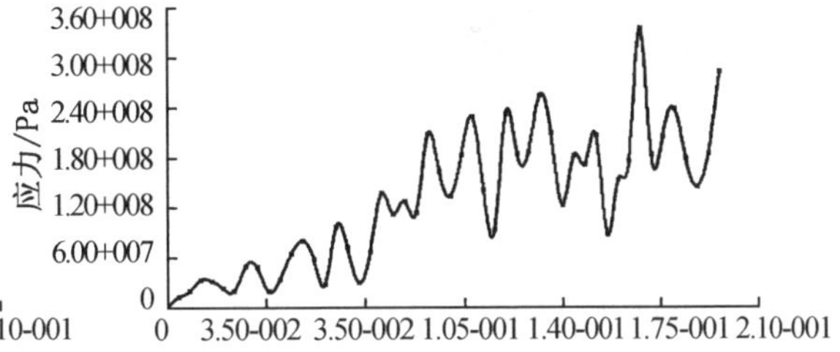

(d)第四道舱壁

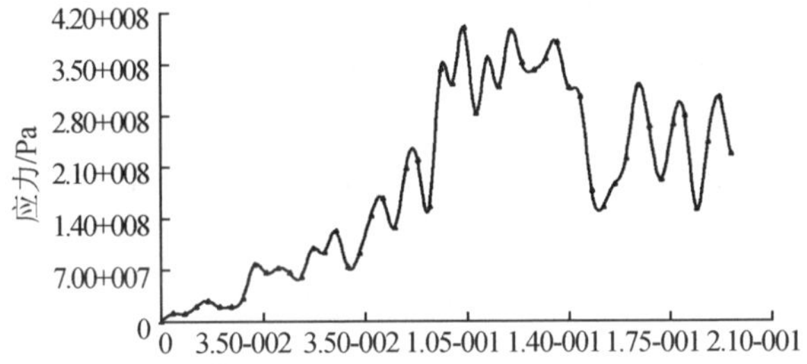

(e)肋板

图 5.18　纵向结构应力历程曲线图

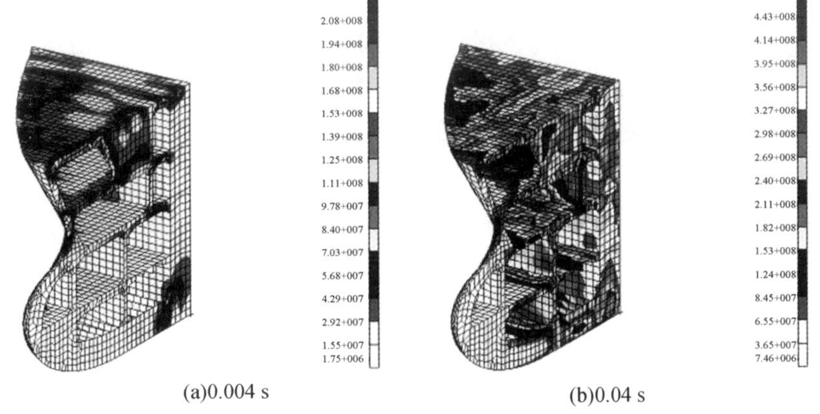

(a)0.004 s　　(b)0.04 s

图 5.19　艏部结构应力云图

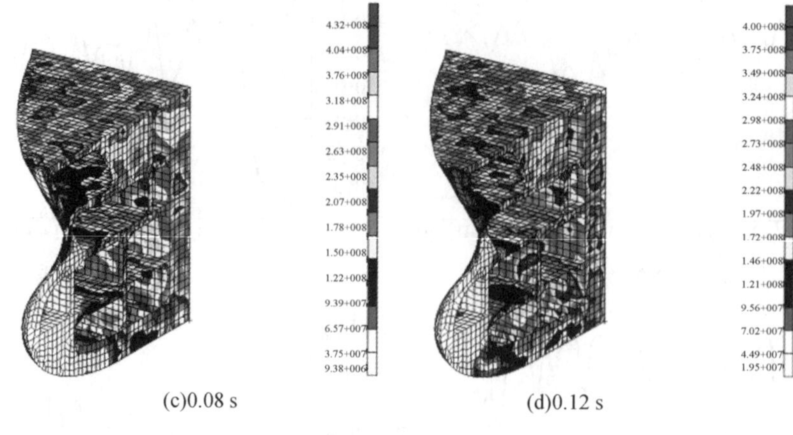

(c)0.08 s　　(d)0.12 s

图 5.19(续)

(3)艏部结构吸能研究

图 5.20 为船首结构在入水砰击过程中各个结构的吸能曲线图。图 5.20 中,横向结构包括所有的横舱壁和肋板结构,加强筋为所有舱壁、肋板、甲板和平台上面的加强构件。由图 5.20(a)可得,在船首结构入水砰击过程中横向构件吸收能量最多,加强筋次之,中内龙骨最少,这是由于该船舶设计时只采用了一道中内龙骨,因此中内龙骨吸收能量最少。根据前面各个横向构件应力分析,横向构件在抗砰击过程中起到重要的作用,因此吸收的能量最多。

图 5.20(b)为船体外板、甲板和各个平台吸收能量曲线,由图可得,船首结构中外板吸收能量最多,这与实际情况是相符合的,即外板是参与结构砰击过程的主要构件;随着平台高度的增加,各个结构的吸能呈降低趋势,上甲板吸收能量最低。

由于船舶首尾结构的特点,船体首尾结构流畅的流动具有明显的三维特性,除了在横剖面流动外,沿船体纵向的变化也不能忽略。本节对三维刚性船首结构和船尾结构入水砰击问题进行了研究,发现船舶首尾结构横向和纵向的曲率对结构上的砰击压力峰值具有较大的影响,这主要是由于曲率的不同使得流场在曲率上的流动差异造成的。因此,在分析三维结构入水砰击时除了要考虑入水砰击速度不同之外,还要考虑结构曲率对砰击压力峰值的影响。

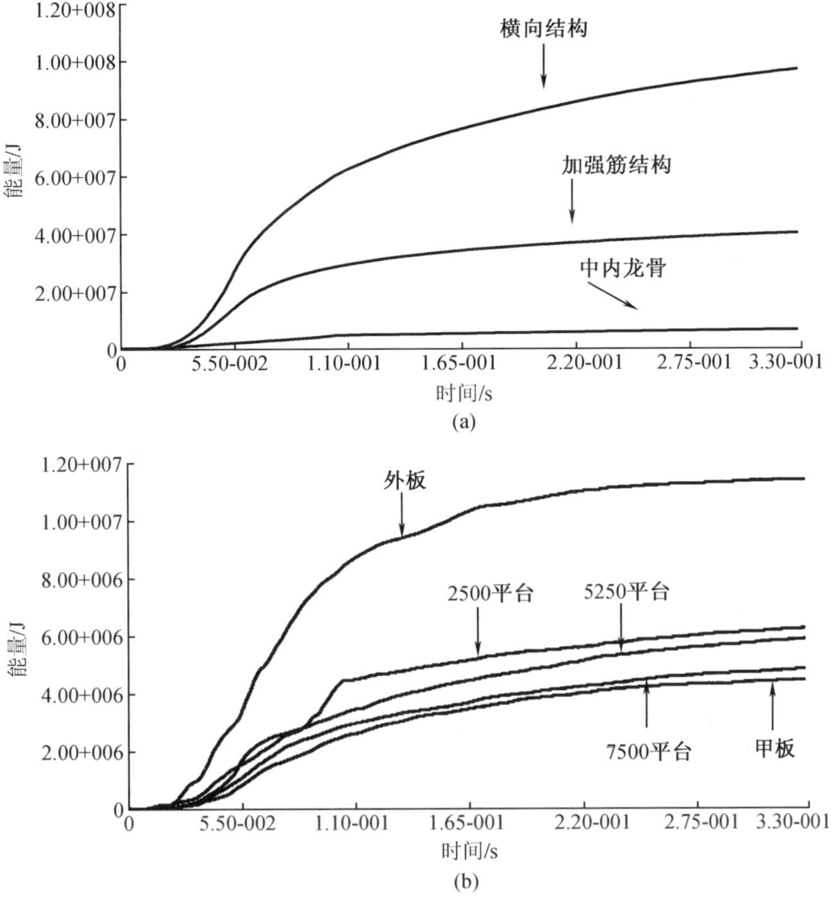

图 5.20 艏部结构吸能曲线图

船首是承受砰击压力的主要区域,因此研究弹塑性艏部结构入水砰击问题对设计合理的结构形式具有重要的指导意义。本节对弹塑性三维首部结构入水砰击问题进行了数值模拟研究,发现艏部结构曲率对弹塑性砰击压力峰值具有明显影响,结构上砰击压力峰值随着纵向曲率和横向曲率的增加呈降低趋势;艏部结构应力随着结构高度的增加近似呈降低趋势;在艏部结构入水砰击过程中,横向结构和船体外板吸收较多能量,这主要是由于这两个结构是艏部抗砰击的主要构件,并随着艏部高度的增加各个平台结构的吸能呈降低趋势。

本章参考文献

[1] DAIDOLA J C, MISHKEVICH. Hydrodynamic Impact on Displacement Ship Hull: An Assessment of the State of the Art [R]. New York: Report of ship structure committee, 1995.

[2] 孙士丽,许国东,倪宝玉. 流体与结构砰击水动力学[M]. 哈尔滨:哈尔滨工程大学出版社,2014.

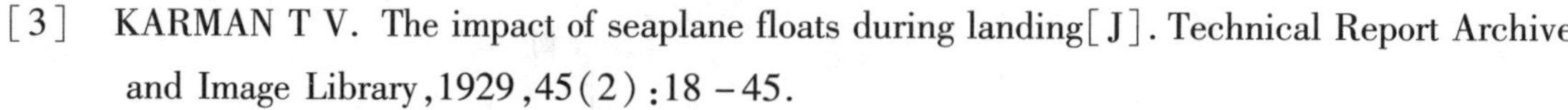

[3] KARMAN T V. The impact of seaplane floats during landing[J]. Technical Report Archive and Image Library, 1929, 45(2): 18 - 45.

[4] WAGNER H. Phenomena associated with landing and sliding on liquid surfaces[J]. National AdvisoryCommittee for Aeronautics, 1929(321): 145 - 162.

[5] HOWISON S D, OCKENDON J R, WILSON S K. Incompressible water - entry problems at small deadrise angles[J]. Journal of fluid mechanics, 1991, 222(3): 215 - 230.

[6] KOROBKIN A A, KHABAKHPASHEVA T I, WU G X. Coupled hydronamic and structural analysis of compressible jet impact onto elastic panels[J]. Journal of Fluids&Structures, 2008, 24(7): 1021 - 1041.

第6章　船舶与海洋工程中的流致振动

6.1　船舶与海洋工程中的流致振动现象

流致振动现象广泛地存在于空气动力、水动力及海洋动力等相关的工程领域当中，其对工程结构物具有巨大的破坏作用，高耸建筑物、海洋结构物、大跨柔性结构物等结构物的疲劳破坏，多是由流致振动造成的。船舶与海洋工程领域中流致振动的存在比比皆是，如风帆助航船桅杆、船尾导流板、输水管路弯头、潜艇两水翼、海洋平台输油立管、平台张力腿、水下拖缆等细长结构，以及近年兴起的涡激振动发电装置。下面介绍几种典型的涡激振动工程实例。

6.1.1　工程实例介绍

1. 空气中的流致振动——风帆助航船

1925年Curry第一次开始将风洞试验应用在风帆性能研究上，从那时开始世界各国研究者就不断提出不同的风帆概念并付诸实践。2008年，德国采用转筒帆的形式设计建造出了货船E－ship1，该船装了4个转筒帆，据统计该船节能约30%。德国还建造了世界首例借助风筝拖拽力辅助航行的船舶“白鲸天帆号”，并在2007年12月成功完成了从德国汉堡至美国休斯敦的首航任务。

现代风帆的类型有很多，主要有翼帆、天帆、转筒风帆和抽气式涡轮帆等，如图6.1和图6.2所示。由于其某一维度上尺寸远大于其他两维度的结构特性，桅杆及船帆上的一些杆件结构易于发生涡激振动。

图6.1　“阿尔西纳号”(图中船含两个涡轮帆)

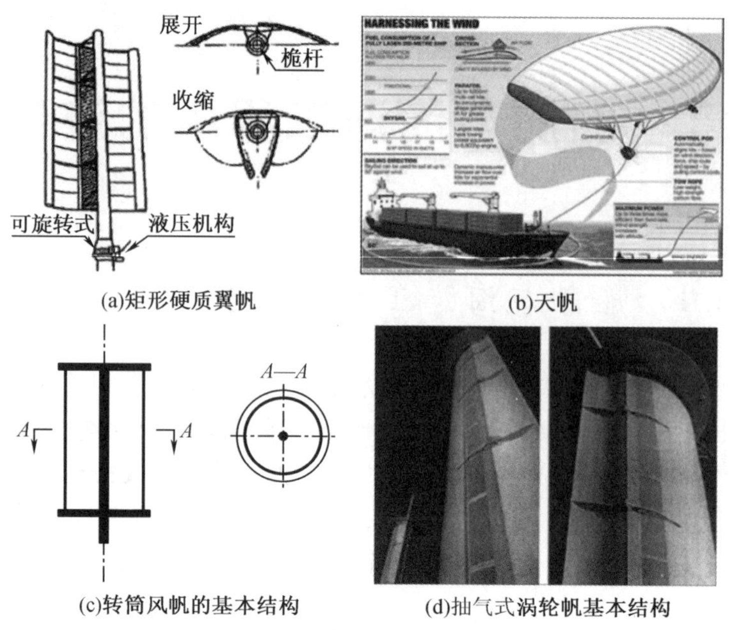

(a)矩形硬质翼帆　(b)天帆

(c)转筒风帆的基本结构　(d)抽气式涡轮帆基本结构

图 6.2　常见风帆结构

2. 水流中的流致振动——海洋输油立管

海洋工程产业肇始于海上油气开发工程建设,与海底油气资源开发相关的海洋工程业务是当今世界海洋工程产业舞台上的第一主角。在海洋石油资源的利用上,无论采用什么结构形式的海洋平台,海洋立管都是必不可少的一部分,其作用是将海洋平台与海底开采系统相连接,并将开采的石油气通过立管运输到海洋平台进行加工和储存。

但深海立管的长细往往达到千量级,巨大的挠度及涡激振动是不可避免的,其中涡激振动产生的疲劳振动是引起立管疲劳破坏甚至断裂的最主要原因。这些圆柱体结构物在深海里经历的复杂流场的涡激振动,可以发生在任何时间,甚至会导致结构的疲劳损伤。海洋立管的设计基于实际海洋环境载荷作用,所经受海洋中的载荷有很多种,包括风、浪、流、冰和地震载荷等,海浪和洋流是对结构物最有影响的载荷。

图 6.3　海洋工程立管系统及系泊系统

3. 振动能量的利用——海流能发电装置

流致振动发电装置即利用振子振动能量发电的机器，近30年来，随着电子技术领域及海洋能源领域的飞速发展，人们发现流致振动当中所蕴含的能量可通过某些设备有效利用，且该类能量的利用前景十分良好。从此，各种流致振动能量转换设备不断涌现，且流致振动的研究方向也逐渐由抑制振动逐渐发展为加强振动。

目前，流致振动获能的主要方式包括两种：压电式与电磁式。压电式采用压电材料，一般可作为传感器、微电子设备及微型医疗设备的电能来源；而电磁式则基于切割磁感线这一基本原理，利用振子的运动实现流场的能量获取，能量的利用能力一般较高。

压电式发电装置可以分为悬臂梁式、eel式（摆旗式、鳗鱼式）和树式三种，如图6.4和图6.5所示。

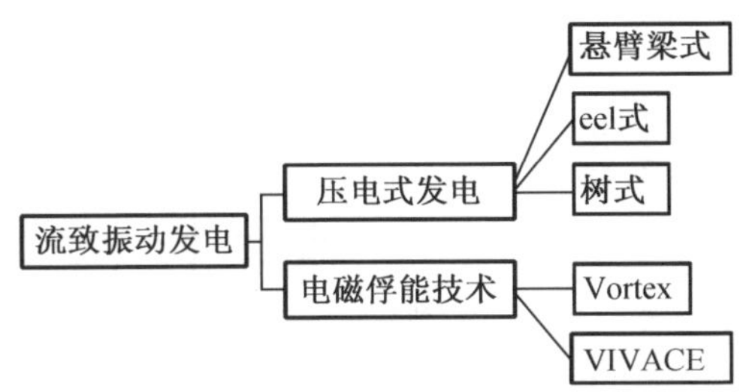

图6.4 流致振动式发电装置分类

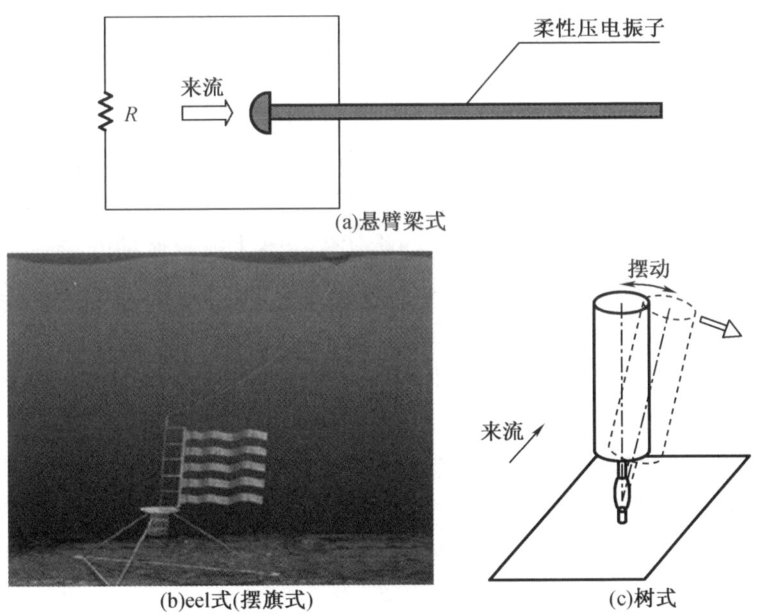

图6.5 压电式发电装置示意图

悬臂梁式压电装置的原理是流体绕过钝体时产生的卡门涡街会以脉冲形式作用于压电梁材料，从而使得梁结构发生高频往复变形，最终实现发电；优点是结构简单，被成功地运用在各类微型、小型传感器及其他电子设备的供电系统上，取得了一定的经济效益；缺点是电能输出量很低,一般仅在 μW 或 mW 级别。

eel 式发电装置的原理是流体绕过钝体时产生的卡门涡街会带动后侧的柔性压电材料发生扭动或摆动,进而实现发电;优点是空气、水中两用,能量密度高。

树式发电装置的原理是流体使得顶部(或侧边)的钝体结构发生流致振动,致使其所连接的压电材料随之变形,进而改变压电材料的性态而最终实现发电;优点是该类设备的结构形式多样、利于改进,改进装置也是层出不穷。不同于悬臂梁式与 eel 式,树式结构振子的振动并非脱落漩涡带动而是依靠漩涡的脱落作用带动,其共振过程中所汲取的能量相对较高,能量的利用率较高。

电磁式发电装置分为 Vortex 和 VIVACE 两种,前者一端自由,另一端三自由度均进行弹性约束,也叫单约束式发电装置;后者只能在垂直水流的上下方向运动,称作单自由度式发电装置,如图 6.6 所示。

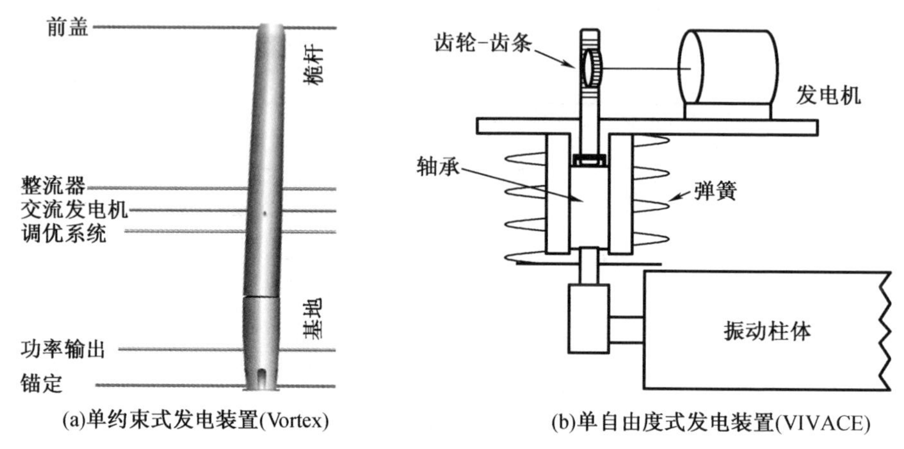

(a)单约束式发电装置(Vortex)　　(b)单自由度式发电装置(VIVACE)

图 6.6　电磁式发电装置示意图

2015 年,一家名为 Vortex Bladeless 的西班牙公司基于流致振动的基本原理成功推出了一款“无叶片”风力发电机,命名为 Vortex。其结构借鉴了树式发电装置的理念研制而成,但底部的压电材料改成了电磁发电机,通过上部“风柱”的摆动带动底部切割磁感线进而发电。摆动的“风柱”为质量很轻的加长的圆锥体,材料为玻璃纤维与碳纤维复合材料,柱子底部有两圈相斥的磁铁用于切割磁感线发电。Vortex 的设计内部不存在齿轮、螺栓或是其他机械的运动部件,从而极大地降低了成本,也有效地提升了系统的发电效率。

Vortex 有一系列优点:成本低,Vortex 的总成本比传统风机降低近 40%;振荡半径小,降低对鸟类生物的危害;获能效率高,能获取到空气中 40% 的风能;占地面积小,相同的占地面积 Vortex 的布设数量可达到传统风机的 2 ~3 倍。但是,Vortex 的振动频率不超过 20 Hz,属于次声范围,从而很可能造成潜在的次声灾害。

2009 年,密歇根大学 Bernitsas 教授及其科研团队开发了 VIVACE。VIVACE,即 vortex induced vibration for aquatic clean energy,涡激振动获得水流清洁能源的简称。

VIVACE 由振子、传动机构、发电机三部分组成,振动圆柱用于将海流能量转化为振动机械能;传动结构包括弹簧、滑轨、立柱、支撑等结构部分,用于保证振子在垂直水流方向的持续振动与运动传递；发电机负责将传动结构传递的机械能部分转化为电能。

VIVACE 的原理由漩涡的脱落作用带动圆柱体发生横向振动，从而带动传动齿条上下运动，并迫使发电机动子旋转进行切割磁力线的运动，从而产生感应电动势最终发电。其优势在于该类设备受到的水流升力远大于压电设备振子受到的流体力，其对阻尼的克服强度远大于压电设备，因此更有利于获取水流中更多的能量，也更利于大规模进行开发。

6.2　流致振动分析的理论与方法

6.2.1　流致振动简介

流致振动(flow - induced motion，FIM)是指流体流经固体时会对固体表面施加交替相间的流体力，使得固体发生往复运动，而固体的往复运动又改变流体流态，进而改变作用于固体表面的流体力，这种流体与固体相互作用的现象被称为流致振动，流致振动最常见的两种表现形式有涡激振动和驰振。

1. 涡激振动

涡激振动属于自激性限幅振动，自激即机械系统内部流体由非振动性的激发转变为振动性激发而引起的振动，限幅指振动的振幅有限，不会发散。涡激振动通常发生在长径比较大的柱状结构上，且启动流速较低。当黏性流体流过结构时，会在结构的下游一侧发生漩涡交替脱落，即卡门涡街。发生的漩涡导致结构发生两个方向的运动，一个是顺流向(in - line)振动，一个是垂直于来流方向的横向(cross - flow)振动，如图 6.7 所示。在海洋环境中，柱状结构振动时顺流向的振动幅值通常较小而振动频率较高；反之，横向振动幅值较大而振动频率较低。两个方向的周期性振动是由于流体通过结构后在结构后方交替泻放的旋涡引起的。

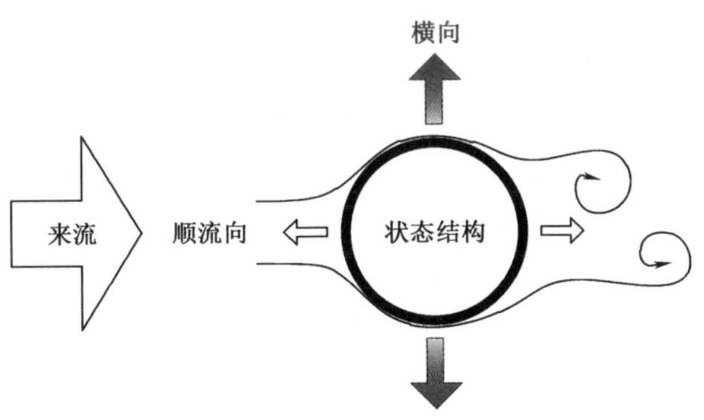

图 6.7　涡激振动示意图

在结构后方生成的旋涡影响流场的速度分布，引起结构表面的压力发生变化，表现为产生一个垂直于来流方向和一个沿来流方向的流体力，垂直于来流方向的流体力引起结构发生垂直于来流方向的运动也称为横向运动，沿来流方向的流体力引起结构发生在来流方向的运动。对于流体力，可以分为两部分：一部分是当结构完全固定时旋涡引起的涡激力，另一部分为结构在静水中发生受迫振动时流体的阻力。而涡激振动现象中这两种力互相影响叠加。

涡激振动又叫涡激共振,依照斯特劳哈尔关系,漩涡脱落频率随着流速的增加而增加,当脱落频率接近圆柱某阶自振频率时,就会发生共振现象。此外,受附加质量的影响,漩涡脱落频率在固有频率附近较广的区域内与结构的振动频率相同,即锁定(lock - in)(图 6.8),锁定区间内漩涡脱落频率不受斯特劳哈尔关系的影响,这导致了共振的区间增大。一般来说涡激振动的振幅很小,但共振会导致结构的振幅急剧攀升,锁定现象和共振是涡激振动可以被用来汲取水流能的两大主要原因。

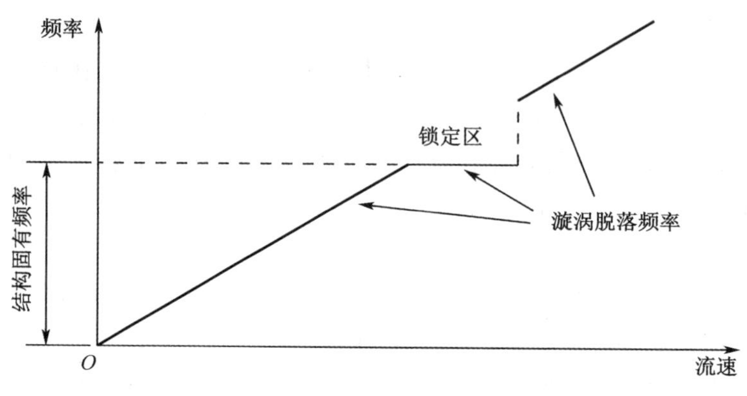

图 6.8　频率锁定示意图

涡激振动中漩涡产生的原因如图 6.9 所示,当流体粒子流动到圆柱的前边缘(即点 A 处)时,因受阻碍,流体由自由流动变为滞止状态,即 $u=0$。根据伯努利定理,此时 A 点处压强达到最大值。高压促使边界层流体向圆柱两侧移动,但作用不到圆柱后的 D 点处。从 A 点到 C 点,边界层内的水流流速一方面受摩擦影响而减小,另一方面也会受到压力梯度的影响。A 点到 B 点阶段,在不考虑摩擦的情况下,主流流管变细,根据物质守恒,流速增加,由伯努利方程可知,水流压强减小,即存在顺压梯度;B 点到 C 点阶段,流管变粗,流速减缓,压力又逐渐增大,即逆压梯度。因此,在 AB 弧段,水流速度因为摩擦与顺压梯度的抵消缓慢降低,而在 BC 弧段则由于摩擦与逆压梯度叠加迅速减小。减速运动到 C 点,水流因为黏性力矩开始折叠,产生停滞、倒流,从而把边界层向势流中排挤,导致边界层由紧贴壁面处抬起,继而产生分离。(层流的分离角 AOC 大小为 85°,图 6.9 表达的是在湍流情况下的分离,分离角为 110°)

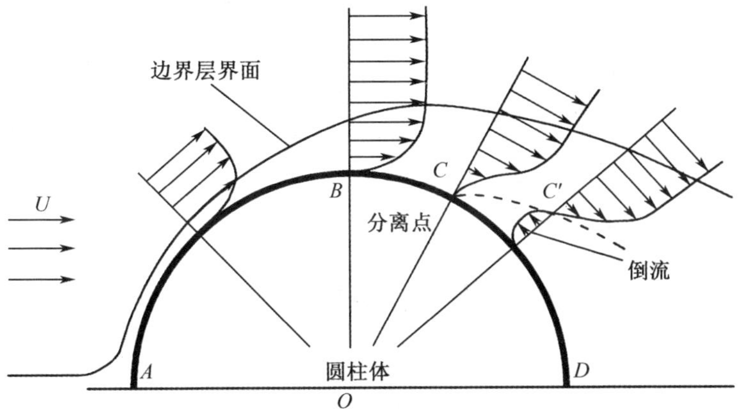

图 6.9 圆柱体表面边界层分离示意图

边界层的分离会沿着圆柱表面的分离点向后产生上下两个剪切层,剪切层之间是结构的尾流区域。被折叠的水流则以漩涡的形式脱离壁面,沿着剪切层向下游移动,剪切层内侧与外部势流侧的巨大速度差也会维持这些离散的漩涡,从而表现为规律的交错漩涡图形,即涡街。如图 6.10 所示在漩涡向下游运动过程中,水流粒子的动能不断经过摩擦转化为热量耗散掉,因此,漩涡压强随着远离柱体渐渐降低,直至消散。

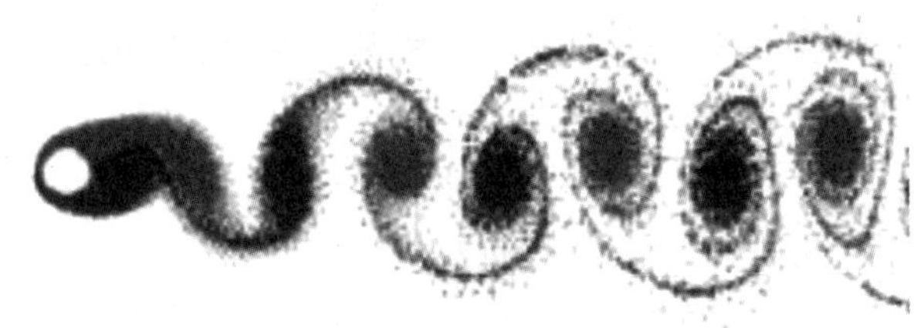

图 6.10 卡门涡街示意图

边界层以及尾流区域以外的流域,速度梯度很小,惯性力表现得比黏性力大得多,因此可以看作无旋势流。

如图 6.11 所示,水流在圆柱表面产生环向流速 v,当圆柱一侧漩涡脱落时,在柱体表面产生于漩涡速度方向相反的环向速度 v_1,因此产生漩涡的一侧环向流速为 $v-v_1$,速度差造成圆柱表面存在压强差,从而导致了升力 F_L 与阻力 F_D。接下来下一个尾涡又从另一侧脱落,产生方向相反的升力与方向相同的阻力。因此,每一对尾涡脱落构成了垂直来流方向的交变升力周期和平行来流方向的两个交变周期。阻力 F_D 的频率虽然是升力的两倍,但在数量上比升力小一个量级,所以依托涡激振动的发电装置常对顺流向振动进行约束。

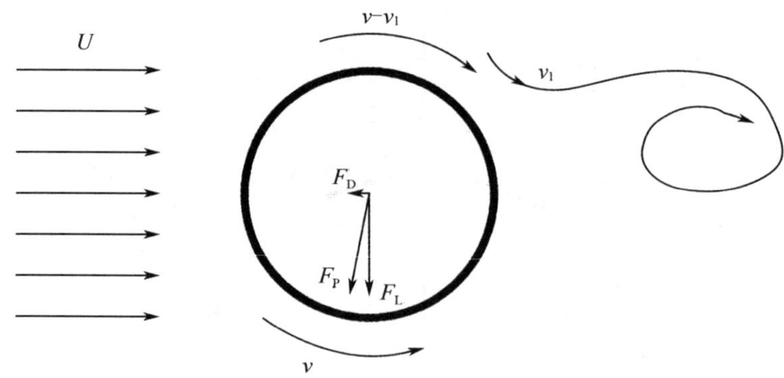

图 6.11　尾涡脱落示意图

2. 驰振

驰振是一种自激性的发散振动,其启动流速大于涡激振动。振动的结构在空气中会不断地吸收能量,当结构耗散的能量小于其从空气中吸收的能量时,结构就会振动发散,振幅将不断增大,直至结构破坏。驰振产生的机理在于其升力曲线具有负斜率,从而流体升力具有负阻尼作用,结构源源不断地从水流中吸收能量,造成结构发散的振动。根据产生机理的不同,驰振可以分为尾流驰振和横流驰振两种。

尾流驰振是由绕过结构前方的波动性来流激发下游结构物产生的一种不稳定振动,其只能发生在下游结构的响应频率比它的漩涡频率及上游结构的响应频率低时,但可以发生在流线型结构、圆柱结构中。如图 6.12 所示。

横流驰振是通过升力曲线的负斜率所引起的一种发散性弯曲自激振动。这种负斜率能够使得振动过程中结构的位移与流体力的方向始终保持一致,从而使结构不断从外界吸收能量,形成不稳定振动现象。横流驰振一般发生在具有棱角的非流线型截面的柔性轻质结构中。如图 6.13 所示。

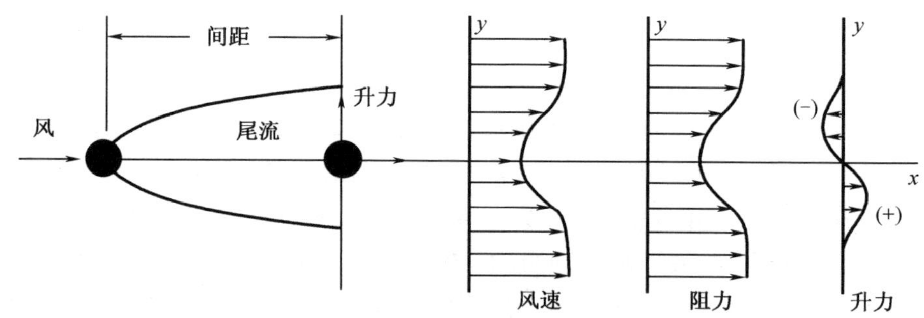

图 6.12　尾流驰振示意图

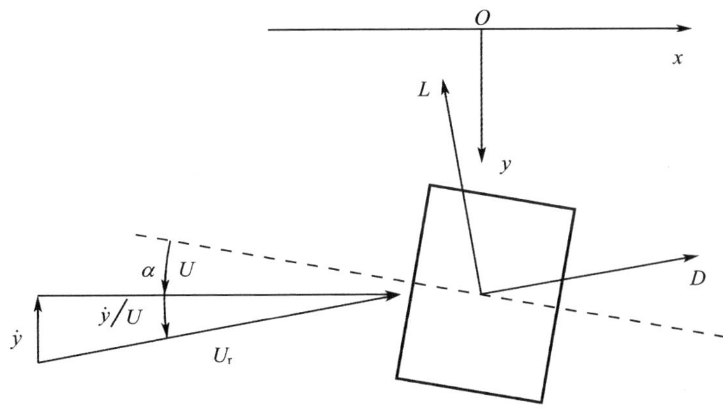

图 6.13 横流驰振示意图

需要注意的是,横流驰振现象在静止攻角为零的情况下依然可能发生,因为振子振动本身带来的速度会导致振子与水流的相对运动,从而带来攻角的变化。在这种情况下,振子不会由静止直接进入驰振状态,可以说涡激振动诱发了驰振。

3. 流致振动的相关参数

流致振动涉及的流体和结构描述参数众多,这些参数相互关联,影响结构与脱落尾涡之间的关系,下面首先介绍研究中必须涉及与结构和流体相关的关键参数。

(1)雷诺数

在众多描述流体的无量纲参数当中,雷诺数 Re 是描述黏性流体运动的最重要也是最基本的参数,其他无量纲物理量必然依赖于 Re。它反映了惯性力与黏性力的比值:

$$Re=\frac{\text{惯性力}}{\text{黏性力}}=\frac{\rho UL}{\mu}=\frac{UL}{\nu} \tag{6.1}$$

式中 ρ——流体的密度;

U、L——分别为来流速度和结构的特征长度;

μ、ν——分别是流体的动力学及运动学黏性系数。

本节讨论的结构体为圆柱体,L 可以取为圆柱体的外径 D。

Lienhard 在 1966 年总结了不同雷诺数下光滑圆柱漩涡发放的各种方式。如表 6.1 所示,$Re<5$ 时,流体以黏性力为主,紧贴着圆柱表面进行绕流。$5\leqslant Re<45$ 时,圆柱后方产生边界层分离,并形成一对对称漩涡,$Re=5$ 时漩涡沿流向长度为三倍圆柱直径,此后与雷诺数成正比例线性关系。$45\leqslant Re<150$ 时尾流为层流。$150\leqslant Re<3\times10^5$ 时尾流随着雷诺数的增大逐渐变为湍流,本阶段可以分为三个部分:$150\leqslant Re<300$ 是层流向湍流的过度区域,此时随水流扰动状况尾流有可能全部为层流,也有可能出现湍流段;$300\leqslant Re<1.5\times10^5$ 时,分离点上游的边界层为层流,在分离点可以观察到层流、过渡流、湍流三维流态,尾流中发生层流到湍流的过渡,这一区域称作亚临界区域;当雷诺数增大到 $1.5\times10^5\leqslant Re<3\times10^5$,水流在分离后立即变为湍流,这一区域称为过渡区。而在 $3\times10^5\leqslant Re<3\times10^6$ 时,随着雷诺数的增大分离点后移,尾流区域渐渐变窄,漩涡开始随机脱落。当雷诺数达到 $Re\geqslant3\times10^6$ 的超临界区域,尽管尾流仍然紊乱,但有规律的泻涡现象重新开始出现。$45\leqslant Re<$

3×10^5及$Re\geqslant3\times10^6$阶段，漩涡均将从圆柱体上交替脱落，在下游形成规律的涡街图形。见表6.1。

表6.1　漩涡泄放现象的漩涡发展阶段

漩涡	雷诺数值范围	说明
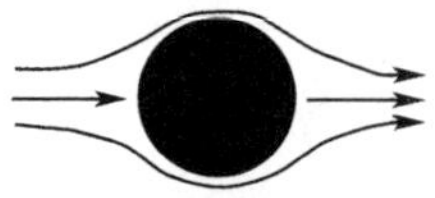	$Re<5$	无分离流动的阶段
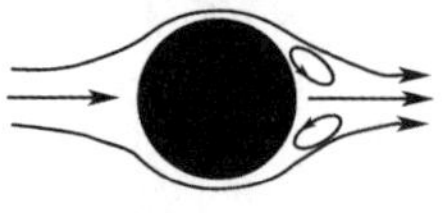	$5\leqslant Re<45$	尾流中出现一对稳定的漩涡
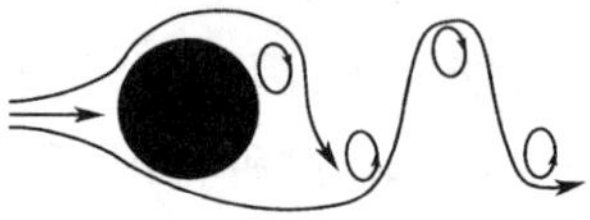	$45\leqslant Re<150$	周期性交替泻放的层流漩涡
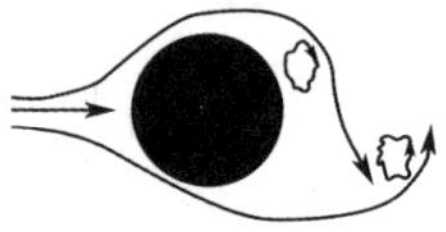	$150\leqslant Re<300$	尾流随水流扰动状况有可能全部为层流，也有可能出现湍流段
	$300\leqslant Re<1.5\times10^5$	尾流中发生层流到湍流的过渡
	$1.5\times10^5\leqslant Re<3\times10^5$	涡道全部成为湍流
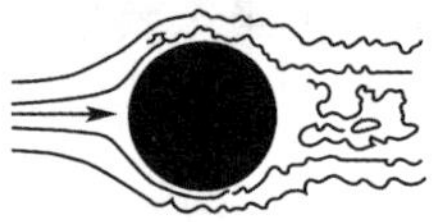	$3\times10^5\leqslant Re<3\times10^6$	分离点后移，尾流变窄，漩涡泄放不具有周期性
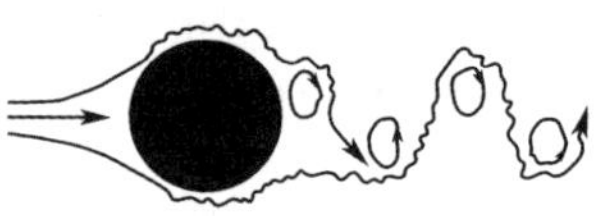	$Re\geqslant3\times10^6$	湍流涡道的重建

（2）斯特劳哈尔数

斯特劳哈尔数（Strouhal nimber）又称无量纲涡街频率数，是泻涡频率和结构物尺寸之积与来流速度的比值，表达了漩涡脱落的特性。

$$St=\frac{f_{st}D}{U} \tag{6.2}$$

式中　U——来流速度；

D——圆柱体外径；

f_{st}——静止柱体的泻涡频率。

圆柱体的绕流问题中，斯特劳哈尔数（St）可以用于描述流体边界层分离的不稳定性，并给出漩涡脱落与来流速度的关系。用雷诺数替代来流速度，即可得到St与雷诺数的潜在联系，如图6.14所示，在亚临界区（$300<Re<1.5\times10^5$）内，斯特劳哈尔数$St\approx0.21$，为一个恒定常数；在临界雷诺数区域，斯特劳哈尔数St比较分散，意味着涡脱落频率的频带较宽，这些差异源自柱体表面粗糙度的不同，粗糙圆柱（表面粗糙度$\varepsilon/D\geqslant3\times10^{-3}$）的$St$比光滑

圆柱小。

(3)质量比

定义振动结构体的总质量 m_{osc} 与其排开的流体质量 m_d 的比值为质量比 m^*,对于圆柱体结构物,质量比可以表示为

$$m^* = \frac{m_{osc}}{m_d} = \frac{\rho_m}{\rho_w} \tag{6.3}$$

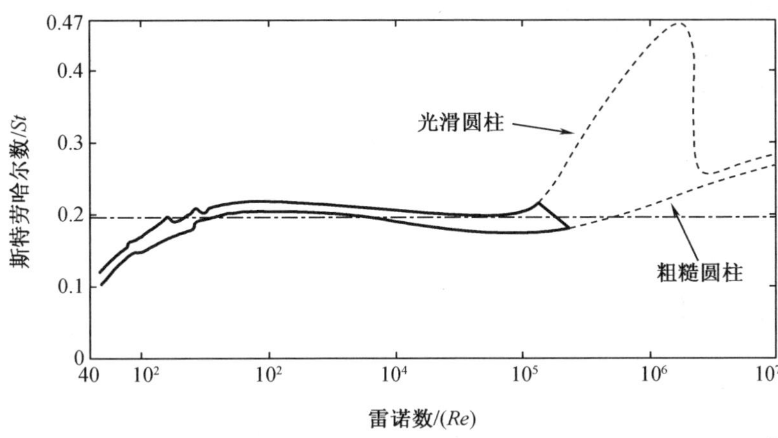

图 6.14 雷诺数与斯特劳哈尔数的关系

(4)阻尼比

阻尼比 ξ 为结构物的阻尼系数 c 与临界阻尼系数的比值,其代表结构振动时因自身属性而产生的能量消耗:

$$\xi = \frac{c}{2\sqrt{(m_{osc} + m_a)k}} \tag{6.4}$$

式中 k——结构刚度;

m_a——流体的附加质量,静水中一般取 $m_a = m_d$。

(5)频率比

定义结构的振动频率 f_{osc} 与结构在水中的固有频率 $f_{n,w}$ 的比值为频率比 f^*,即

$$f^* = \frac{f_{osc}}{f_{n,w}} \tag{6.5}$$

式中,结构在静水中的固有频率 $f_{n,w} = \frac{1}{2\pi}\sqrt{\frac{K}{m_{osc} + m_a}}$。

(6)振幅比

无量纲振幅定义为振动幅值与圆柱直径的比值,即

$$A^* = \frac{A}{D} \tag{6.6}$$

式中,A 为振子的横向振幅。

(7)脉动升力系数和拖曳力系数

描述圆柱受到的涡致流体力的作用,通常使用无量纲的脉动升力系数和拖曳力系数,其定义为

$$C_{\mathrm{L}}=\frac{F_{\mathrm{L}}(t)}{\frac{1}{2}\rho DU^{2}};C_{\mathrm{D}}=\frac{F_{\mathrm{D}}(t)}{\frac{1}{2}\rho DU^{2}} \tag{6.7}$$

式中,$F_{\mathrm{L}}(t)$和$F_{\mathrm{D}}(t)$分别为升力和拖曳力的瞬时值。

(8)约化速度

约化速度表示结构振动一个周期的路径与结构特征尺寸的比值,是一个用于评估无量纲来流速度的无因次参数,其表达式为

$$U_{\mathrm{r}}=\frac{U}{f_{\mathrm{n,w}}D} \tag{6.8}$$

式中 f_n——结构的固有频率;

U——均匀来流速度;

D——圆柱的外径。

6.2.3 流致振动的研究方法

涡激振动的研究方向主要集中于实验方法、数值模拟方法和经验模型方法这三个主要方向。涡激振动的实验研究的主要目的是发现涡激振动的响应特性,分析和归类不同的响应类型,测试和记录模型参数对响应结果的影响等。数值模拟是一种直接求解结构和流体方程的方法,通过获得每一个时间点的流场信息来计算流体对结构的作用力,通过该作用力得到下一个时间点结构的位移、速度和加速度,并反馈到流场的迭代过程中,最终得到结构的时域响应结果。这样方法往往将重心转移到与流体方法的求解,而且占用的计算机资源较大,一般适合工程应用。经验性模型需要基于已有的实验数据,通过有效的手段来描述流体对结构的水动力。该方法的求解相对简单,在工程中有广泛的应用背景。下文依次介绍经验模型、数值模拟。

1. 经验模型

理论分析是基于结构振动理论,在对复杂的振动现象做适当简化的基础上,对结构进行受力分析,获得结构水动力载荷及其响应。目前在没有一种精确预报 VIV 响应方法的情况下,可以选择基于实验数据的经验模型来定性,甚至定量描述结构的涡激振动响应。理论分析方法作为一种研究手段,必须以现场实测或水槽试验结果为基础,校验其准确性。

迄今为止,许多学者通过大量研究提出了多种涡激力模型,根据分析方法的不同,现有的涡激振动经验性预报模型可以分为时域预报模型和频域预报模型。

时域预报模型的一般形式是通过建立控制方程来求解结构涡振的非线性响应,其中不可避免地引入了一些经验参数,而参数的确定来源于大量实验的观测结果和规律。现阶段发展的涡激振动时域预报模型主要有①尾流振子模型;②单自由度模型;③力分解模型。本节主要讲解尾流振子模型。

当前的经验模型大都假设 VIV 发生在离散的频率上。这些模型有些是时域的,但更多

的是频域的,最具代表性的频域模型主要有 SHEAR7、VIVA、VIVANA。与时域模型相比,频域模型更容易利用受迫振荡模型实验中提取的流体力数据,同时计算速度更快,在工程中被广泛地采用。从现阶段发表的成果来看,各种频域模型的差别在于:利用何种模型实验(固定圆柱体、自激振荡或是受迫振荡圆柱体模型实验)数据、怎样利用模型实验的数据、如何考虑柱体的泻涡及受力的轴向相关程度。

(1)尾流振子模型

近些年很多学者对尾流振子模型进行了研究和发展,建立了很多形式。该模型有如下基本特征:流体振子为自激自限的非线性振子,振子的固有频率与来流速度满足斯特劳哈尔关系,结构振子与流体振子耦合。由于耦合作用,圆柱结构的运动将强烈地影响升力,进而影响结构本身的运动。模型在建立过程中通常不对流体域进行分析,因此尾流振子模型属于一种现象性模型。模型希望得到圆柱的结构振动方程和独立的流体振子,并联立它们共同组成尾流振子模型来预测系统的振动响应。

①流体力与离散点涡模型

尾流振子模型中,涡激振动的流体力被视作离散尾涡对圆柱振子的压强差在圆柱表面的积分。如 6.15 所示,整个流域被分为两个部分,分别为近壁控制域和尾涡域。近壁控制域是圆柱表面的薄壁控制体,其中的控制涡分别包含初生涡和近壁涡。因此,总的来看近壁控制域内的控制涡是随时间变化的。尾涡域是近壁控制面与无穷远之间的无穷大空间,其中包括恒强的点涡和从近壁控制域进入的点涡。设在 t 时刻共 n 个离散点涡,同时假设圆柱附近存在 m 个控制涡,因此整个流域内存在 $N=m+n$ 个点涡。

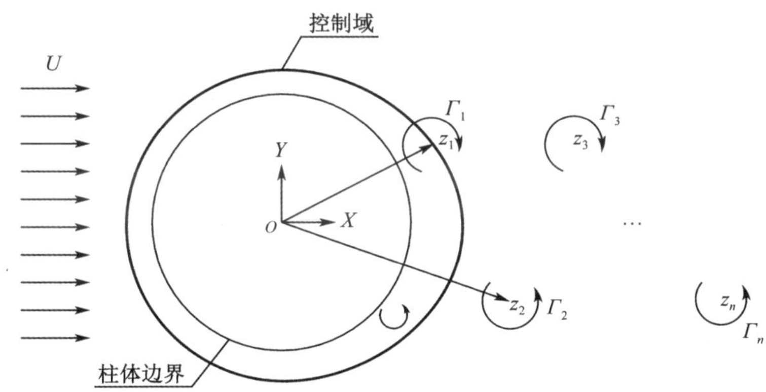

图 6.15 点涡在空间布置的参数化模型图

水槽中水流均匀且不可压缩,根据圆定理将整个流场的复势表达如下:

$$W = U\left(z + \frac{R^2}{z}\right) + \frac{i}{2\pi}\sum \Gamma_k[\ln(z - z_k) - \ln(z - z_k{}^*) + \ln z] \tag{6.9}$$

式中,U 为来流速度;R 为圆柱半径;Γ_k分别为第 k 个点涡在 t 时刻的强度和位置;z_k 为第 k 个点涡在 t 时刻的位置,z_k^* 为第 k 个点涡的镜像点在 t 时刻的位置。结构受到的涡致作用力 F_V可以分解为顺流向和横向的作用力,分别为 F_{VX}和 F_{VY},根据布拉修斯定理,可以得到在非定常均匀来流下,不可压缩流体作用在静止圆柱上的涡致水动力如下:

$$\begin{aligned} F_X + \mathrm{i}F_Y &= -\mathrm{i}\oint_c p\,\mathrm{d}\bar{z} \\ &= -\mathrm{i}\oint_c \left[\rho\frac{\partial w}{\partial t} + \frac{\rho}{2}\frac{\mathrm{d}w}{\mathrm{d}z}\frac{\mathrm{d}\bar{w}}{\mathrm{d}\bar{z}}\right]\mathrm{d}\bar{z} \\ &= \rho\sum_{k=1}^{N}\Gamma_k(-v_k + \mathrm{i}u_k) - \rho\sum_{k=1}^{N}\Gamma_k(-v_{ki} + \mathrm{i}u_{ki}) - \mathrm{i}\rho\sum_{k=1}^{m}\frac{\partial\Gamma_k}{\partial t}\frac{R^2}{\bar{z}_k} \end{aligned} \tag{6.10}$$

式中，F_X 和 F_Y 为沿圆柱表面 C 压力分布 p 的积分表达式；ρ 为流体的密度；(u_k, v_k) 是去掉 k 涡元后剩下的复速度势部分在笛卡儿坐标系中该点诱导速度的分量；(u_{ki}, v_{ki}) 是 k 涡元诱导速度导致相应 k 涡元镜像点运动速度在笛卡儿尔坐标系的分量；等式右边前两项表示点涡运动导致压力场变化引起圆柱的作用力，后一项表示点涡强度发生变化引起的作用效果。又因为$\bar{z}_k z_{ki} = R^2$，所以 F_Y 可以写作：

$$F_Y = -\frac{\rho D}{4}\sum_{k=1}^{m}\frac{\partial\Gamma_k}{\partial t}\frac{x_k}{x_k^2 + y_k^2} + \rho\sum_{k=1}^{m}\Gamma_k\left[u_k + \frac{u_k}{4}\frac{x_k^2 - y_k^2}{(x_k^2 + y_k^2)^2} + \frac{v_k}{4}\frac{2x_k y_k}{(x_k^2 + y_k^2)^2}\right] \tag{6.11}$$

式中，D 为圆柱的外径，x_k 和 y_k 分别为 k 涡元的无量纲位置，及与圆柱直径 D 的比值。右侧方括号项表示点涡导致流场内压力场分布不均匀产生的结构作用力。

由于整个流域的涡量守恒，因此任何时刻内正向点涡和反向点涡是同时产生的。因此根据尾流振子模型的假设，当一个正向漩涡正在不断生成并脱落时，与其反向的漩涡也在近壁控制域内沿着壁面不断生成，直到正向漩涡脱落完成同时反向漩涡在近壁域内达到一定强度后开始进行脱落，并不断循环此过程。其变化如图 6.16 所示：

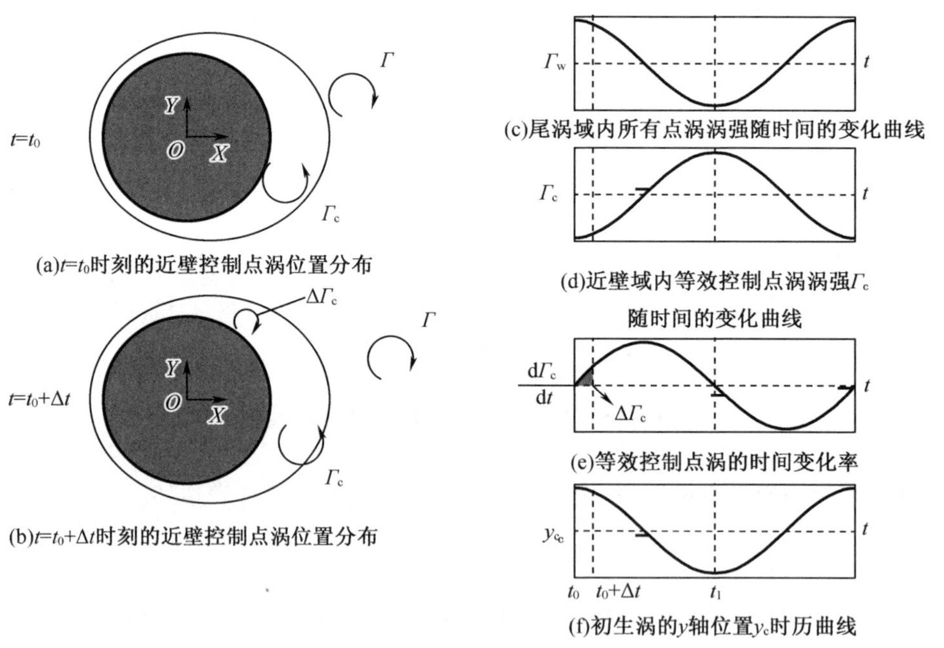

图 6.16 点涡从圆柱壁面脱落过程

图6.16中，Γ_c 表示替代近壁面控制域内所有涡对圆柱影响的等效控制涡；$\Delta\Gamma_c$ 表示 Δt 时间里近壁面控制域内产生的初生涡；Γ 表示离散点涡强度，与初生涡强度有关。总的来看，每一个振动周期内都有一个正向（顺时针）点涡和反向（逆时针）点涡从近壁控制域进入尾涡域内，因此涡致圆柱的横流向交变作用力振动幅值为 $0.5\rho\Gamma U$，频率为 f_{st}（斯特劳哈尔频率）。即

$$F_Y=\frac{1}{2}\rho U\Gamma\cos(2\pi f_{st}t) \tag{6.12}$$

②涡强－流体振子方程

范德波尔方程首先被用于描述电子管振荡器电路的振荡规律，其与极限环之间存在着密切的联系。极限环是自激振动在相平面内的运动轨迹，该轨迹是一条孤立封闭的曲线，当相点受到干扰远离原运动轨迹时，称该极限环是不稳定的，反之，受到干扰后无限靠近原运动轨迹则是稳定的极限环。近年对涡激振动升力的研究表明，涡激振动中的升力变化满足范德波尔方程形式。由于涡激振动是一类典型的自激振动，尾涡强度随着运动的变化发生着周期性的变化，因此，可以将无量纲尾涡强度 q 满足范德波尔方程形式，得到以下表达式：

$$\frac{d^2q}{dt^2}+\varepsilon\omega_{st}(q^2-1)\frac{dq}{dt}+\omega_{st}^2q=H\frac{d^2Y}{dt^2} \tag{6.13}$$

式中 q——无量纲旋涡强度。

与涡强 Γ 之间存在以下关系：

$$\Gamma\cos(2\pi f_{st}t)=\beta UDq(t) \tag{6.14}$$

式中 f_{st}——结构泻涡频率；

U——来流速度；

D——圆柱直径。

在式(6.13)中，t 为时间，d^2q/dt^2 为尾涡振子运动加速度，ε 为范德波尔方程耦合参数，ω_{st} 为泻涡圆频率，H 为流体实验参数。式中第二项可以看作振动方程中的阻尼项，当 q 足够小的时候，系统发生小幅度运动，系统负阻尼，从外界吸收能量，涡强增大；当 q 变大后，系统大幅度运动，系统为正阻尼，系统发生能量的耗散，涡强减小。这说明使用范德波尔方程进行描述尾流振子系统是准确的。

③结构振子方程

在流致振动过程中，振子在竖直方向受到三个力：即弹簧拉压力 F_{spr}、结构及水流的阻力 F_{damp}、流体动压力 F_{fluid}。

如图6.17所示，当振子处于平衡位置以下且运动方向向下时，其加速度方向向上。故可以得到等式：

$$m_{osc}a+F_{spr}+F_{damp}=F_{fluid} \tag{6.15}$$

式中，m_{osc} 为振动系统的总质量，包含振子质量、连杆质量及1/3的弹簧质量；F_{fluid} 为流体动压力，即水流产生的升力，由黏性力 $F_{viscous}$ 和惯性力 $F_{inviscous}$ 相加组成。

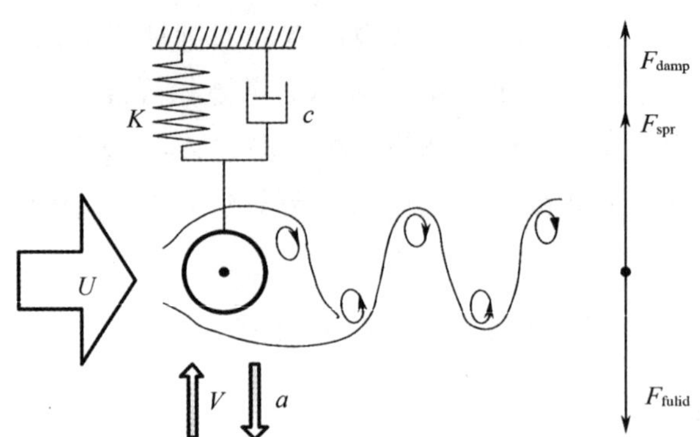

图 6.17 单自由度圆柱体涡激振动示意图

将弹簧力 $F_{spr}=KY$、阻尼力 $F_{damp}=(c_{fluid}+c_{structure})v$、惯性力 $F_{inviscous}=-m_a a$、黏性力 $F_{viscous}=F_Y=\frac{1}{2}\rho U\Gamma\cos(2\pi f_{st}t)$ 代入式 6.15 中,得:

$$m_{osc}a+(c_{fluid}+c_{structure})v+KY=\frac{1}{2}\rho U\Gamma\cos(2\pi f_{st}t)-m_a a \tag{6.16}$$

用 Y'' 表示 a,Y' 表示 v,移项整理得:

$$(m_{osc}+m_a)Y''+(c_{fluid}+c_{structure})Y'+KY=\frac{1}{2}\rho U\Gamma\cos(2\pi f_{st}t) \tag{6.17}$$

式中 c_{fluid}——流体附加阻尼;

$c_{structure}$——振动结构的总阻尼;

Γ——离散点涡强度;

U——水流的来流速度;

D、L——圆柱振子的直径、长度;

m_a——振子的附加质量。

④耦合振子方程

将涡强方程式(6.14)、无量纲位移 $y=Y/D$、无量纲时间 $\tau=t\omega_{st}$ 代入式(6.17),化简得到振子运动方程;引入范德波尔方程描述无量纲漩涡强度 q,得到升力载荷变化方程。二式相互耦合,联立如下:

$$\begin{cases}\dfrac{\partial^2 y''}{\partial\tau^2}+\left(2\xi\delta+\dfrac{\gamma}{\mu}\right)\dfrac{\partial y'}{\partial\tau}+\delta^2 y=\dfrac{\rho D^2}{m_{osc}+m_a}\dfrac{1}{8\pi^2 {S_t}^2}\dfrac{C_{L0}}{2}q\\ \dfrac{\partial^2 q''}{\partial\tau^2}+\varepsilon(q^2-1)\dfrac{\partial q'}{\partial\tau}+q=hy''\end{cases} \tag{6.18}$$

式中,$\delta=f_n/f_{st}$ 是结构水中自振频率与斯特劳哈尔泻涡频率的比值;流体阻尼参数 γ 与平均拖曳力系数 $\overline{C}_D$ 成正比,原模型比节中的文流体阻尼较小,取 0.5;$\mu=(m_{osc}+m_a)/\rho D^2$;斯特劳哈尔数 St 取 0.193;脉动参考升力系数 C_{L0} 取 0.3;对 $m^*\leqslant 13$ 的中低质量比振子,范德波尔参数 $\varepsilon=0.018e^{0.21m^*}$;通过与 Stansby 的实验数据拟合比较,流体振子经验参数 h 取 12。

(2)单自由度模型

研究结构涡振的单自由度数学模型已有多种形式。它们的共同点是使用一个常微分方程描述结构振子的动力特性。Goswami 给出了该类模型的一般形式：

$$m(\ddot{y}+2\xi\omega_n\dot{y}+\omega_n^2 y)=F(y,\dot{y},\ddot{y},\omega_s t) \tag{6.19}$$

式中　m——圆柱的质量；

y——结构的横向位移；

ω_s——斯特劳哈尔频率；

F——气动弹性力函数。

通过选择合适的 F 函数考虑尾涡动力的影响。

(3)力分解模型

Sarpkaya 首先引入了力分解模型。在其模型中，作用在弹性支承圆柱体上的升力被分解为与圆柱运动相关的流体惯性力和与圆柱速度相关的流体阻尼力。升力系数 C_L，可以表达为

$$C_L=C_{\mathrm{ml}}\pi^2\frac{U_{\mathrm{m}}T}{D}\left(\frac{D}{\bar{V}T}\right)\sin\omega t-\frac{8}{3\pi}C_{\mathrm{dl}}\left(\frac{U_{\mathrm{m}}T}{D}\right)^2\left(\frac{D}{\bar{V}T}\right)^2\cos\omega t \tag{6.20}$$

式中　C_{ml}——惯性力系数；

C_{dl}——阻力系数；

T——圆柱横向振动周期；

$U_{\mathrm{m}}=\dfrac{2\pi A}{D}$，$A$——圆柱运动的最大幅值；

$V_r=\dfrac{\bar{V}T}{D}$——约化速度；

$\bar{V}$——来流速度。

上式作为激励代入结构的运动方程中：

$$\ddot{y}+2\xi\dot{y}+y=\rho_r\Omega^2\left(C_{\mathrm{ml}}\sin\Omega t-\frac{16}{3\pi^2}C_{\mathrm{dl}}\cos\Omega t\right) \tag{6.21}$$

式中　$y=Y/D$——无量纲位移；

Ω——圆柱振动频率与固有频率的比值，即频率比；

ρ_r——流体与结构密度比，即密度比。

Sarpkaya 对圆柱的最大响应幅值参数分析，认为其由质量阻尼比的 S_G 稳定参数控制。这个稳定参数定义为 $S_G=\xi/a_0$，即材料的阻尼与一个质量的比值。在稳定参数较小的情况下，质量比 a_0 和阻尼 ξ 对响应的影响是独立的。Sarpkaya 定义的 S_G 参数与 Skop－Griffin 参数的本质是一致的。

(4)SHEAR 7

SHEAR 7 是由美国麻省理工学院(MIT)的 Vandiver 教授领导小组开发的，专门用于预报立管结构的涡激振动疲劳损伤和寿命，在工业界的疲劳设计中被广泛采用。SHEAR 7 是基于频域方法采用模态叠加求解立管结构的涡激振动响应，可以输出响应频率、振幅、振型，以及疲劳损伤和疲劳寿命等，但仅适用于预报横向的涡激振动响应，图 6.18 给出了 SHEAR 7 预报涡激振动的计算方法流程图。SHEAR 7 4.5 之前的版本均采用竞争模态(competing modes)技术，即将立管沿长度方向按照可能激发的模态划分为能量输入区

(power - in)和阻尼区(power - out)。在版本 SHEAR 7 4.5 中,作者认为这种方式可能降低各个模态的响应,对比立管试验测试的数据,发现在每一个时刻仅可能存在一个主导的振动模态,随着时间的推移可能发生模态的跳跃现象,在下一时刻主导振动模态发生改变,这种可能激发模态的交替出现和消失将共分整个涡激振动时间,即提出了时间共享的概念(time sharing concept)。这样每个振动模态的 power - in 区将变长,计算后得到更大的响应幅值。计算流程如图 6.19 所示。

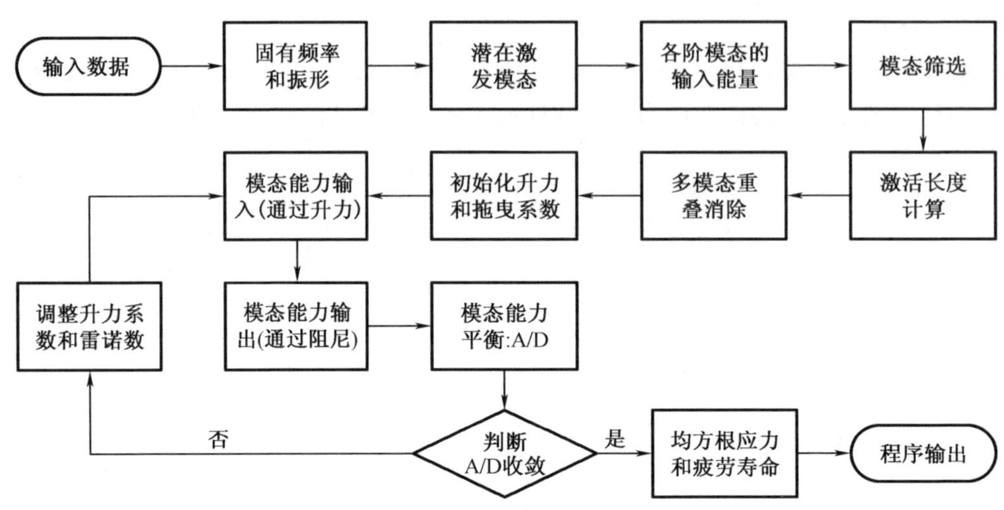

图 6.18　SHEAR7 的计算方法流程图

(5)VIVA

VIVA 同样也只能计算横向涡激振动响应,它由 MIT 的 Triantafyllou 教授开发。VIVA 中的水动力参数是基于大量光滑圆柱体的涡激振动实验的测量数据,该软件可以计算顶张力立管和钢悬链线立管在各种剖面的涡激振动响应。为了确定可能被激发的模态,计算中指定锁振区域,响应幅值由数据库中的升力系数确定。

VIVA 采用了复杂的相关性模型,模型建立在流体力作用影响着系统的振型与特征频率,因此在计算系统的振动响应时需要同时考虑流体和结构的作用。

(6)VIVANA

VIVANA 基于结构的三维有限元法(通过立管分析软件 RIFLEX)和响应依赖于升力与附加质量系数的一个立管横向涡激振动预测软件。VIVANA 在动力分析中没有采用模态叠加法,因此可以计算驻波、行波以及两者混合下的立管响应。

横向涡激振动是造成立管涡激振动损伤的主要因素,G. S. Baarholm 等人对横向涡激振动进行了分析。该分析通过一个立管模型实现,所有的涡激振动分析结果都用计算机程序 VIVANA 表示。VIVANA 计算机程序可以用于计算细长海洋结构,如立管和索等承受海洋流体的结构。由于结构的长度、横截面的变化以及流体断面的形状的不同,立管会呈现单一或复合频率反映。两种反映类型能够进行分析,但是 Baarholm 等人仅对横向涡激振动进行了分析,没有考虑顺流涡激振动的影响。

2. 数值模拟

目前预测湍流的数值方法有直接数值模巧(DNS)、大涡模拟(LES)、离散涡模拟(DVS)及雷诺时均模拟(RANS)。LES 对计算机运算能力的要求远低于 DNS,受计算机运算能力的影响,目前还不能将 DNS 应用于工程问题。大涡模拟中滤波函数得出的小尺度脉动对大尺度脉动的作用力不准确,采用稀疏矩阵后未引入必须引入的湍流黏性系数,使得大祸模拟不得不采用较密的网格,就工程应用效率和适用性而言,LES 比不上 RANS。虽然现在没有一种简单而实用的湍流模型能够可靠地预测出具有充分精度的所有湍流流动,但在应用上,RANS 方程可相对较好地预测涡激振动及涡模式,将各种模拟计算方法列表,见表 6.2:

表 6.2 常见模拟方法特点

计算方法	特点
雷诺时均 NS 模型(RANS)	1. 解总体均值(或者时间均值)纳维 - 斯托克斯方程 2. 在 RANS 方法中,所有湍流尺度都进行模拟 3. 在工业流动计算中使用最为广泛
大涡模拟(LES)	1. 解算空间平均 N - S 方程,大涡直接求解, 比网格尺度小的涡通过模型得到 2. 计算消耗小于 DNS,但是对于大多数的实际应用来说占用计算资源还是太大了
直接数值模拟(DNS)	1. 理论上来说,所有的紊流流动能够由数值解出所有的 N - S 方程模拟 2. 解出尺寸频谱,不需要任何模型 3. 花费太高,对工程流动不实用,目前 DNS 在 Fluent 中不可用

本书主要讲解雷诺时均模拟(RANS)。

由于流致振动中流体黏性且不可压缩,用 Navier - Stokes(N - S)方程描述其连续性方程和动量方程可写成:

$$\frac{\partial u_i}{\partial x_i}=0 \tag{6.22}$$

$$\frac{\partial u_i}{\partial t}+u_j\frac{\partial u_i}{\partial x_j}=-\frac{1}{\rho}\frac{\partial p}{\partial x_i}+\nu\frac{\partial^2 u_i}{\partial x_i \partial x_j}+f_i \tag{6.23}$$

式中,i 表示坐标分量(二维情况下 $i=1,2$,分别表示 x 和 y 方向上的坐标分量);ρ 为流体密度;u_i 为 i 方向的瞬时速度分量;p 为瞬时压力;ν 为流体分子运动黏性系数;f_i 为 i 方向的体积力分量。

将 N - S 方程中的瞬时变量分解成平均量和脉动量,如图 6.19:

$$u_i(x,t)=\lim_{N\to\infty}\frac{1}{N}\sum_{n=1}^{N}u_i^{(n)}(x,t) \tag{6.24}$$

$$u_i(x,t)=\bar{u}_i(x,t)+u_i'(x,t) \tag{6.25}$$

式中,$u_i(x,t)$ 为瞬时项;$\bar{u}_i(x,t)$ 为时均项;$u_i'(x,t)$ 为波动项。

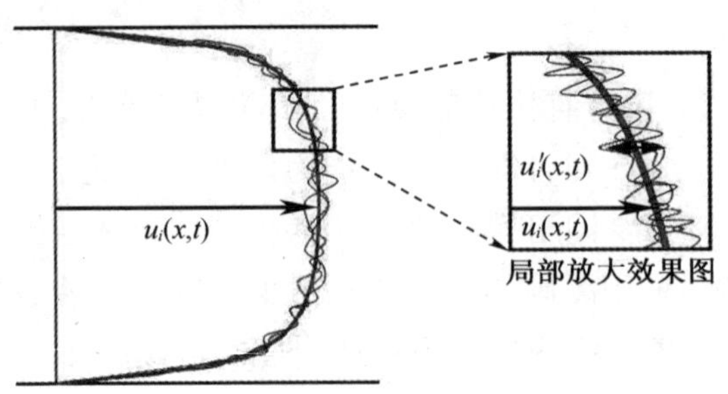

图 6.19　时均量分解示意图(以完全发展湍流管流的速度分布为例)

RANS 模型既能够通过 Boussinesq 假设建立的涡黏模型进行封闭,也可以通过雷诺应力输运方程建立雷诺应力模型进行封闭。前者对简单湍流剪切流来说假设是合理的,例如边界层、圆形射流、混合层、管流等等, S－A 模型和 k－ε 模型均使用此假设;雷诺应力模型对复杂的 3D 湍流流动更有效,但是模型更加复杂,计算强度更大,比涡黏模型更难收敛。

下面依次介绍 Spalart－Allmaras 模型、k－ε 模型和 k－ω 模型:

①Spalart－Allmaras 模型

Spalart－Allmaras 是一种低耗的求解关于改进的涡黏输运方程的 RANS 模型,主要用于空气动力学/涡轮机,比如机翼上的超音速/跨音速流动, 边界层流动等等。

Spalart－Allmaras 对于有壁面边界空气动力学流动应用较好,例如在有逆压梯度的情况下给出了较好的结果,在涡轮机应用中很广泛。但由于该模型相对较新,因此还没有应用于各种复杂的工程流动,且对流动尺度变换较大的流动不太合适(平板射流、自由剪切流)。

②k－ε 湍流模型

k－ε 湍流模型分为标准 k－ε(SKE)模型、RNG k－ε 模型和 Realizable k－ε(RKE) 模型,三种模型区别体现在计算湍流黏性方法的不同、控制湍流扩散的 Pr 数不同、耗散项的形式不同上。将三种模型的优缺点见表 6.3:

表 6.3　k－ε 模型优缺点比较

计算方法	特点
标准 k－ε(SKE)模型	优点: 1. 在工程应用中使用最为广泛的湍流模型 2. 稳定而且相对精确 3. 包括可压缩性、浮力、燃烧等子模型 缺点: 1. 局限性 2. ε 方程包括一个不能在壁面上计算项,因此必须使用壁面函数 3. 在流动有强分离、大压力梯度情况下结果不太准确

表 6.3(续)

计算方法	特点
RNG k - ε 模型	优点: 1. k - ε 方程中的常数通过 renormalization group 定理得到 2. 包括以下子模型 ①解决低雷诺数下的 differential viscosity 模型 ②由解析方法得到的 Prandtl/Schmidt 数的代数公式 ③旋流修正 3. 对更复杂的剪切流来说,比 SKE 表现得更好,比如剪切流、旋涡和分离流
Realizable k - ε (RKE) 模型	1. realizable 意味着这个模型满足在雷诺应力上的特定数学约束,与物理湍流流动一致。 法向应力为正:$\overline{u_i'u_j'}>0$ 关于 Reynolds 剪切应力的 Schwarz 不等式:$(\overline{u_i'u_j'})^2 \leqslant \overline{u_i^2 u_j^2}$ 2. 耗散率更能体现能量在谱空间的传输 优点: 1. 对平面射流和圆形射流的散布率预测得更加精确 2. 对包括旋转、逆压梯度下的边界层、分离, 循环流动提供较好性能

③k - ω 湍流模型

k - ω 湍流模型方程不包括在壁面上没有定义的项,例如不需要壁面函数可以在壁面积分,且对于有压力梯度的大范围边界层流动是精确稳定的。FLUENT 在 k - ω 模型下提供了两个子模型:标准 k - ω(SKW)模型、剪切应力输运 k - ω(SSTKW)模型。

标准 k - ω(SKW)模型在航天和涡轮机械领域得到最广泛的应用,其含有三个 k - ω 子模型选项:压缩效果、转捩、剪切流修正。

剪切应力输运 k - ω(SSTKW)模型使用混合函数从壁面附近的标准 k - ω 模型逐渐过渡到边界层的外部的高雷诺数 k - ε 模型,且包含修正的湍流黏性公式来解决湍流剪应力引起的输运效果。

有关 RANS 的总结见表 6.4 和表 6.5:

表 6.4 RANS 湍流模型描述

模型	描述
Spalart - Allmaras	单一输运方程模型,直接解出修正过的湍流黏性,用于有界壁面流动的航空领域(需要较好的近壁面网格);可以使用粗网格
Standard k - ε	基于两个输运方程模型解出 k 和 ε;默认的 k - ε 模型,系数由经验公式给出;只对完全湍流有效;包含黏性热、浮力、压缩性选项

表 6.4(续)

模型	描述
RNG k - ε	标准 k - ε 模型的变形,方程和系数是来自解析解,在 ε 方程中改善了模拟高应变流动的能力;包含选项用于预测涡流和低雷诺数流动
Realizable k - ε	标准 k - ε 模型的变形,用数学约束改善模型性能。
Standard k - ω	两个输运方程求解 k 和 ω;对于有界壁面和低雷诺数流动性能较好;包含转捩、自由剪切、压缩性选项
SST k - ω	标准 k - ω 模型的变形;使用混合函数将 SKW 与 SKE 结合起来;包含了转捩和剪切流选项
Reynolds Stress	直接使用输运方程来解出雷诺应力,避免了其他模型的黏性假设;用于强旋流

表 6.5 RANS 湍流模型用法

模型	用法
Spalart - Allmaras	计算量小,对一定复杂程度的边界层问题有较好效果; 计算结果没有被广泛测试,缺少子模型
Standard k - ε	应用多,计算量适中,有较多数据积累和相当精度; 对于曲率较大、较强压力梯度、有旋问题等复杂流动模拟效果欠缺
RNG k - ε	能模拟射流撞击、分离流、二次流、旋流等中等复杂流动; 收到涡旋黏性各向同性假设限制
Realizable k - ε	和 RNG 基本一致,可以更好地模拟圆孔射流问题; 收到涡旋黏性各向同性假设限制
Standard k - ω	对于壁面边界层、自由剪切流、雷诺数流动性能较好; 适合于逆压梯度存在情况下的边界层流动、分离和转捩
SST k - ω	基本与标准 k - ω 相同。由于对壁面距离依赖性强,因此不太适用于自由剪切流
Reynolds Stress	是最符合物理解的 RANS 模型。避免了各向同性的涡黏假设。占用较多的 CPU 时间和内存。较难收敛。对于复杂 3D 流动较适用(例如弯曲管道、旋转、旋流燃烧、旋风分离器)

6.3 圆柱体结构的流致振动响应分析

对流致振动发电装置而言,常见的流致振动区间位于雷诺数 $300 \leqslant Re < 1.5 \times 10^5$ 的亚临界区域,此时分离点上游的边界层为层流,在分离点可以观察到层流、过渡流、湍流三维流态,尾流中发生层流到湍流的过渡。为表现出圆柱体振子的三维效应,同时减小计算网格数目,计算区域的高度应大于一倍圆柱振子直径。

针对流致振动耦合问题,本节通过非定常不可压缩 RANS 方程求解振子流致振动的状态。湍流模型采用了 K - Omega 湍流模型,SST K - Omega 模型在高雷诺数下具有精度高、可信度高的特点。Starccm + 采用有限控制体积法进行计算,将计算区域划分成若干个互不重叠的控制体,在每一个控制体积上进行微分方程的积分。此外,运用重叠网格方法处理振子的运动问题,运用场函数进行弹簧和阻尼的控制。采用该种方法进行模拟,可以实现均匀来流条件下单自由度弹性支撑刚性圆柱振子的流致振动。

6.3.1 有限元模型的建立

1. 结构的选取

为方便与实验数据进行对比,本节选取的物理条件与实验条件一致,振子的直径取 0.088 9 m、长度取 0.895 35 m,弹簧刚度取 600 N/m,附加阻尼比取 0,质量比取 1.343。

如图 6.20 所示,计算区域为 35 $D\times 20\ D\times \pi\ D$ 大小的长方体,坐标原点位于圆柱中心点,进口及上下边界距离坐标原点均为 10 D,出口边界距离原点 25 D。考虑到涡激振动状态的滞后效应,流速递增、递减等不同变化会对振动效果产生不同的影响,速度入口采用一直不变的均匀流速,以便于对振动效果进行统一评价。模拟计算的背景域采用速度入口和压力出口,上下壁面使用无滑移壁面,前后侧面采用对称面。

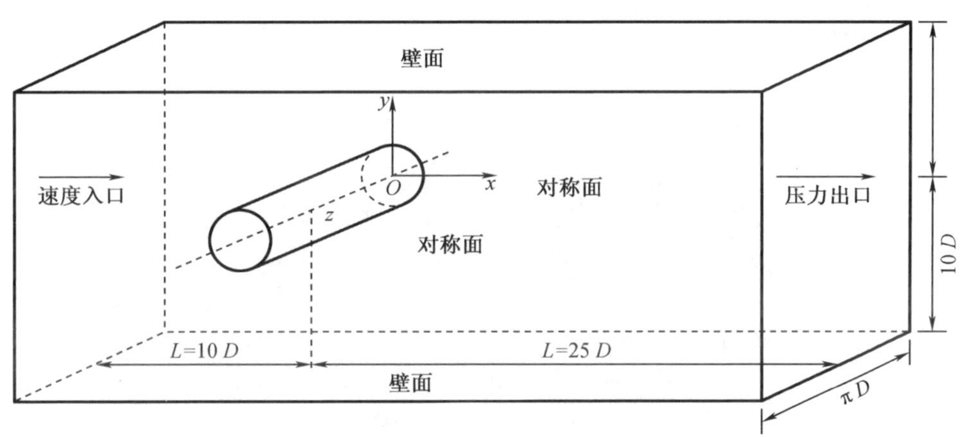

图 6.20 背景区域的几何模型

重叠网格区域的尺寸如图 6.21 所示,经过计算对比,重叠网格区域的尺寸取 2 D 大小即不会对网格产生不良影响。重叠网格区域的前后表面也取对称面,四周侧面均取重叠网格界面。此外,为产生横流驰振,振子表面需黏贴粗糙度贴条。本节将振子表面分为 4 部分,2 块取粗糙度壁面条件,2 块取光滑壁面条件。如图 6.21 所示,粗糙度条位于水流方向夹角 20° ~36°。

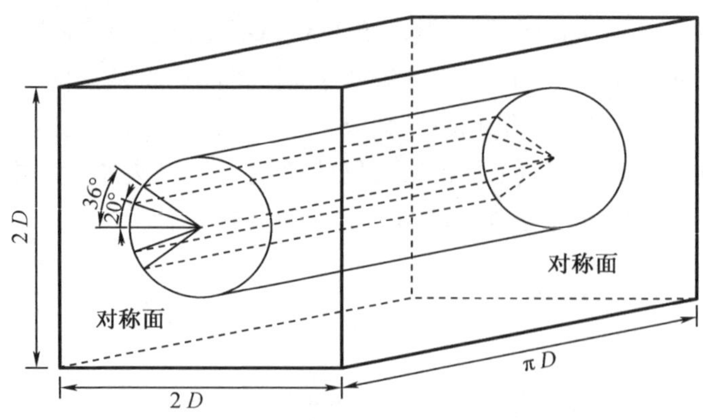

图 6.21 重叠区域的几何模型

2. 网格划分及收敛性验证

如图 6.22 所示,计算区域采用切割体网格进行分割,圆柱壁面附加棱柱层网格。计算采用非结构化网格。在流致振动中,越靠近圆柱壁面的区域,流速变化越剧烈,需要的网格尺寸越多。因此,为准确计算出结构的受力结果和运动曲线,根据距离壁面的远近,计算域网格进行不同程度的加密。近振子区域采用较小网格尺寸,远振子区域采用较大尺寸的网格,以提升计算速度。

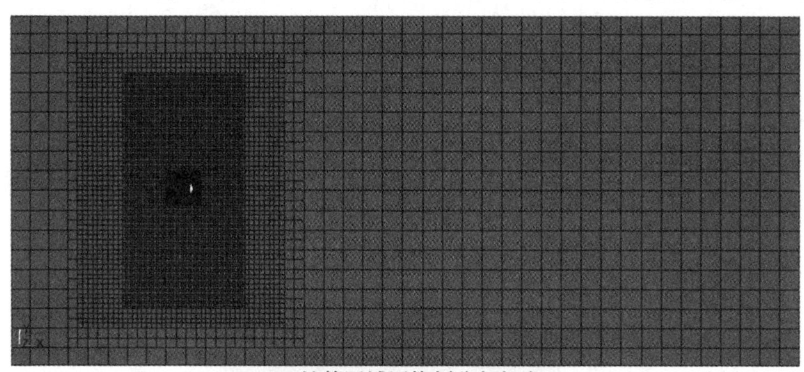

(a)计算区域网格划分与加密

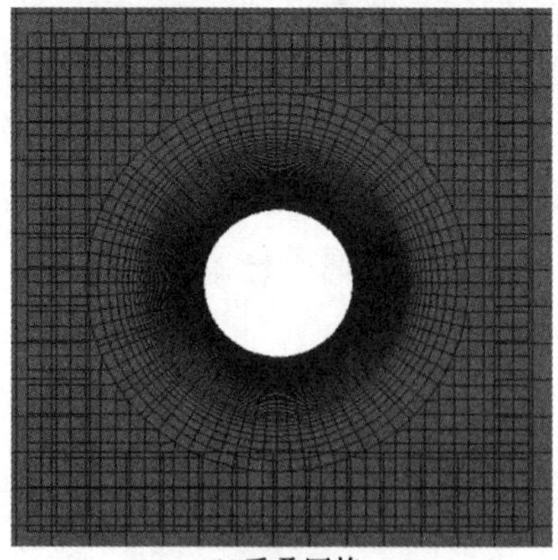

(b)重叠网格

图 6.22 网格划分与加密图

为验证网格的收敛性，本节对粗糙度高度为 0.1 mm，流速为 0.674 6 m/s，雷诺数 $Re = 6.03 \times 10^4$，时间步长为 0.001 s 的单振子流致振动模型取 3 种不同网格密度的划分方式。

为防止计算出现错误，表 6.5 的 3 种方案仅区分背景网格的尺寸与数目，重叠块网格的目标表面尺寸取 0.005 m，最小表面尺寸取 0.003 m，网格数目为 79 912。由表 6.6 可知，网格精度的大小影响着网格计算的结果，方案 2 与方案 1 的计算结果相差 17.57%，方案 3 与方案 2 相差 3.84%，综合考虑计算效果和计算时间，选择方案 2 的网格划分方式。

表 6.6 不同密度网格收敛性验证表

	目标表面尺寸/m	最小加密表面尺寸/m	网格数	总网格数	振幅比	频率比	网格增长率	振幅比增长率
方案 1	0.08	0.01	41 312	121 224	1.146	1.130		
方案 2	0.06	0.007 5	110 286	190 198	1.348	1.137	56.90%	17.57%
方案 3	0.04	0.005	240 080	319 992	1.399	1.123	68.24%	3.84%

6.3.2 计算结果分析

本次模拟的流速位于 0.4 ~ 1.3 m/s，雷诺数 $3.7 \times 10^4 \leqslant Re < 1.2 \times 10^5$，均位于亚临界区域。模拟使用与 Hai Sun 实验相一致的质量比 $m^* = 1.343$ 的振子，且均未额外添加阻尼。振子振动的响应结果及与实验的对比如下：

1. 振动响应结果

如图 6.23 所示，0.8 m/s 的水流流速下，初始时振子由静止开始运动，振幅逐渐增大，在 7 s 处稳定为 0.096 3 m，振幅比约为 1.083。取 8 ~ 15 s 的时程曲线，对其进行傅里叶展开，得到振子的频率为 1.205 4，频率比约为 1.102。实验在 0.794 6 m/s 的流速下获得 1.088的振幅比以及 1.265 的频率比。模拟与实验的振幅比误差为 0.45%，吻合良好；频率比误差为 12.89%，这可能是 PTC 条的粗糙度和厚度的不同导致的。

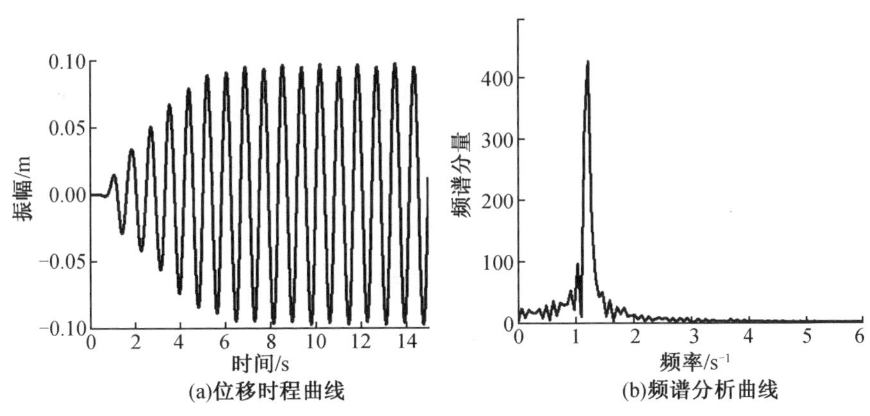

(a)位移时程曲线 (b)频谱分析曲线

图 6.23 0.8 m/s 流速下 PTC 振子振动曲线

2. 不同流速下的尾涡特征分析

取 10 ~ 20 s 内的稳定区间的数据，0.8 m/s 流速下振子的位移与升力对照如图 6.24 所示。振子位移和升力增减性和周期保持一致，这说明振子振动已经达到稳定，弹性恢复力和升力不存在相位差。

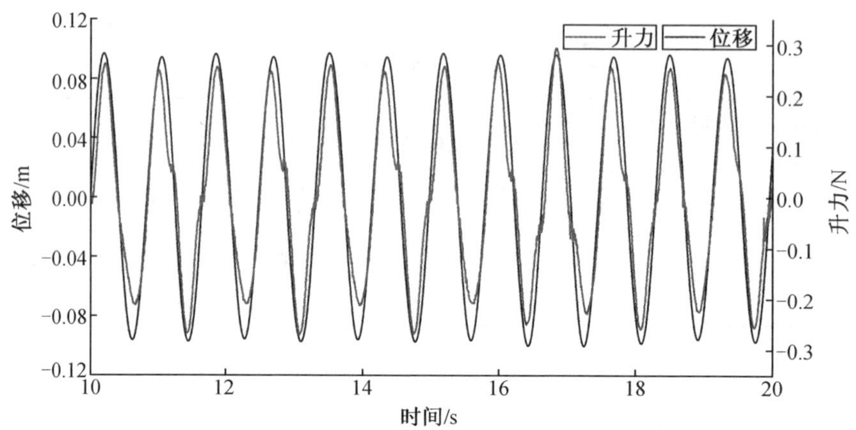

图 6.24　0.8 m/s 流速下 PTC 振子位移与升力对照曲线

单独看振子的升力曲线可以发现，升力的最大值恒定在 0.25 左右，但最小值则在 0.23 与 0.27 两者间来回波动。升力的大小周期变化取决于振子系统的泄涡方式，截取振子 13.5 ~ 15 s 两个位移周期的涡量分布，可以发现振子遵循 3 − 2 − 3 − 3 的循环规律泄涡。如图6.25 所示。

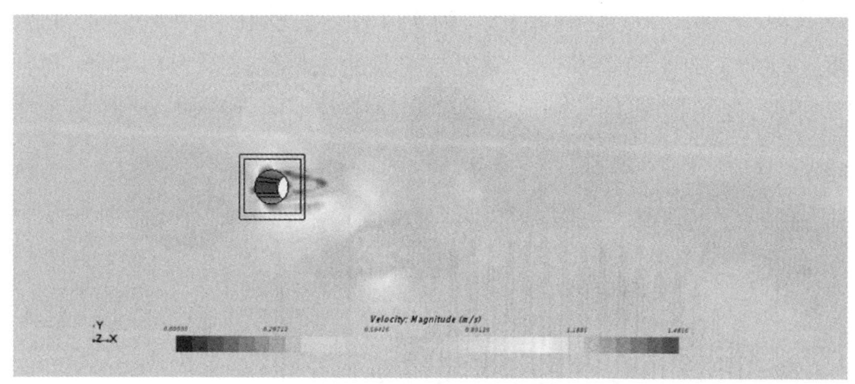

(a)t=13.589

图 6.25　不同时期振子泄涡图

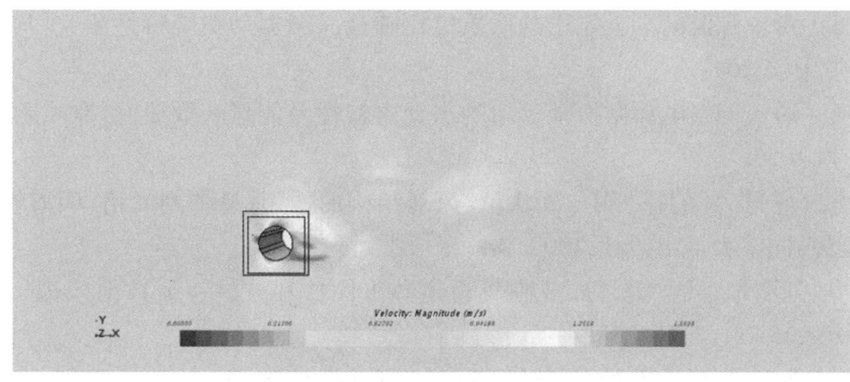

(b)t=14.014

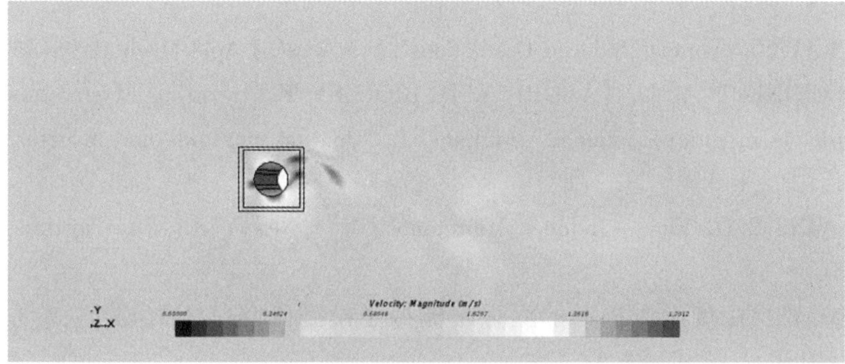

(c)t=14.464

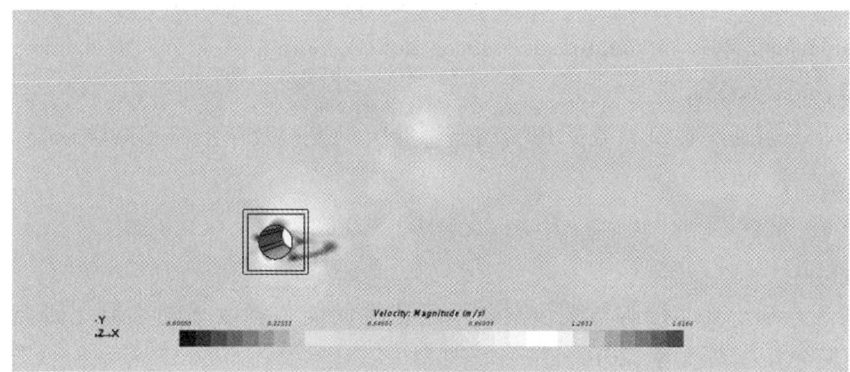

(d)t=14.864

图 6.25(续)

本章参考文献

［1］　谭真. 风帆助航船涡激振动研究［D］. 大连:大连理工大学,2015.

［2］　汪洋,王志华,陈爱国. 风帆助航的研究与应用综述［J］. 广州航海学院学报,2017,25(1):5－8,27.

［3］　练继建,燕翔,刘昉. 流致振动能量利用的研究现状与展望［J］. 南水北调与水利科技,2018,16(1):176－188.

[4] 乐智斌. 考虑顺流向耦合作用的低质量比圆柱涡激振动响应特性研究[D]. 镇江:江苏科技大学,2017.

[5] 罗竹梅. 海流能发电涡激振动驱动的水动力特性及能量获取研究[D]. 昆明:昆明理工大学,2016.

[6] 埃米尔·希缪,罗伯特·H·斯坎伦. 风对结构的作用[M]. 刘尚培,项海帆,谢霁明,译. 上海:同济大学出版社,1992.

[7] 沈立龙,刘明维,吴林键,等. 亚临界雷诺数下圆柱和方柱绕流数值模拟[J]. 水道港口,2014,35(3):227-233.

[8] 丁静. 方形截面桥塔的驰振机理及气动制振措施研究[D]. 成都:西南交通大学,2015.

[9] SARPKAYA T. Vortex-Induced Oscillations [J]. ASME J Appl Mech, 1995(46):241-58.

[10] FACCHINETTI M L, LANGRE E D, BIOLLEY F. Coupling of structure and wake oscillators in vortex-induced vibrations[J]. Journal of Fluids and Structures,2003,19(2):123-140.

[11] BLEVINS R D. Flow-Induced Vibrations [M]. New York: Van Nostrand Reinhold, 1990.

[12] 秦伟. 双自由度涡激振动的涡强尾流振子模型研究[D]. 哈尔滨:哈尔滨工程大学,2013.

[13] SBTANSBY P. The locking-on of vortex shedding due to the cross-stream vibration of circular cylinders in uniform and shear flows. Journal of Fluid Mechanics, 1976, 74(4), 641-665.

[14] 邓燕华. 超高层建筑风载荷和气动噪声的大涡模拟及角沿修正影响研究[D]. 长沙:湖南大学,2017.

[15] 李家春. 自然、工业与流动:第六届全国流体力学学术会议论文集[M]. 上海:气象出版社,2001.

[16] 陈芝赟. 基于被动控制与流致振动不稳定性储能装置效率的参数化研究[D]. 哈尔滨:哈尔滨工程大学,2019.

第7章　碰撞载荷下船舶结构动力响应

7.1　船舶与海洋工程中的碰撞事故

除正常的工作载荷、环境载荷的作用外，海洋平台及周围管线还受到偶然载荷威胁，如船舶的碰撞、平台上部落物的撞击（见图7.1、图7.2）。偶然载荷引发的海洋工程结构事故越来越多，这既有海洋工程工作环境的恶劣性和承载方式的复杂性，也有人为因素的作用。而伴随着海洋工程结构的超大型化，昂贵的造价和具有风险的作业（原油开采、运输以及核燃料的运输），事故引起的危害越来越严重，重大事故可能造成人员伤亡和重大的经济损失，同时可能对周边环境和海洋生态造成严重的污染和破坏。

《最近五年钢质平台的修理经验》一文中，曾对世界上100起需要修理的海上平台的损伤原因进行了统计，其中由于船舶碰撞引起的平台损伤事故22起，占22%，由于落物所引起的损伤事故9起，占9%。统计显示每年有0.15%的海洋平台遭受各种各样的碰撞而不得不进行维修。

挪威船级社（DNV）分析了1965年到1991年海洋平台的损伤，统计发现船舶的碰撞引起的损伤约占22%。据WOAD数据库（Worldwide Offshore Accident Databank）中对有关碰撞事件的统计，自1980年起，碰撞或接触引起的并导致平台发生完全损坏的事故有6起，还有相当一部分接近坍塌的损伤事故。1992年中海油"渤海6号"平台被坠落的重物击穿压载箱，面积达数平方米。2002年8月我国南海文昌13－1（Wen13－1）平台导管架结构在施工过程中受到大型起重铺管船的撞击，X斜撑处一构件局部受到严重挤压（图7.3），附近海管、立管也受到严重破坏，导致工期延后四个多月，经济损失达数百万元。

图7.1　WC61平台吊机事故图片

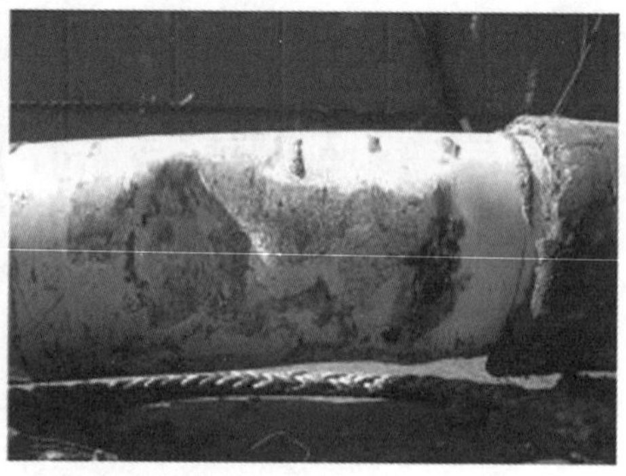

图 7.2　落物引起的管线破损

图 7.3　Wen13 - 1 平台与大型起重铺管船事故图片

这些惨痛的教训给海洋资源开发以很大的警示，同时也促进国内外海洋开发相关部门加倍地投资和努力研究海洋平台的关键科学问题，也对海洋平台结构的设计、维护和安全评定水平提出了新的要求。

7.2　碰撞载荷的理论分析

船舶碰撞是个非常复杂的过程，为了简化分析船舶碰撞问题，Minnorsky 提出将碰撞过程中的力学机理研究分为两个独立部分：外部机理和内部机理。外部机理通过分析碰撞船舶的刚体运动和考虑周围水影响，研究碰撞中的能量耗散和冲量变化。内部机理的分析侧重于碰撞过程中的结构响应和结构损伤吸能，通常假设被撞击船在固定空间内，而撞击船沿着规定路径以恒定的速度撞击被撞船。分解方法是将外部机理和内部机理分开研究，这意味着船舶运动和结构变形之间没有相互作用。耦合方法则是同时处理外部机理和内部机理，并包括它们之间可能的相互作用。

7.2.1　外部机理

多年来，许多学者已经研究了船舶与冰和船舶与船舶/海洋平台碰撞的外部机理。研究外部机理时，简化解析法吸引了最多的关注。

DNV - RP - C204 规范对固定式平台、顺应式平台和铰接式立柱进行了区分，并且针对不同类型的装置,提供了结构变形所吸收碰撞能量的计算公式。

如果碰撞时间小于装置的振动固有周期,则假定该装置为顺应式。通常浮式平台(例如,半潜式平台,张力腿平台,生产船)被认为是顺应式装置。对于一个顺应式装置,考虑船舶和平台在碰撞后具有相等的速度,则结构吸收的变形能量的表达式为

$$E_s = \frac{1}{2}(m_s + a_s)V_s^2 \frac{\left(1 - \frac{V_i}{V_s}\right)^2}{1 + \frac{m_s + a_s}{m_i + a_i}} \tag{7.1}$$

式中 m_s——船舶质量;

a_s——船舶附加质量;

V_s 和 V_i——分别是船舶和装置的初始速度;

m_i——装置的质量;

a_i——该装置的附加质量。

如果碰撞时间相对于装置的振动固有周期较长,则假定该装置为固定式。通常假定导管架平台为固定式装置。对于一个固定式结构,撞击船的全部能量都将被该结构所吸收:

$$E_s = \frac{1}{2}(m_s + a_s)V_s^2 \tag{7.2}$$

对于一个铰接式立柱,结构吸收的变形能量为

$$E_s = \frac{1}{2}(m_s + a_s)\frac{\left(1 - \frac{V_i}{V_s}\right)^2}{1 + \frac{m_s z^2}{\boldsymbol{J}}} \tag{7.3}$$

其中,$\boldsymbol{J}$ 是相对于旋转中心点的质量惯性矩(包含了附加质量);z 是旋转中心点到碰撞点的距离。

值得注意的是,在研究船舶碰撞的外部机理时通常做如下假设:

(1)碰撞时间非常短,以致在碰撞过程中力的方向不发生改变;

(2)碰撞力远远大于其他外部作用力,例如恢复力;

(3)变形局限于碰撞表面;

(4)通过引入恒定的附加质量系数考虑周围水动力的影响。

对于船-船碰撞外部机理研究,Pederse 和 Zhang 提出了一个数学模型,通过对碰撞力在每个方向上的相对位移进行积分,计算得到了船舶碰撞过程中的能量耗散。将计算结果与时域仿真结果进行对比,获得了良好的吻合。但是,该模型仅适用于三自由度即二维(2D)情况。Stronge 提出了更先进的六自由度即三维(3D)模型,但其侧重于碰撞物体的加速度和速度研究。基于 Stronge 的工作,Liu 提出了一个完全三维模型,进行船舶碰撞问题研究,得到了船舶碰撞外部力学的封闭形式解。通过与其他二维模型进行对比,验证了该模型的准确性。Tabri 等人提出了一个理论模型,对船舶与船舶碰撞结果进行了预测,并且考虑了船舶压载舱晃荡产生的大冲击力的影响。该模型所预测的结果与测量值得到良好的一致性。De Jonge 和 Laukeland 研究了油轮和立柱式平台之间的碰撞,并提出了用于计算正碰撞能量消散的闭合式解。

对于船舶与冰山碰撞问题，冰载荷的预测研究是非常重要的，尤其在设计初期，快速预测出船舶－冰山碰撞力，就可以为冰区船舶结构设计提供参考依据。目前的冰载荷预测研究方法主要是基于碰撞外部机理。Popov 等人首次进行了船冰碰撞的冰载荷预估工作，通过以简单方式考虑船舶和冰的三维运动，提出了简化解析方法。该方法没有考虑碰撞过程中的摩擦，并且假设冲量的方向与碰撞点的法向方向一致。Matskevitch 研究了浮冰与刚性宽大结构的偏心碰撞。通过使用冰的力－撞深曲线，提出了计算最大碰撞力和碰撞持续时间的近似解析解。该研究假设碰撞物体只在平面内运动，而在实际航行中，船舶与冰山最常发生倾斜碰撞，即碰撞区域在船舶肩部，这将引起船舶和冰山发生较大的横荡、艏摇和横摇运动。目前的研究中，缺少考虑船舶和冰山三维运动和摩擦影响的碰撞力预测模型。

7.2.2 内部机理

船舶碰撞内部机理研究主要目的是评估结构的损伤，其中包含结构的局部可恢复和不可恢复变形。通常，可以通过简化解析方法或更加先进的非线性有限元分析方法，进行内部机理研究。本节分析研究所采用的软件为 MSC 公司的 PATRAN&DYTRAN 软件。DYTRAN 是由 DYNAMIC TRAANSIENT ANALYSIS 缩写得到，即瞬态动力分析。

1. 显式时间积分法

动态问题的有限元求解方法可分为隐式求解方法和显式求解方法。隐式积分方法适合于模拟稳定状态或缓慢变化的现象；而显式积分方法适合于模拟瞬间的动态变化现象。用显式积分方法求解，不需要进行矩阵求逆或分解，无须求解联立方程组，计算速度快，其稳定性准则能自动控制计算步长的大小，保证时间积分的精度。

用数值方法求解动力平衡方程：

$$Ma + Cv + Ku = F(t) \tag{7.4}$$

通常可以采用模态叠加法或直接积分法。所谓直接积分法是指在数值积分之前，毋需将原有的方程加以变换。直接积分法又分为显式和隐式、有条件稳定和无条件稳定等方法。例如在四种常用的直接积分法中，中心差分法是显式的和有条件稳定的；Houbolt 方法是隐式的和无条件稳定的；Wilson 法和 Newmark 方法是隐式的和有条件稳定的。MSC. Dytran 采用的是中心差分法。

将运动微分方程：

$$\boldsymbol{M}a_n + Cv_n + Kd_n = \boldsymbol{F}_n^{\mathrm{ext}} \tag{7.5}$$

改写成：

$$\boldsymbol{M}a_n = \boldsymbol{F}_n^{\mathrm{ext}} - \boldsymbol{F}_n^{\mathrm{int}} \tag{7.6}$$

$$a_n = \boldsymbol{M}^{-1}\boldsymbol{F}_n^{\mathrm{residual}} \tag{7.7}$$

式中 $\boldsymbol{F}^{\mathrm{ext}}$——外载荷矢量；

$\boldsymbol{F}^{\mathrm{int}}$——内载荷矢量，$F^{\mathrm{int}} = C\nu_n + Kd_n$；

$\boldsymbol{F}^{\mathrm{residual}}$——剩余力矢量，$F^{\mathrm{residual}} = F^{\mathrm{ext}} - F^{\mathrm{int}}$；

$\boldsymbol{M}$ = 质量矩阵；

C——阻尼；

K——刚度。

加速度可通过对质量矩阵求逆并乘以剩余力矢量求出。

如果 M 为一对角阵，线性方程组将成为一系列关于各个自由度的独立的一元一次方程，从而可求出加速度为

$$a_{ni} = F^{\text{residual}}\frac{}{M_{\text{i}}} \tag{7.8}$$

在时间推进上采用中心差分法：

$$\nu_{\frac{n+1}{2}} = \nu_{\frac{n-1}{2}} + a_n(\Delta t_{\frac{n+1}{2}} + \Delta t_{\frac{n-1}{2}})/2 \tag{7.9}$$

$$d_{n+1} = d_n + \nu_{\frac{n+1}{2}}\Delta t_{\frac{n+1}{2}} \tag{7.10}$$

即假设加速度在一个时间步长内是恒定的。MSC. Dytran 中的显式积分法不需要做矩阵分解，程序流程如图 7.4 所示。

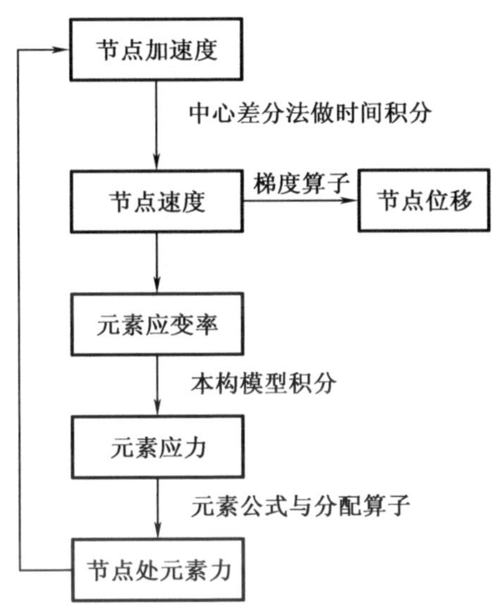

图 7.4　显式时间积分方法在一个时间步内的计算流程图

隐式积分法无条件地稳定，与积分的时间步长无关。然而，对于显式时间积分法，要保证计算精度，积分时间步长必须小于网格的最小固有周期。这意味着时间步长必须小于应力波跨越网格中的最小单元的时间。一般来讲，显式时间积分的时间步长是隐式时间积分的时间步长的 1% ~1‰。但由于在每一步的计算过程中不做矩阵分解，MSC. Dytran 所采用的显式法仍然有很高的计算效率。

应用显式中心差分法直接积分求解冲击问题，一个特别值得关注的问题就是时间步长的选取，其时间步长不能超过临界时间步长。实行中常以有限单元网格的特征长度(L_e)除以应力波速(c)来近似临界时间步长，即

$$\Delta t \leqslant \Delta t_{\text{cr}} = \min(L_e/c) \tag{7.11}$$

2. 接触算法

动态接触碰撞问题的求解最关键的是要处理好不同结构界面的接触碰撞和相对滑动，

主要有变形体与变形体的接触、离散点与变形体的接触、变形体本身不同部分的单面接触、变形体与刚体的接触、变形结构固连以及根据失效准则解除固连等。

动态非线性问题中的表面的相互作用是十分复杂的。处理好接触碰撞界面算法主要解决两个问题,一个是要处理好接触搜寻算法,物体间的碰撞涉及碰撞界面中接触点、接触面的变化,这个过程是个复杂的动态过程;另一个是接触碰撞的计算问题,即接触面之间的力的传递。

目前用于接触搜寻的算法主要有主从面算法、单面算法和级域算法。主要解决接触对的搜索问题。由于像船舶这样的大型碰撞问题单元众多,提高接触对的搜索速度有着重要的意义,能明显提高计算效率主从面算法中主从面定义,如图 7.5 所示。

接触碰撞的问题可以分为两大类:基于接触力的方法和基于动量、冲量的方法。基于接触力的接触碰撞算法又有多种,最常用的有拉格朗日乘子法、惩罚函数法和 Hertz 接触力法。

计算接触力的基本方法有惩罚函数法和拉格朗日乘子法。惩罚函数法为近似方法,拉格朗日乘子法为准确算法。惩罚函数法由于计算简单,并且与显式时间积分算法完全相容,因此使用广泛。但它有可能引入接触点的穿透、接触过程中能量不能被存贮在碰撞体的“罚弹簧”内。惩罚函数法的另一个缺点是其计算结果依赖于惩罚因子的选择。1988 年,钟志华提出和运用了“防御节点法”,该方法在显式求解方法中运用拉格朗日乘子法来计算接触力,它的精度和可靠性优于惩罚函数法,而基于动量的方法能较好地处理刚体接触问题。

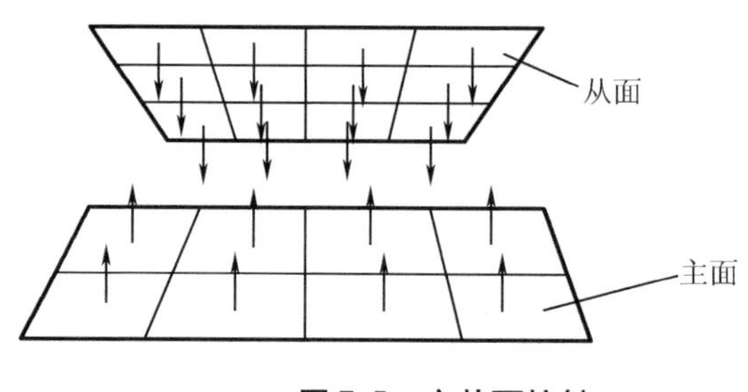

图 7.5　主从面接触

由于要准确地模拟两个柔性体之间的接触碰撞响应,需要在接触过程中同时满足下面的物理条件:

①两碰撞物体的总能量和总动量守恒(假设在碰撞过程中没有其他能量、动量的输入或耗散);

②互不穿透条件,即两物体之间的空间位置不能重叠;

③平衡条件,即两物体之间的作用力等于反作用力;

④库仑条件,若接触面间存在滑动,则需要添加库仑摩擦力。

接触力方法能满足条件②③和④,条件①的满足程度取决于所使用的公式同真实物理条件的吻合程度。

3. 摩擦

接触碰撞界面的计算还包括摩擦力因素的确定。1781 年,库仑证实了摩擦阻力与负荷成正比并与滑动接触面的面积无关。他对静摩擦和动摩擦做了明显区分。并观察到动摩擦系数几乎与滑动速度无关。这一结论由于其简单的力学形式而在以后的二百多年中得到了广泛的应用。几乎和所有的动态仿真软件一样,在本节中,亦把摩擦现象视作最简单的库仑摩擦。

一般认为,钢结构碰撞中的摩擦为干摩擦,其摩擦系数相对比较稳定。在碰撞过程中,碰撞区域材料大多处于塑性变形状态,其表面形貌和真实接触面积都发生很大变化,而目前的界面接触模型没有考虑表面形貌变化对接触界面摩擦性能的影响,很难精确描述接触碰撞界面的摩擦特性。Hsu 和 Wilson 提出了用表面粗糙度反映表面形貌的摩擦模型。Hsu 等人进一步展开了该模型的研究。如图 7.6 所示。

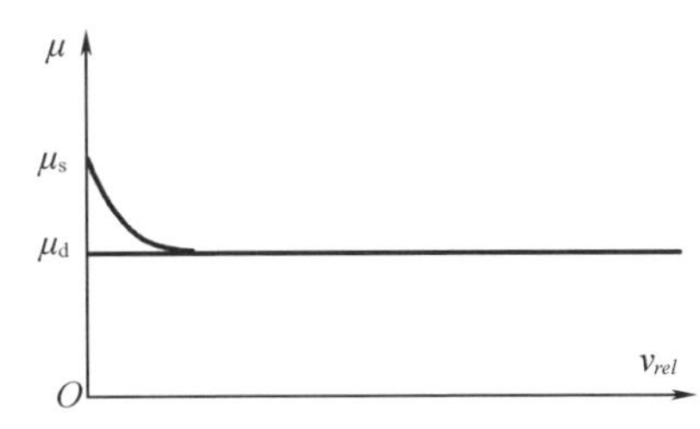

图 7.6　静动摩擦系数和相对速度的关系

在摩擦问题中库仑摩擦最便于计算。在船舶碰撞问题中考虑接触摩擦力为库仑摩擦力,通过法向接触力计算得到接触摩擦力。

由于滑动影响,接触面之间会产生摩擦作用。对于冲击问题,非经典摩擦定律的应用还不是很完善,因此目前仍采用经典的库仑摩擦定律进行摩擦力的近似计算。摩擦因数按下式计算

$$\mu = \mu_d + (\mu_s - \mu_d) e^{-\beta\nu} \tag{7.12}$$

式中　μ_s——静摩擦因数;

μ_d——动摩擦因数;

β——指数衰减系数;

ν——接触之间的相对滑动速度。

4. 拉格朗日—欧拉耦合求解

拉格朗日网格与欧拉网格可以用在同一个分析模型中,并且可以通过一个界面相互耦合。该界面是欧拉网格中材料的流场边界,同时欧拉网格中的材料对界面产生作用力,使拉格朗日网格发生变形,如图 7.7 所示。MSC. Dytran 中的耦合方式有两种:一般耦合和任意拉格朗日与欧拉耦合。

耦合算法计算的是欧拉网格与拉格朗日网格这两部分单元之间的相互作用。为了耦合模型的欧拉与拉格朗日部分,需在拉格朗日网格上建立一个封闭的面,用于在拉格朗域和欧拉域之间传递力。该面对欧拉网格中的流动材料来说是边界,同时,欧拉单元内的压力传递至耦合面,使得拉格朗日单元发生变形。

拉格朗日网格与欧拉网格耦合,由统一的控制方程组进行控制,该方程组分为两个部分,耦合面作为该方程组的边界条件。求解过程中均采用数值方法,分别求解欧拉域和拉格朗日域,求解时不考虑另一方的状态变化,轮流进行求解。

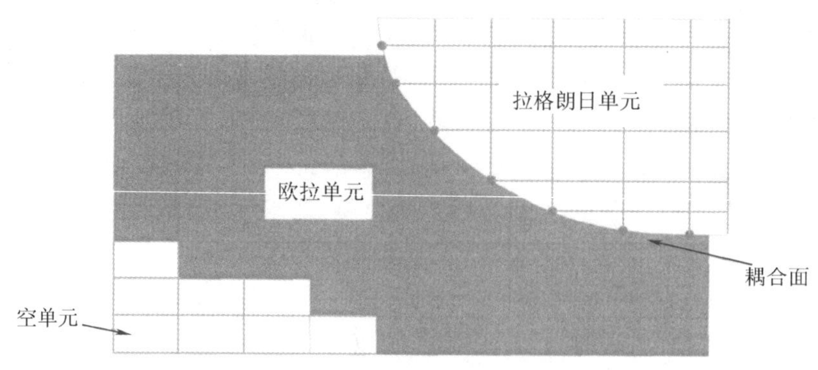

图 7.7　一般耦合

(1)一般耦合

有限元分析中,通常固体由拉格朗日法模拟,而流体则用欧拉法模拟。采用一般耦合拉格朗日固体单元在由欧拉单元组成的流场范围内运动,即拉格朗域带动欧拉域;流场内的欧拉网格虽有速度但不受拉格朗网格的影响而移动,它始终固定且不变形。在进行一般耦合计算前,通常需用假设耦合面将拉格朗日域与欧拉域隔开;计算初始,拉格朗固体单元必须与欧拉域重叠至少有一微小量的范围。拉格朗日单元也可完全位于欧拉域内,欧拉网格不会因拉格朗日单元运动而移动或变形。因此,一般耦合适用于模拟固体驱动流体现象,如水翼飞机降落在水面上、水下或水面物体运动(船舶、潜器)引致流体动力行为等。

采用一般耦合进行计算时,耦合面作为欧拉流场网格的边界,即假设耦合面与模拟流体的欧拉单元相接触,MSC. Dytran 先计算欧拉流体施加在耦合面上的载荷,然后耦合面使拉格朗日网格产生应力与变形。

一般耦合可方便地适用于船舶碰撞仿真,因为该方法无须建立复杂耦合面,系统可自动生成耦合面,但却需要更多的计算时间。

(2)ALE 耦合

ALE 耦合,又叫任意拉格朗日 - 欧拉耦合,与一般耦合相反,ALE 耦合主要是用于模拟欧拉域驱动拉格朗日域的物理模型。耦合发生过程中,计算模型承受欧拉域的载荷后,拉格朗日单元网格与欧拉单元网格均可能发生变形或移位。耦合适宜用于模拟流体驱动固体现象,如气体在容器内爆炸、鸟撞飞机、因压力波的钢管膨胀或收缩等动力行为。

ALE 耦合的流 - 固耦合面无须采用封闭的面。一般来说,ALE 耦合面的拉格朗单元与欧拉单元的节点必须一一对应,且位置重合。ALE 耦合发生时,耦合面发生移动,其位置与形状随时间变化而变化,耦合面的运动必定带动拉格朗日单元节点与欧拉单元节点一起运动,因而拉格朗日网格与欧拉网格共同发生移动与变形。

由于 ALE 耦合面的拉格朗日单元与欧拉单元的节点必须一一对应,这给有限元建模带来了相当大的麻烦,该方法只能适用于变形光滑与规整的固体与流体耦合,无法有效地适用于像船舶碰撞这样复杂的流固耦合问题。ALE 由于不需要更新耦合面,所以计算速度大大提高,比一般耦合可节省几倍到十几倍的计算时间。

7.3　碰撞载荷下某船结构的动力响应分析

7.3.1　有限元模型的建立

1. 结构的选取

船舶碰撞是一种非常复杂的非线性瞬态动力学过程,碰撞发生在短时间内(约零点几秒到几秒),船体结构在巨大的碰撞载荷作用下迅速发生变形、屈曲至破坏。由于船舶是一座庞大复杂的水上建筑物,本身多样的结构以及周围流体的影响,加上碰撞这一复杂的非线性瞬态动力响应,要准确使用有限元仿真进行模拟十分困难。随着科技的不断进步与发展,计算机的计算速度与存储能力都得到了提升,非线性有限元技术也日趋成熟,我们已经具备了深入研究船舶碰撞问题的基本条件。有限元模型满足以下要求:

(1)机舱区域有限元模型

被撞船模型范围:被撞船取全船有限元模型,其中目标撞击区域机舱前后壁之间的纵向范围、内外舷板之间的横向范围、型深的垂向范围内的所有结构构件均应真实模拟,其他区域的板结构应在模型中应予以表达。

撞击船模型范围:撞击船取全船有限元模型,其中首防撞舱壁向船首的纵向范围、船宽的横向范围、型深的垂向范围内的所有结构构件均应真实模拟,其他区域的板结构应在模型中应予以表达。

(2)船首区域有限元模型

被撞船模型范围:被撞船取全船有限元模型,其中目标撞击区域船首向后延伸至横舱壁且不小于 0.33 倍船长的纵向范围、内外舷板之间的横向范围、型深的垂向范围内的所有结构构件均应真实模拟,其他区域的板结构应在模型中予以表达。

模型包括艏部防撞舱壁向船首的纵向范围、船宽的横向范围、型深的垂向范围内所有结构构件,其他区域的结构应在模型中均包含。

船舶有限元模型如图 7.8 ~ 图 7.10 所示。

图 7.8　某 2000 吨级船首结构图

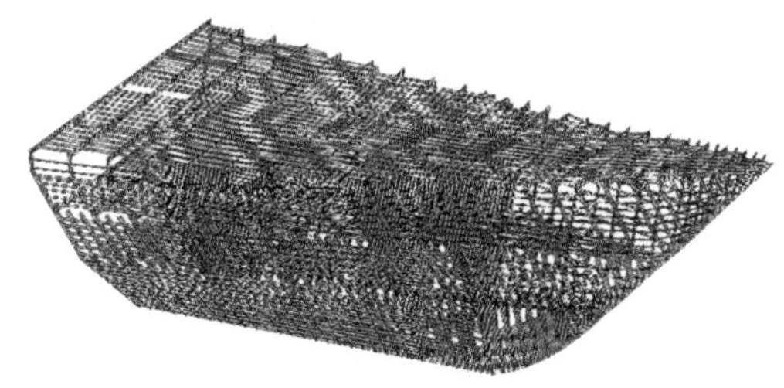

图 7.9　某 2000 吨级船去掉外板后结构图

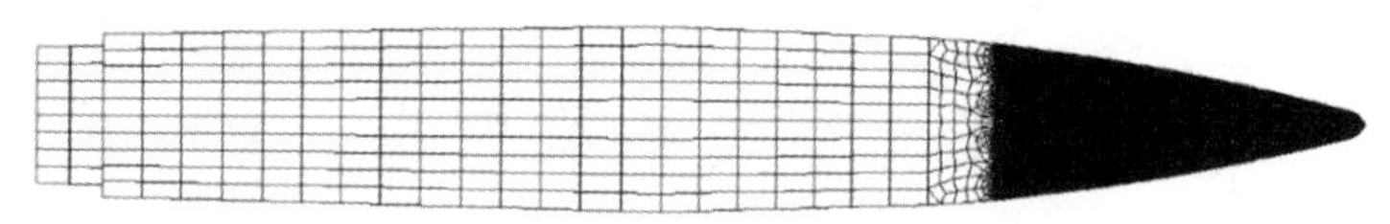

图 7.10　整船有限元模型

2. 船舶质量、附连水质量及载荷施加

撞击船质量及附连水质量系数：若撞击船的质量和质量分布未知，可假定撞击船与被撞船相当，并考虑附连水质量的影响。撞击船的附连水质量取撞击船总质量的 0.05 倍。

被撞船质量及附连水质量系数：被撞船的附连水质量根据与撞击船的夹角大小确定。90°垂直碰撞时，被撞船的附连水质量取被撞船总质量的 0.85 倍。

船舶质量及附连水质量施加方式：船舶的质量分布和重心位置可以通过调整有限元模型中结构钢的相当密度方法进行模拟和施加。附连水质量可以通过调整船体结构外板的相当密度方法进行模拟和施加。

载荷形式及施加方式：撞击船以速度 V_0 撞向被撞船。撞击位置取目标撞击区域内中间两横向强框架中线和纵向两强框架中线的交点。逐步调整 V_0 的大小，直至被撞船的外板破裂。

3. 材料属性与建模原则

材料采用线性强化弹塑性模型，考虑材料应变率敏感性，有关数据如下：材料密度为 $7.85\times10^3\ \mathrm{kg/m^3}$，弹性模量为 $2.10\times10^{11}\ \mathrm{N/m^2}$，屈服应力为 $3.45\times10^8\ \mathrm{N/m^2}$，泊松比为0.3，最大塑性失效应变为 0.3，Cowper - Symonds 本构方程中两个常数为 $D=40.4$，$q=5$。

撞击区域网格尺寸与失效应变取值：撞击区域的网格尺寸和单元失效应变按照 100 mm 选取，其他区域的网格尺寸可适当加大。单元失效应变取为 0.19。

4. 接触算法

碰撞过程中存在大量的接触问题，船体在迎撞区域首先会发生接触，随着撞深的逐步深入，船体的内部各构件之间也会相继发生接触，发生大变形的构件本身也会发生自接触现象。由于在碰撞过程中，接触边界是不断变化的，计算中必须不断对接触边界进行搜寻，本节使用了主 - 从接触（master - slave）和自身接触（self - contact）。

接触面的使用相对简单，计算效率较高，但是计算中每一步的穿透（penetration）检查耗时较多。因此，接触面的定义应当局限于可能发生接触的地方，以尽可能地减少接触面的数量，进而减少穿透检查耗费的时间。求解过程中的每一时间步，检查从属节点的位置坐标，看它是否已经穿透主面，如果还没有穿透，则计算工作继续进行；如果已经穿透，则在垂直于主面的方向上施加一作用力以阻止从属节点的进一步穿透，这个作用力就是接触力（contact force），接触力的大小取决于穿透程度以及接触面两侧的单元特性。

由于本节的研究内容为船舶碰撞，因此，在碰撞计算过程中需要采用两种接触算法，船体直接发生碰撞接触的如船体外板接触定义为主 - 从接触，而船体内部各构件之间定义为自身接触算法。

5. 摩擦定义

撞击船与被撞船结构相互作用通过接触算法来实现。在可能发生接触作用的结构之间定义接触面，接触面能有效地模拟相撞结构之间的相互作用，并允许结构之间连续不断地接触和滑动。计算中采用的是主从面接触算法，在求解的每一时间步，检查从属节点的位置坐标，看它是否已经穿透主面，如果还没有穿透，则计算工作不受影响继续进行；如果已经穿透，则在垂直于主面的方向上施加一作用力，以阻止从属节点的进一步穿透。

受滑动的影响，接触面之间可以有摩擦力。在计算中考虑撞击船与被撞船之间的摩擦作用，摩擦系数一般定义为0.3。

6. 边界条件

边界条件：撞击船和被撞船处于全自由状态。

7. 耦合定义

本节的全耦合船体碰撞技术指的是基于现有的有限元数值仿真技术，尽可能地考虑船舶在碰撞过程中周围流场、自身结构等诸多影响因素，最大限度地模拟船舶碰撞真实场景的一种有限元数值仿真方法。

船舶作为重要的水上交通运输工具，在其现实碰撞过程中必然受其周围水域影响。流-固耦合的目的就是让欧拉网格中定义的材料与拉格朗日网格中定义的材料发生相互作用。如果不定义耦合关系，即使拉格朗日单元恰好处在欧拉网格范围内，也不会对欧拉材料的流动产生任何影响，同时自身也不会受到任何来自欧拉材料力的作用。

根据 MSC-Dytran 程序的要求，耦合面应当是封闭的，而且必须具有正体积，这就要求所有的面段的法线方向指向外面，封闭的耦合面至少要与一个欧拉单元相交，否则欧拉网格看不到耦合面，耦合不会发生。撞击船，由于其在垂直对中碰撞运动中主要是纵移（surge），船体周围水的影响相对很小，所以直接采用附连水质量加以处理。被撞船考虑周围水域影响，流场沿被撞船的宽度方向取2倍船宽，船长方向取1.5倍船长，高度方向取2倍吃水。有限元模型见图7.11。

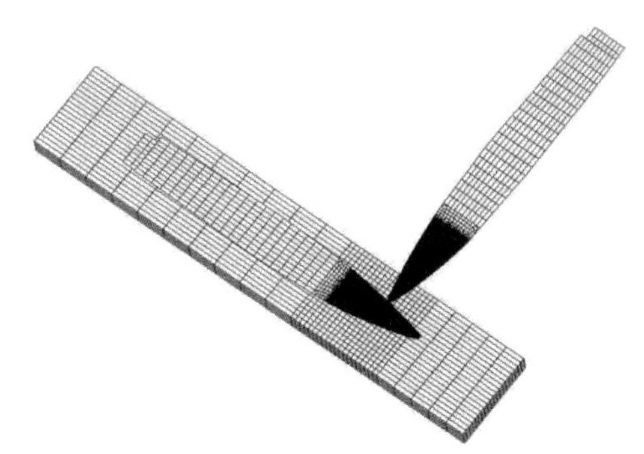

图7.11　碰撞有限元模型（考虑流固耦合）

8. 碰撞方案

为了对比考虑流固耦合的全耦合计算方法与不考虑流固耦合的附连水质量法对计算结果的影响，对两种完全相同碰撞载荷的工况进行对比计算，即下表的考虑流固耦合的L1与不考虑流固耦合的A1方案，并将计算结果进行对比，以探究两种方案对损伤变形、碰撞力、结构吸能等因素的影响。具体碰撞方案见表7.1。

表 7.1 碰撞方案汇总

方案	撞击船吨位	撞击区域	撞击角度	撞击速度/(m·s^{-1})
L1	(流固耦合法)	艏部	90°	2
A1	(附连水质量法)	艏部	90°	2

7.3.2 某船首被撞区域耐撞性能分析

1. 考虑流固耦合的碰撞方案

利用考虑流固耦合的全耦合算法进行碰撞计算时,为了与附连水质量方法进行比较,采用相同工况进行计算,分别对应方案 L1 与方案 A2。

方案 L1 为某船以 2 m/s 速度正向撞击被撞船的首部区域。

有限元模型如图 7.12 所示。

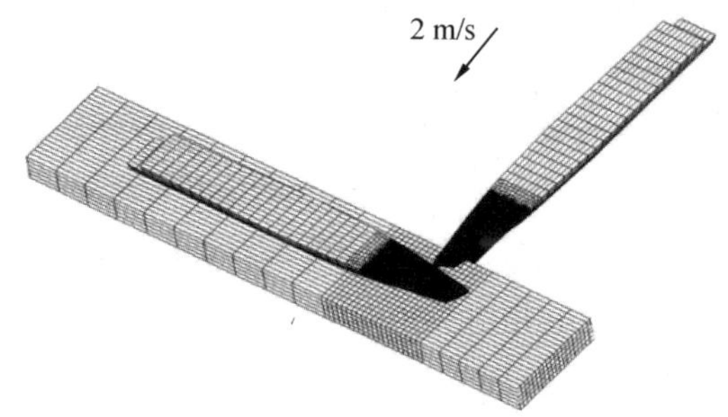

图 7.12 方案 L1(2 m/s 正向撞击)艏部区域的碰撞方案(流固耦合法)

2. 考虑附连水质量法的碰撞方案

基于附加质量法,通过改变碰撞速度和角度确定具体碰撞方案。

方案 A1 为某船以 2 m/s 速度正向撞击被撞船的首部区域。

有限元模型如图 7.13 所示。

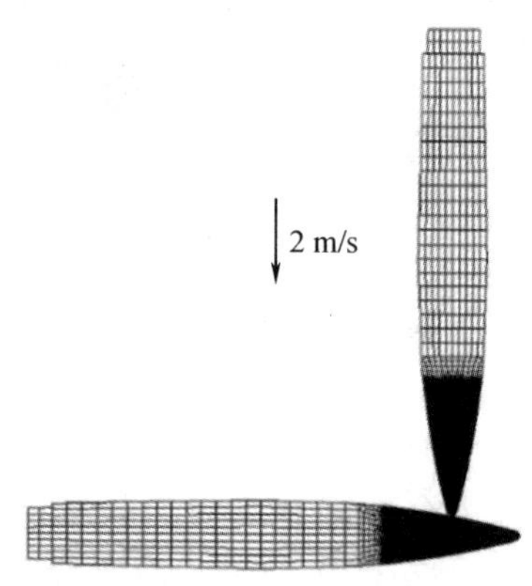

图 7.13 方案 A1(2 m/s 正向撞击)艏部区域的碰撞方案(附加质量法)

3. 方案 L1 被撞船耐撞性能分析

(1)损伤变形(图 7.14 ~ 图 7.15)

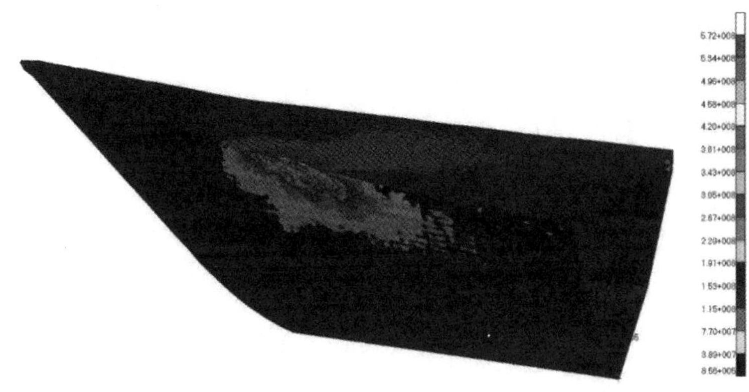

图 7.14　方案 L1(2 m/s 速度正向撞击)首部整体损伤变形云图

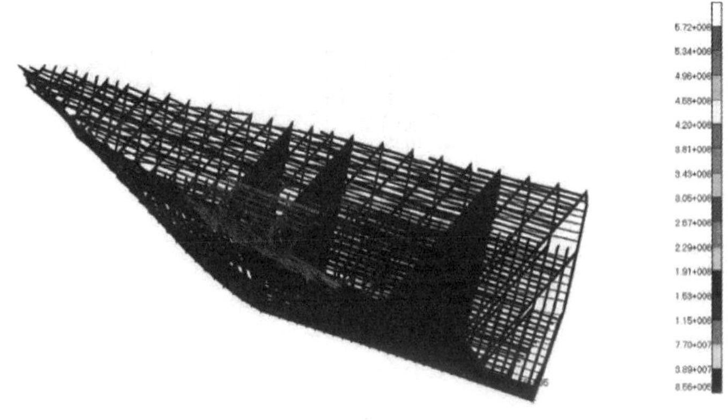

图 7.15　方案 L1(2 m/s 速度正向撞击)去掉外板后损伤变形云图

(2)碰撞力(图 7.16)

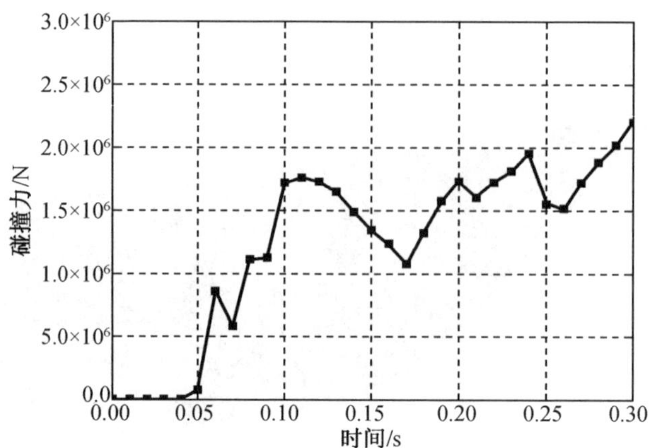

图 7.16　碰撞力-时间曲线(2 m/s 速度正向撞击)

(3)能量吸收(图 7.17)

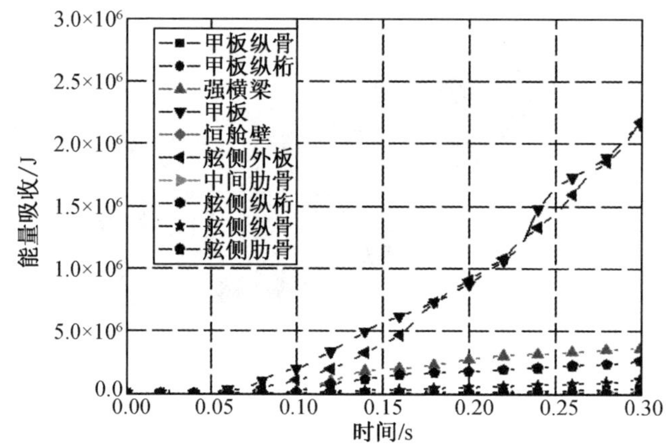

图 7.17　被撞船各构件能量吸收曲线(2 m/s 速度正向撞击)

各构件的吸能汇总见表 7.2。

表 7.2　各构件的吸能汇总(t=0.3 s)

序号	构件名称	能量吸收($\times 10^5$)	所占比例/%
1	甲板纵骨	0.05	1.00
2	甲板纵桁	0.01	0.20
3	强横梁	0.37	7.43
4	甲板	2.19	41.37
5	横舱壁	0.02	0.40

表 7.2(续)

序号	构件名称	能量吸收($\times 10^5$)	所占比例/%
6	舷侧外板	2.10	40.16
7	中间肋骨	0.01	0.20
8	舷侧纵桁	0.02	0.40
9	舷侧纵骨	0.13	2.61
10	舷侧肋骨	0.29	5.82
11	其他	0.02	0.40
12	总吸能	5.21	100.00

(4)小结

通过以上计算,可得方案 L1(2 m/s 速度正向撞击)计算结果见表 7.3。

表 7.3　计算结果汇总(以 0.3 s 计算)

方案	被撞击船舶	撞击船速度/m · s^{-1}	损伤变形面积/m^2	撞击力/MN	被撞船变形能/MJ
L1	2000 吨级	2	0.10	2.20	0.521

本节采用软件 MSC. Dytran 完成 2000 吨级某船首部受到 2 m/s 速度正向撞击的数值仿真计算。

①损伤变形

碰撞结束时外板已经出现失效,破损范围为甲板、舷侧外板,大小为 0.10 m^2。被撞船碰撞损伤变形具有明显的局部性,主要发生在受到撞击船撞击后的区域。撞击船整体的动能损失主要由某船甲板和舷侧结构的变形能体现。结构的损伤变形主要集中在撞击区域,这预示着此船结构耐撞能力的提高应着眼于容易遭受撞击的薄弱区域,在一定范围内的结构增强措施是不必要的。

②结构吸能

当时间 $t=0.3$ s 时,此船结构的变形能为 0.521 MJ,其中甲板吸收能量占总能量的 41.37%,其次是舷侧外板,所占总能量的 40.16%。

③碰撞力

碰撞力曲线具有很强的非线性特征,在碰撞过程的不同阶段船体结构出现了不同程度的卸载现象。值得指出的是,碰撞力的每一次卸载都代表了某种构件的失效或破坏。通过碰撞力曲线可知,在 $t=0.30$ s 时最大碰撞力达到 2.20 MN。

4. 方案 A1(2 m/s、90°)被撞船耐撞性能分析

(1)损伤变形(图 7.18～图 7.19)

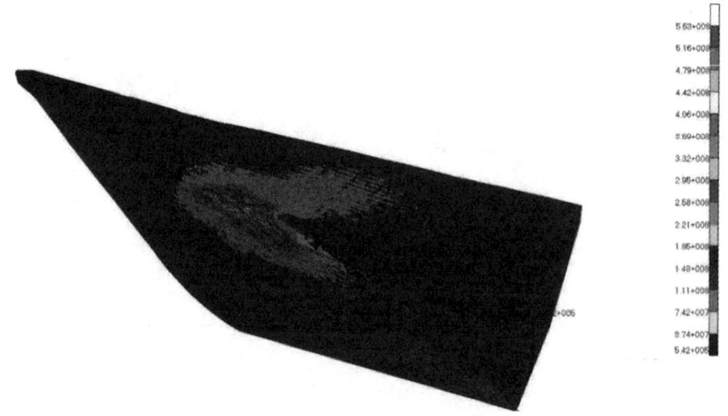

图 7.18　方案 A1(2 m/s 速度正向撞击)艏部整体损伤变形云图

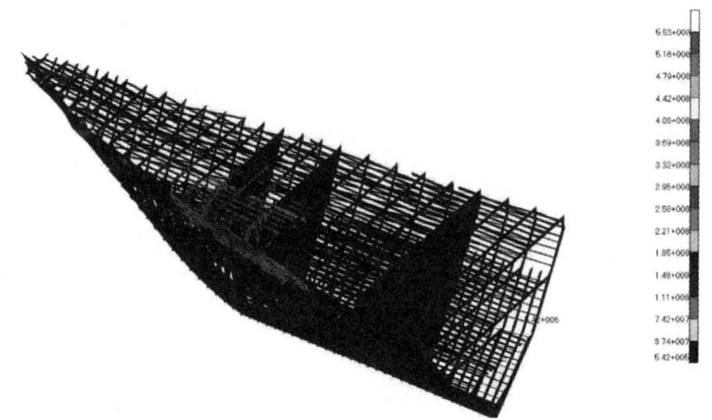

图 7.19　方案 A1(2 m/s 速度正向撞击)艏部去掉外板后损伤变形云图

(2)碰撞力(图 7.20)

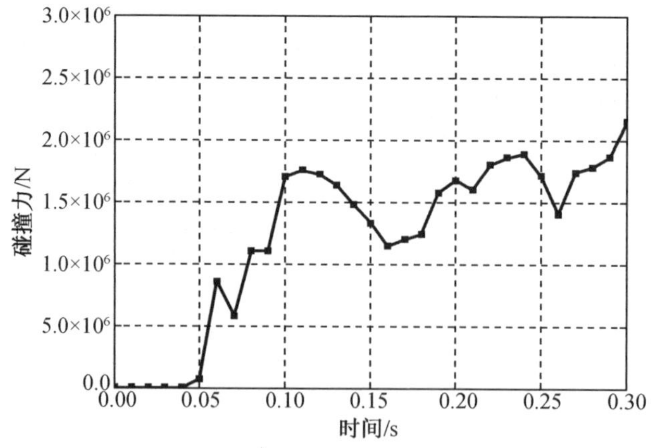

图 7.20　碰撞力－时间曲线(2 m/s 速度正向撞击)

(3)能量吸收(图7.21)

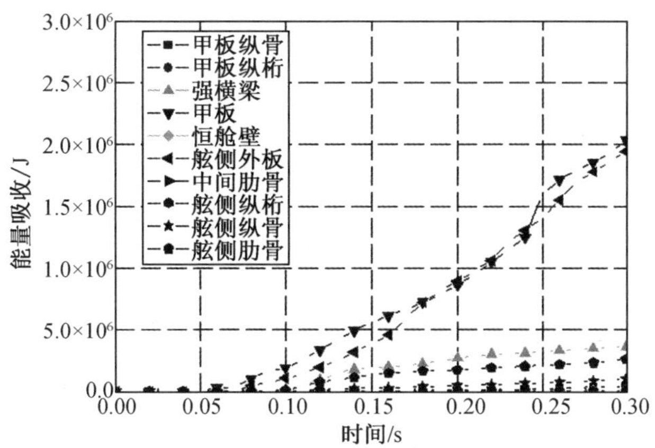

图7.21　被撞船各构件能量吸收曲线(2 m/s速度正向撞击)

各构件的吸能汇总见表7.4。

表7.4　各构件的吸能汇总(t=0.3 s)

序号	构件名称	能量吸收($\times10^5$)	所占比例/%
1	甲板纵骨	0.04	0.82
2	甲板纵桁	0.01	0.21
3	强横梁	0.36	7.39
4	甲板	2.04	41.89
5	横舱壁	0.02	0.41
6	舷侧外板	1.95	40.04
7	中间肋骨	0.01	0.21
8	舷侧纵桁	0.05	1.03
9	舷侧纵骨	0.11	2.26
10	舷侧肋骨	0.26	5.34
11	其他	0.02	0.41
12	总吸能	4.87	100.00

(4)小结

通过以上计算,可得方案A1(附连水质量法)计算结果。同时与方案L1(流固耦合法)进行比较。具体结果见表7.5。

表 7.5 计算结果汇总(以 0.3 s 计算)

方案	被撞击船舶	撞击船速度/m·s^{-1}	损伤变形面积/m^2	撞击力/MN	被撞船变形能/MJ
L1	2000 吨级	2	0.10	2.20	0.521
A1			0.115	2.25	0.487

5.结论

通过对方案 A1(附连水质量法)与方案 L1(流固耦合法)比较,得出以下结论:

(1)损伤变形

①从图中可以看出,损伤区域的形状特征与撞击船首的大小和形式有很大关系,碰撞结束时外板已经出现失效现象,破损范围为甲板、舷侧外板,两种方案的损伤变形量大小分别为 0.1 m^2 和 0.115 m^2。

②被撞船碰撞损伤变形均具有明显的局部性,这两种方案的损伤变形基本吻合。撞击船整体的动能损失主要由此船甲板和舷侧结构的变形能体现。

(2)能量变化

①当时间 $t=0.3$ s 时,方案 L1(流固耦合法)与方案 A1(附连水质量法)的变形能分别为 0.521 MJ 和 0.487 MJ,两者差别达到 7%。

②两种方案下,甲板和舷侧外板的能量吸收所占总能量的比例比较接近。

(3)碰撞力变化

方案 L1 与方案 A1 碰撞力曲线比较吻合,碰撞力最大值均达到 2.2 MN。

本章参考文献

[1] ORGANIZATION I M. Marine Casualties and Incidents [J]. Maritime policy and management,2009,36(2):131 – 145.

[2] WICKS P00, SMART D T, WILLIAMS K A J, et al. Vessel impact on fixed steel platforms [C]. UK: International Conference on Structural Design against Accidental Loads as Part of the Offshore Safety Case ERA Technology,1992.

[3] KVITRUD A. Collisions between platforms and ships in norway in the period 2001 – 2010. [C]. New York: Americal Society of Mechanical Engineerings,2011.

[4] ABS. Guidance notes on nonlinear finite element analysis of side structures subject to ice loads[C]. New York:American Bureau of Shipping,2004.

[5] MINORSKY V U. An analysis of ship collision with reference to protection of nuclear powered plants[J]. Journal of Ship Research,1959,3(2):1 – 4.

[6] DET NORSKE VERITAS. DNV – RP – C204: Design Against Accidental Loads[C]. Oslo:Det Norske veritas,2010.

[7] PEDERSEN P T, ZHANG S. On Impact mechanics in ship collisions [J]. Marine Structures,1998,11(10):429 – 449.

[8] STRONGE W J. Impact Mechanics[M]. Cambridge:Cambridge University Press,2004.

[9] LIU Z, AMDAHL J. A new formulation of the impact mechanics of ship collisions andits application to a ship – iceberg collision[J]. Marine Structures, 2010,23(3):360 –384.

[10] TABRI K, BROEKHUIJSEN J, MATUSIAK J, et al. Analytical modelling of ship collision based on full – scale experiments[J]. Marine Structures,2009, 22(1):42 –61.

[11] JONGE T D, LAUKELAND L. Collision between a spar platform and a tanker[C]. Chicago: International Conference on Collision and Grounding of Ships and Offshore Structures, 2013.

[12] POPOV Y N, FADDEEV O V, KHEISIN D E, et al. Strength of ships sailing in ice [M]. Leningrad: Sudostroyeniye Publishing House,1967.

[13] MATSKEVITCH D G. Eccentric impact of an ice feature: Non – linear model[J]. The Astronomical journal,1997,26(1):55 –6.

第 8 章　火灾/爆炸载荷下船舶结构动力响应

8.1　船舶与海洋工程中的火灾/爆炸问题

大型战舰作为重要的海上作战平台,其具有搭载量大、功能多样等特点,是一种有着较强综合作战能力的海上作战单位。传统舰船船体结构强度设计主要是考虑在自然环境载荷作用下的坚固性和可靠性问题,而对战争环境毁伤载荷,在规范设计中考虑较少。随着现代反舰武器的发展,航空炸弹、超高音速反舰导弹等先进反舰武器对大型水面作战舰船的威胁越来越大。因此,如何保证舰船在海战中有着持续的作战能力、提高大型舰船在各类反舰武器的打击下仍能维持有效的生命力,成为各国海军目前研究的焦点。

空中爆炸是造成舰船毁伤的主要方式之一,其主要是由反舰导弹造成的,如图 8.1 所示。不同于典型火炮,反舰导弹具有射程远、威力大、命中精度高等优点,20 世纪 60 年代中期以来发生的几次著名海战,如 1967 年第三次中东战争的海上战斗、1971 年印巴战争的海上战斗、1973 年第四次中东战争的海上战斗、1982 年英阿马岛战争,都是以反舰导弹作为主要的对舰攻击武器。反舰导弹战斗部主要有爆破型,穿甲、半穿甲型和聚能破甲型三种类型。前者主要对舰船外表面造成局部的严重毁伤,后者会造成船体舱室的破坏。

(a)

(b)

图 8.1　现代海战中反舰武器

当船体结构在受到空中爆炸毁伤作用后,其承受纵向弯曲的能力迅速降低,剩余强度出现大幅度损失,会使得作战舰船在受到二次武器打击,甚至遇到较大波浪等自然载荷条件下发生屈服、折断等危险。研究不同方式空中爆炸载荷对舰船典型舱室的毁伤过程以及舰体结构的剩余极限强度,不仅能够有效评估特定冲击载荷下舰船的毁伤情况,还能预测舰船在海战中的生存能力,更能为船体结构剩余极限强度的提升提供一定的参考。

8.2 火灾/爆炸载荷的理论分析

8.2.1 空中爆炸理论

爆炸指的是在极短时间内,释放出大量能量,产生高温,从而在周围介质中造成高压的化学反应或物理变化。爆炸所发出的巨大能量以波的形式快速向周围进行扩散、传播,对周围环境的破坏性极强。极限强度是指结构在外力作用下发生破坏时出现的最大应力,剩余极限强度的概念是相对于完整状态下的初始极限强度概念提出的,它表征着结构在损伤状态下继续承受总纵弯曲载荷的能力。

舰船在战斗的过程中可能受到各种形式的武器攻击,比如航空炸弹在接触到强力甲板时发生的爆炸,导弹战斗部进入舱室内部后发生的爆炸。无论何种攻击方式,都会对船体结构产生比较严重的破坏,大幅削弱船体的后续作战能力。研究空中爆炸在载荷作用下的船体结构动态响应以及剩余强度,首先需要研究爆炸冲击波的产生与传播规律,以及结构在受到接触爆炸作用后的破损规律,并探究结构剩余强度的计算分析方法。

在此,这里介绍了空中爆炸冲击波产生与传播,以及在空中接触爆炸作用下船体结构破口研究的现有理论,总结爆炸冲击波传播过程中各阶段的压力、冲量、持续时间与接触爆炸对典型薄板产生的破口尺寸等物理参数的理论及经验公式,之后阐述了大型通用有限元软件 MSC. Dytran 的多个理论求解方法,对无限空气域中冲击波的传播过程以及在接触爆炸作用下典型薄板的动态响应进行了数值仿真计算,并与经验公式进行了对比

8.2.2 空中爆炸理论

(1)空中爆炸冲击波传播理论

炸药在空中爆炸时,化学能迅速加热爆轰产物,使其处于高温高压状态,其爆轰压力达到$(1\sim2)\times10^{10}$ Pa 以上,爆炸产物在空气中膨胀,其结果是在爆炸产物中形成反射稀疏波,而在空气内形成冲击波。冲击波形成之初的压力较高,一般为$(5\sim8)\times10^{7}$ Pa,随后,一方面冲击波波阵面在向外传播的过程中压力迅速下降,另一方面爆炸产物邻层空气压力随着爆炸产物的膨胀而迅速下降,该过程可由图 8.2 来描述,当爆炸产物平均压力降低到大气压力 p_0 时,冲击波正压作用结束,并进入负压作用区,当爆炸产物经过膨胀后反向压缩时,则一个带正压区和负压区的完整空气冲击波才脱离爆炸产物独自传播。在空气冲击波独立传播过程中,由于冲击波波阵面压力高,冲击波波速 D 比正压区尾部低压区接近于声速 c_0 的传播速度要高,因此正压区域将不断拉宽,但负压区几乎都是以声速 c_0 运动,其宽度几乎不变。

(2)空中爆炸冲击波指征参数

鉴于冲击波能量主要集中在正压区,爆炸冲击波的破坏作用主要用以下三个参数进行度量:

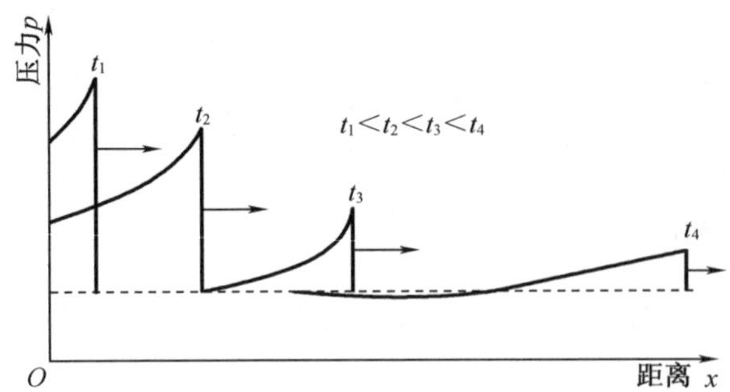

图 8.2　空中爆炸冲击波传播原理图

①冲击波的峰值超压即波阵面的压力，用 Δp_m 表示；

②正压区的作用时间即冲击波正压持续时间，用 τ_+ 表示；

③比冲量(冲量密度)，即正压区压力函数对时间的积分，用 I_+ 表示。

这三者之间的关系表达式如下所示：

$$I_+ = \int_0^{\tau_+} P(t)\,\mathrm{d}t \tag{8.1}$$

大量研究结果显示，炸药在空中爆炸时存在相似律。因此，人们根据相似理论，通过量纲分析得到冲击波峰值超压、正压区作用时间、比冲量等参数的函数表达式，再由试验确定函数中的系数。最终在求得的经验公式中，研究者常通过比例距离 Z 表示冲击波特征参数。比例距离的定义为

$$Z = R/\sqrt[3]{W} \tag{8.2}$$

式中　R——测点与爆心之间的距离，即爆距，m；

W——装药量，kg。

①爆炸空气冲击波峰值超压的计算公式

Henrych(1979)经过试验研究，得到了裸露 TNT 装药在无限空气中爆炸时冲击波峰值超压的计算公式为

$$\Delta P_m = \frac{14.0717}{Z} + \frac{5.5397}{Z^2} - \frac{0.3572}{Z^3} + \frac{0.00625}{Z^4} \quad (0.05 \leqslant Z \leqslant 0.3)$$

$$\Delta P_m = \frac{6.1938}{Z} - \frac{0.3262}{Z^2} + \frac{2.1324}{Z^3} \quad (0.3 \leqslant Z \leqslant 1)$$

$$\Delta P_m = \frac{0.662}{Z} - \frac{4.05}{Z^2} + \frac{3.288}{Z^3} \quad (1 \leqslant Z \leqslant 10) \tag{8.3}$$

②爆炸空气冲击波正压区作用时间的计算

正压区作用时间 τ_+ 是影响爆炸空气冲击波对周围结构破坏作用大小的又一重要标志参数。TNT 球型装药在空气中爆炸时，τ_+ 的计算式为

$$\tau_+ = B\sqrt{R}\sqrt[6]{W} \tag{8.4}$$

式中 B——常数，$B = (1.3 \sim 1.5) \times 10^{-3}$。

③比冲量的计算

虽然比冲量理论上可以由超压对时间积分得到，但是计算较为复杂。Henrych 通过试

验给出了比冲量的经验公式：

$$\frac{I_+}{\sqrt[3]{W}}=663-\frac{1\ 115}{Z}+\frac{629}{Z^2}-\frac{100.4}{Z^3}\quad (0.4\leqslant Z\leqslant 0.75)$$

$$\frac{I_+}{\sqrt[3]{W}}=-32.2+\frac{211}{Z}-\frac{216}{Z^2}+\frac{80.1}{Z^3}\quad (0.75\leqslant Z\leqslant 3) \tag{8.5}$$

(3)空中接触爆炸载荷作用下结构破口尺寸理论计算

众多试验结果表明，薄板在接触爆炸载荷作用下会产生花瓣开裂的破坏模式。当接触爆炸所产生的高压气团作用在薄板上时，首先会将板冲开一个破口，随后由于横向变形所引起的环向应变使破口边缘产生径向开裂，之后裂纹沿着径向扩展，由开裂的板块旋转形成了一些比较对称的花瓣结构。目前关于这个问题的研究还不是很多，且国内还未见相关文献，但该问题的研究对于舰船在空中接触爆炸载荷作用下的损伤评估具有重要意义。Nurick 和 Radford 对在接触爆炸载荷作用下的薄板破坏进行了一系列的试验研究。他们在薄板上的圆柱装药，药量从少到多，逐步观测到了板的冲塞、凹陷、开裂和花瓣翻转等现象。

针对接触爆炸，装药爆轰后传递给板的能量全部集中在半径为 r_{p1} 的板上，板上其他部分的初始动能为零。板的初始能量 E_0 首先将在花瓣开裂之前消耗一部分，剩余能量则转化为裂瓣的弯曲能 E_{b} 和裂纹扩展的断裂能 E_{m}，即

$$E_0=W+E_{\mathrm{b}}+E_{\mathrm{m}}=W+\int_{t_{rp1}}^{t_c}(\dot{E}_{\mathrm{b}}+\dot{E}_{\mathrm{m}})\mathrm{d}\tau \tag{8.6}$$

其中

$$E_0=\frac{1}{2}\pi\cdot r_{\mathrm{p}}{}^2\cdot t\cdot\rho\cdot v_0{}^2 \tag{8.7}$$

式中 v_0——装药传递给半径为r_{p1}的板的初始速度；

$t_{r\mathrm{p1}}$——花瓣根部塑性铰开始运动时刻，开始运动的位置距离板中心r_{p1}；

t_{c}——系统停止运动时刻，即裂纹停止扩展的时刻。

$$\delta\dot{E}=0\rightarrow\delta(\dot{E})^2=\int_0^{t_c}\delta(\dot{E})^2=0\rightarrow\delta\int_0^{t_c}(\dot{E})^2=0 \tag{8.8}$$

将$\dot{E}$代入式(8.8)可得

$$\delta\{\dot{l}^2\cdot l\cdot[0.5M-0.088\rho\cdot t\cdot(l\cdot\ddot{l}+1.7\dot{l}^2)\cdot l]\}=0 \tag{8.9}$$

设铰线的运动位移场为

$$l(\tau)=l_{\mathrm{c}}\sin\left(\frac{\pi}{2t_{\mathrm{c}}}\tau\right) \tag{8.10}$$

式中 l_{c} 为铰线最终位移。$l(\tau)$ 满足 $l(0)=\dot{l}(t_{\mathrm{c}})=0$ 和 $l(t_{\mathrm{c}})=l_{\mathrm{c}}$。将式(8.9)代入式(8.10)中，并对 l_{c} 求变分可得

$$t_{\mathrm{c}}{}^2=\frac{0.18\cdot\rho\cdot t}{M}\cdot l_{\mathrm{c}}{}^3 \tag{8.11}$$

由式(8.11)可求得花瓣根部从缺口边缘开始运动的时间 $t_{r\mathrm{p1}}$，将式(8.7)代入式(8.6)中即有

$$\frac{1}{2}\pi\cdot r_{\mathrm{p}}{}^2\cdot t\cdot\rho\cdot v_0{}^2=W+\int_{r_{\mathrm{p1}}}^{t_c}\Big[3.84\cdot M_0\cdot t^{-1}\cdot\delta_t^{\frac{1}{3}}\cdot R^{\frac{2}{3}}\cdot\dot{l}\cdot(\sin\theta)^{\frac{4}{3}}\cdot(\cos\theta)^{-1}+$$

$$2M\frac{\dot{l}}{R}\cdot l\cdot\tan\theta\Big]\mathrm{d}\tau \tag{8.12}$$

式(8.12)中左式和右式第一项均为已知,且积分项中 t_{rp1}、$l(t)$、l_c 和 R 均可以用 t_c 表示。所以式(8.12)中仅有 t_c 一个未知数。利用数值方法可求得 t_c,代入式(8.10)可得铰线最终位移 l_c,而破口的最终半径 L 为

$$L=\frac{l_c}{\cos\theta} \tag{8.13}$$

8.2.3 空中爆炸数值仿真有效性计算

空中接触爆炸作用下船体结构将产生破口,船体其他结构在爆炸产生的冲击波作用下会产生塑性变形。因此,如何利用数值仿真软件对空中接触爆炸所产生的冲击波和结构出现的破损情况进行模拟,以及数值模拟方法的可靠性验证,是接下来准确评估船体动态响应的前提。本文将利用 MSC. Dytran 软件对无限空气域中的炸药进行模拟,并将计算结果与经验公式进行对比。同时,还会对典型薄板结构在接触爆炸下的破口尺寸进行模拟,并与相应试验结果进行对比分析,从而验证数值计算方法的有效性。

(1)MSC. Dytran 欧拉方程求解基本理论

在很多行业的工程设计问题中都存在瞬态动力学问题,如在汽车设计中需要考虑结构在高速行驶时受到撞击时所产生的损伤,船舶设计中需要考虑在行驶过程中船体结构与礁石或其他船只发生碰撞时的安全性,炸药设计中需要考虑其爆炸时产生的威力,以及其他不胜枚举的工程问题。这些问题均会涉及瞬态动力学的过程。由于这类问题较为复杂,利用公式进行解析求解难以实现,而采用试验的方法,会面临高昂的经费以及试验偏差等弊端。随着计算机辅助工程(CAE)技术的发展,若采用计算机数值仿真的方法对这些工程设计问题所涉及的瞬态动力学过程分析,并以此作为设计工作的辅助手段,则能极大地提高工作效率、节约成本。大型通用有限元程序 MSC. Dytran 就是用于满足这一需要的。

(2)空中爆炸冲击波数值模拟研究

①有限元模型

本部分将利用有限元软件 MSC. Dytran,采用有限元体积法和 ROE 方法分别模拟冲击波在自由空气域中传播的过程。炸药为 200 kgTNT 球型炸药,空气域为 30 m×30 m×30 m 正方体,空气域四周设置为流出边界,以避免冲击波在边界处的反射效果,空气域有限元网格采用六面体 EULER 单元,有限元计算模型如图 8.3 所示。

其中空气材料采用 Gamma 律状态方程进行描述:

$$p=(\gamma-1)\rho e \tag{8.14}$$

式中 γ——气体的比热容,即 $\gamma=C_p/C_v$,其中理想气体中,$\gamma=1.4$;

ρ——气体的密度,$\rho=1.25\ \mathrm{kg/m^3}$;

e——比内能,即单位质量的内能,$e=2.0\times10^5\ \mathrm{J/kg}$。

图 8.3 空气域 1/8 有限元计算模型

在利用 ROE 算法要求模型中只能存在一种欧拉材料,因此,炸药材料将采用 Gamma 律状态方程:

$$p=(\gamma-1)\rho e \tag{8.15}$$

其中 $\gamma=1.4$,密度 $\rho=1\ 600\ \mathrm{kg/m^3}$,比内能 $e=4.4\times10^6\ \mathrm{J/kg}$。

②空中爆炸冲击波数值模拟结果分析

图 8.4 为采用 ROE 算法,不同时刻爆炸冲击波传播的压力分布云图。可以看出当爆炸发生时,由于爆炸所产生的高压气体压强和密度均远大于周围的大气环境,因此形成的冲击波会快速地向外传播。传播基本呈球对称方式分布,在 20 ms 时刻,冲击波达到空气域边界,由于数值模拟时设置有流出边界,因此并没有发生反射,较为真实地模拟了冲击波在自由流场下的传播情况。

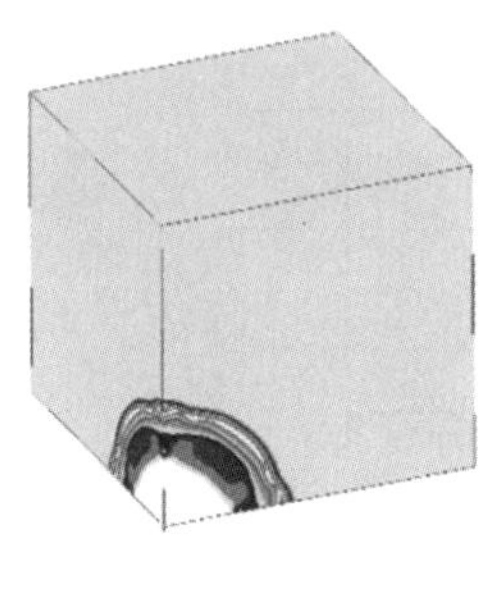

(a)3 ms

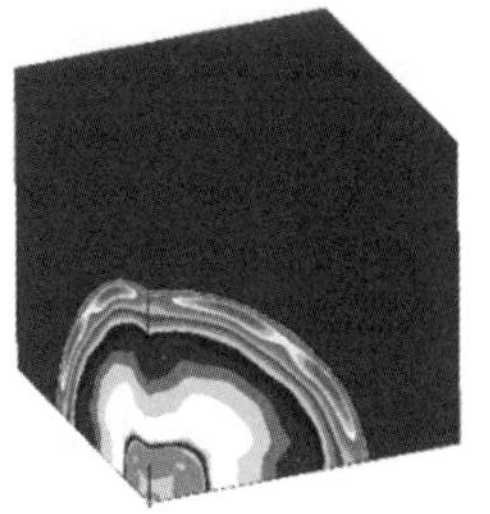

(b)10 ms

图 8.4 空气域压强分布示意图

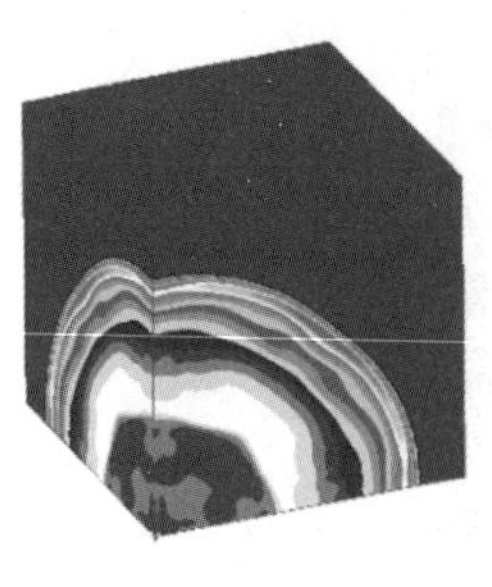

(c)15 ms

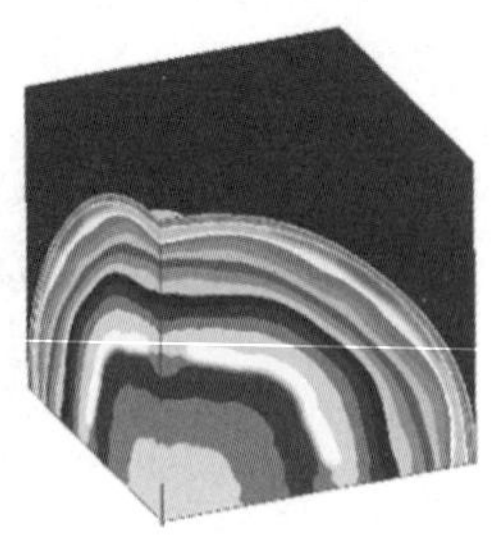

(d)20 ms

图 8.4(续)

图 8.5 为距离爆心 4 m 位置处压强随时间变化的曲线,由图可以看出,在 2 ms 时,冲击波峰面达到 4 m 观测点处,此时该点压力迅速跃升至峰值 8.5 Pa,由于爆炸产物内部压力大于周围大气压力,因此,爆炸产物不断向外膨胀,冲击波波阵面上的压力不断衰减;在 5 ms 时,该点压力值降至大气压值 $p_0 = 1.013 \times 10^5$ Pa,此时由于惯性效应,冲击波波阵面继续向外扩展,而爆炸产物内部开始形成负压区;9.3 ms 时,惯性效应消失,爆炸产物内部压力开始回升;12.4 ms 时,内部压强回升至大气压值 p_0;同样,由于惯性效应,冲击波波阵面继续收缩至 13.6 ms 时刻,开始向外继续扩散,形成新的一次膨胀与收缩的脉动过程。可以看出,数值模拟的这一过程与理论过程相吻合,反映出利用 MSC. Dytran 对空中爆炸进行模拟时的可行性和可靠性。

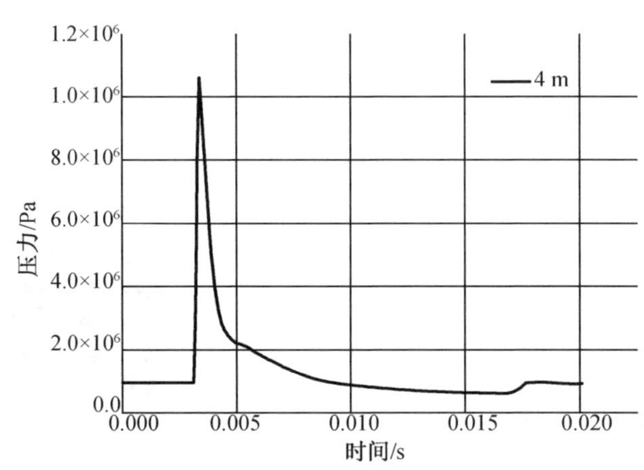

图 8.5　4 m 爆距下压强 - 时历曲线

8.3　甲板接触爆炸下船体结构的动力响应分析

现代海战中,水面作战舰船会受到来自海上、空中和水下等多方位武器的打击,这些武器对船体结构的毁伤效果不同。一般来说,舰船受到来自空中武器的打击主要包括航空炸弹和精确制导导弹两种方式。航空炸弹的主要攻击目标为船体的强力甲板,当航空炸弹接触到强力甲板后,触发引信发生爆炸,结果往往会对甲板结构造成较为严重的破坏;而反舰导弹的特点是飞行高度较低,当导弹前端触及舷侧外板后,战斗部没有第一时间发生爆炸,而是在穿甲延时后在舱室内部发生爆炸。舱室外部敞开环境下的爆炸载荷与舱室内部爆炸载荷有着较大的区别。

本节研究的主要内容:在空中接触爆炸载荷作用下,对舰船典型舱室动力响应进行数值模拟,对爆炸冲击波的传播,结构动力响应过程以及破损区域进行研究。

8.3.1 甲板接触爆炸有限元模型

(1)模型概述

通过研究发现,空中爆炸冲击波传播具有较为明显的局部效应,即爆炸冲击波波阵面的压力峰值随着距离的增加迅速衰减。在保证计算准确的基础上,为了提高计算效率,减少时间成本,本节计算模型采用三舱室舱段进行研究,即以炸药所在舱室为中心,向艏艉端各延伸一个舱室的长度。三舱段模型及其典型横剖面结构如图 8.6 至图 8.11 所示。

三个典型舱室均位于强力甲板下方,艏部与舯部强力甲板距离舱段中和轴距离相同,强力甲板结构形式相同,均设有 7 根纵向绗材,其中靠近舯部的 5 根纵绗之间甲板厚度为 6 mm,向外依次为 8 mm 与 14 mm,甲板边板板厚为 14 mm,舱室内设置 5 根支柱;艉部强力甲板结构形式与艏部、舯部不同,艉部设置 8 根纵向绗材,其中中间两根纵向绗材跨距为 0.78 m,艉部强力甲板靠近中间板厚为 8 mm,向外依次为 12 mm、16 mm,其中 16 mm 板厚为甲板边板,舱室内设置 2 根支柱。

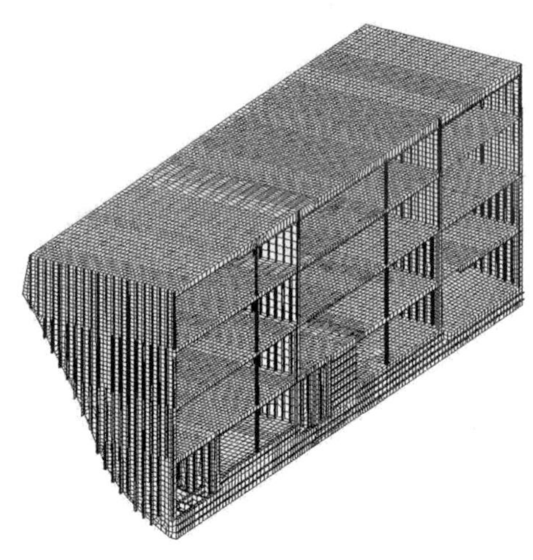

图 8.6 艏部三舱段有限元模型

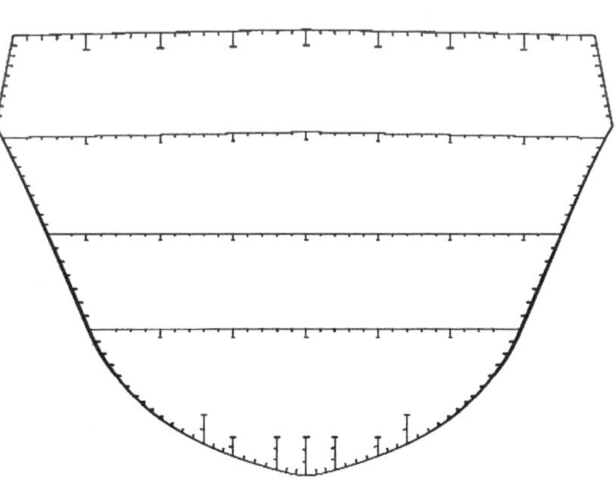

图 8.7 艏部舱段横剖面示意图

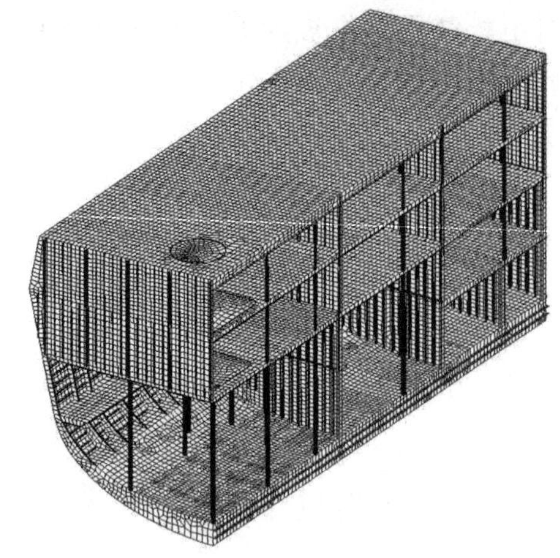

图 8.8　舯部三舱段有限元模型

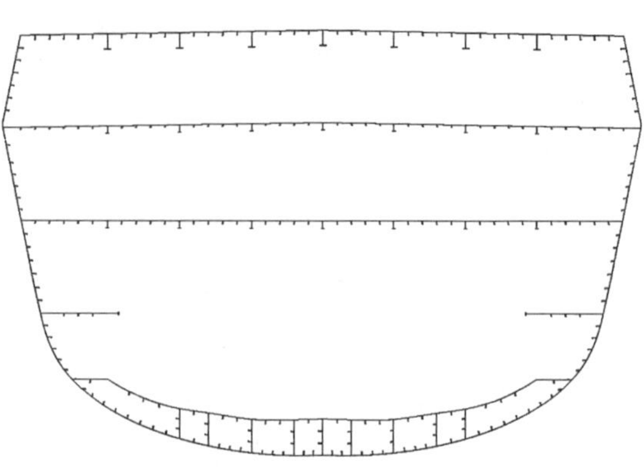

图 8.9　舯部舱段横剖面示意图

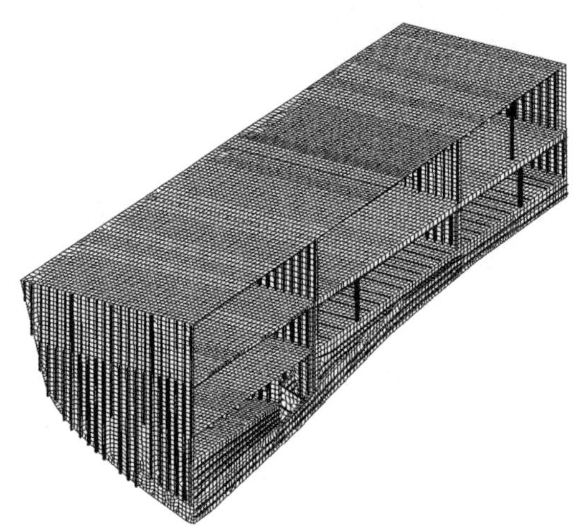

图 8.10　艉部三舱段有限元模型

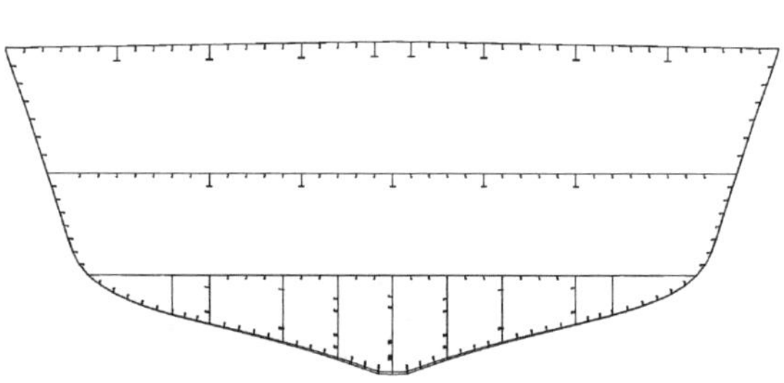

图 8.11　艉部舱段横剖面示意图

表 8.1　典型舱室尺寸表

舱室位置	舱室参数		
	舱室长度/m	舱室宽度/m	舱室高度/m
艏部	11.5	16.5	2.75
舯部	7.5	17.5	2.55
艉部	11.5	16.4	2.8

(2)材料状态方程

全船所用材料为907A、921A 高强度钢,采用冯米塞斯屈服模型,材料的弹性模量为 2.1×10^{11} Pa,密度为 7 800 kg/m^3,泊松比为 0.3。其中高强度钢 907A 屈服应力为 492 MPa,最大塑性应变 ε 为 0.25,应变率敏感参数为 $D=6\ 180$,$p=1.56$;高强度钢 921A 屈服应力为 719 MPa,最大塑性应变 ε 为 0.25,应变率敏感参数为 $D=42\ 306$,$p=2.116$。

$$\frac{\sigma_{\mathrm{d}}}{\sigma_{\mathrm{y}}} = 1 + \left(\frac{D}{\;}\right)^{\frac{1}{p}} \tag{8.16}$$

$$\sigma_{\mathrm{y}} = 250 + \frac{EE_{\mathrm{h}}}{E - E_{\mathrm{h}}}\varepsilon_{\mathrm{p}} \tag{8.17}$$

式中 σ_{d}——动态屈服应力(MPa);

σ_{y}——静态屈服应力(MPa);

$\dot{\varepsilon}$——等效应变率;

E、E_h、ε_p——分别为弹性模量、硬化模量、等效塑性应变。

炸药材料通常采用JWL状态方程和Gamma律状态方程进行描述,根据第二章的研究结果,高阶算法ROE求解器对数值模拟的精度较高,由于ROE算法不支持多欧拉材料的计算,因此,本文将采用高能压缩空气的方法来对炸药进行模拟,即采用Gamma律状态方程EOSFAM来对空气以及炸药进行描述,Gamma律状态方程为

$$P = (\gamma - 1)\rho e \tag{8.18}$$

式中 e——单位质量比内能,kJ/kg。其中空气比内能 2.1×10^{5} kJ/kg,炸药采用高能密度空气来进行模拟,比内能为 4.4×10^{6} kJ/kg;

ρ——气体密度,kg/m^3,空气为1.2 kg/m^3,炸药为1 600 kg/m^3;

γ——比热比,取1.4。

(3)流-固耦合

为了真实模拟舰船在空中爆炸载荷作用下,船体外部以及各舱室之间空气的传播情况,数值模拟过程将采用多欧拉耦合计算的方法。舱段外表面以及各舱室之间均定义为耦合面。整体有限元计算模型中的欧拉域包含舰船外的空气域和各个小耦合面内的空气域。其中舰船外部空气域主要分布在结构周围半径为100 m的球形区域内。在空气域边界定义流入、流出命令,以防止冲击波在欧拉边界发生反射现象。

空气域的欧拉网格采用Dytran中BOX卡片进行建立,为了提高计算效率,考虑到空中爆炸冲击波压力峰值随着距离衰减较快的特点,舰船外部的空气域尺寸设置为20 m×20 m×20 m,并通过MSC. Dytran中BIAS卡片将空气域设置为渐变分布的形式。根据压力峰值验证中的结论,距离爆炸中心6m范围内,欧拉网格尺寸设置为 $\lambda=0.6$;距离爆点6~8 m,$\lambda=0.6\sim1.0$;距离爆点大于8 m范围内,$\lambda=1.0\sim1.2$。船体外侧空气域欧拉网格如下图8.12所示。

(4)计算工况

船体在受到航空炸弹攻击时,破坏方式一般为接触爆炸,而且破坏目标多集中在强力甲板上。强力甲板作为承受船体纵向弯曲的核心结构,其破坏程度直接影响着船体的生命力。考虑到较危险的情况,本章将爆点位置设置为强力甲板船中位置处,艏部、舯部以及艉部舱段爆点位置如图8.13所示,炸药将采用球形炸药。

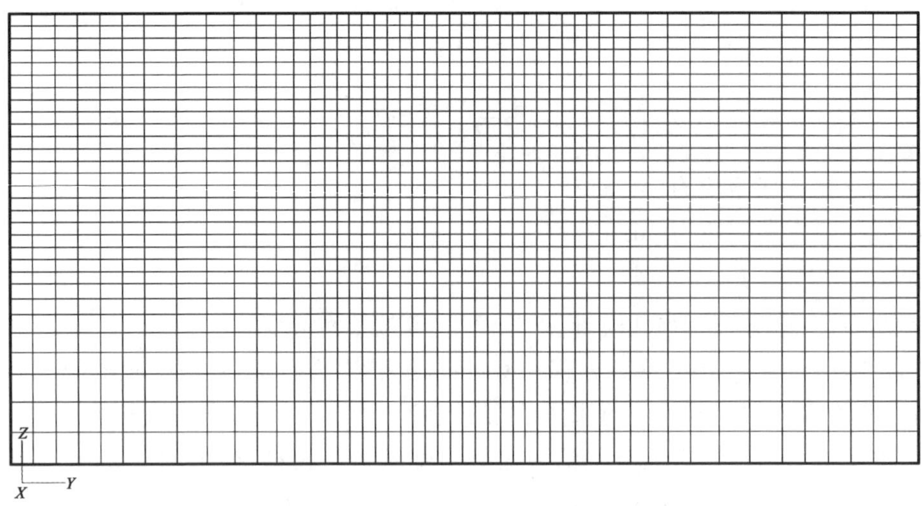

图 8.12　船体外部欧拉网格横剖面图

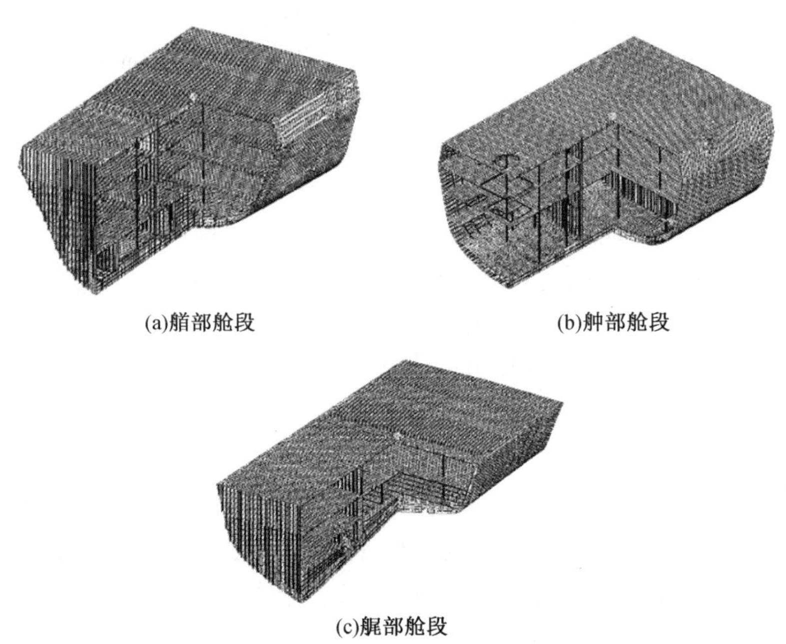

(a)艏部舱段　(b)舯部舱段

(c)艉部舱段

图 8.13　典型舱室爆点位置示意图

船体强力甲板接触爆炸载荷作用下的计算工况见表 8.2。

表 8.2　强力甲板接触爆炸计算工况表

工况	所属舱室	炸药当量/kg
s－100	艏部	100
s－150		150
s－200		200
s－250		250
s－300		300
z－100	舯部	100
z－150		150
z－200		200
z－250		250
z－300		300
w－100	艉部	100
w－150		150
w－200		200
w－250		250
w－300		300

8.3.2　甲板接触爆炸动态响应研究

本节在研究船体典型舱段在甲板接触爆炸载荷作用下的动力响应时，将从冲击波的传播、结构应力分布、舱段结构吸能以及舱段结构动力响应等方面对舱段动力响应进行分析。

(1)冲击波传播特点研究

不同位置的舱段在强力甲板受到接触爆炸载荷作用时的冲击波传播具有类似的特征，因此本节以工况 s－300 为例进行说明。图 8.14 为工况 s－300 不同时刻船体内外空气压力分布云图。

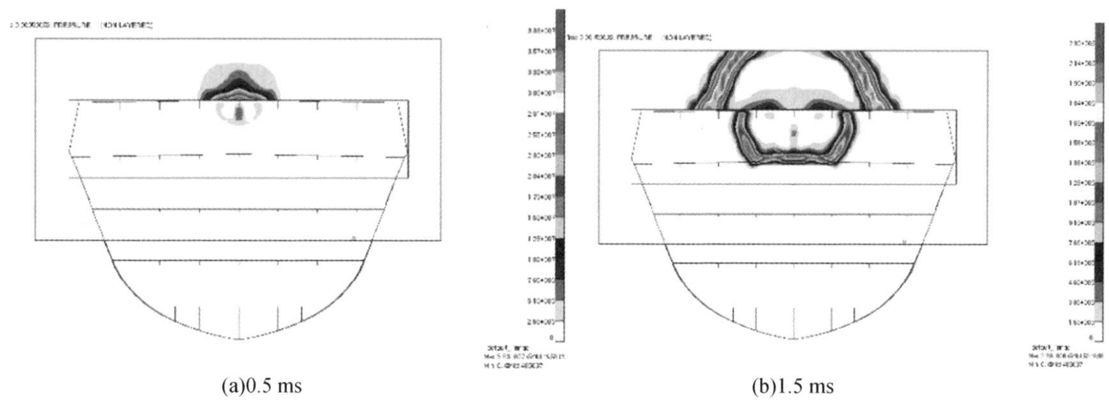

(a)0.5 ms　　(b)1.5 ms

图 8.14　s－300 工况空气域压力分布云图

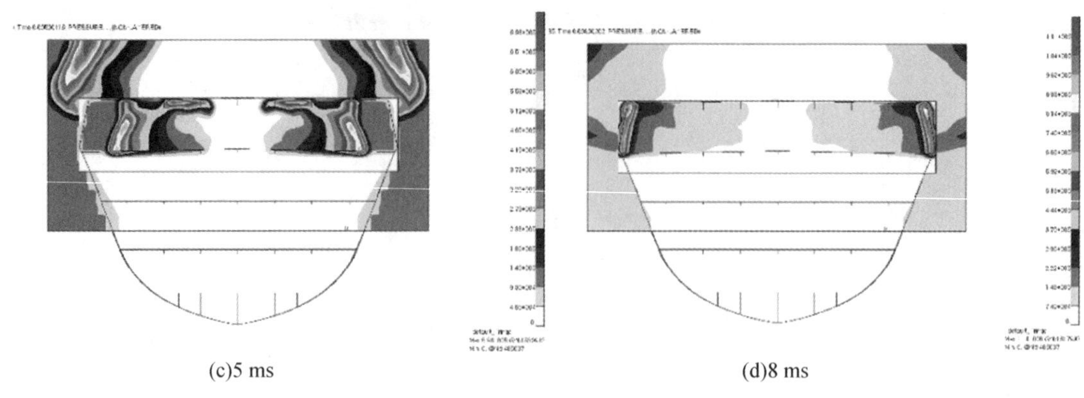

(c)5 ms　　(d)8 ms

图 8.14(续)

图 8.14(a)为 0.5 ms 时刻舱内外欧拉域压力分布云图,紧贴在主甲板外表面的炸药发生爆炸,此时爆点附近压力为 38.30 MPa,主甲板结构在冲击波瞬时作用下产生初始破口;冲击波作用 1.5 ms 时,船体外侧的冲击波在舱段外部的空气中以爆点为中心呈球状向外扩散,另一部分冲击波则通过主甲板破口传递到舱室内部,并在舱室内部扩散,此时船体外部爆炸冲击波波阵面压力为 2.30 MPa,舱室内部冲击波波阵面压力为 1.57 MPa,远小于爆炸之初冲击波波阵面的压力峰值;图 8.14(c)为冲击波作用 5 ms 时,船体外冲击波波阵面已经到达舷侧部分,舱室内部冲击波则慢于外侧冲击波,外部冲击波最大压力为 0.69 MPa,舱室内部压力为 0.56 MPa;冲击波作用 8 ms 时,船体外侧冲击波已经扩散至自由空气域外,舱室内部冲击波则在舷侧处发生汇聚,汇聚后的压力为 1.11 MPa。之后舱室内冲击波经过多次反弹,压力逐渐减小,直至能量被舱室结构完全吸收,结构趋于稳定状态。

由图 8.14 可以看出,强力甲板外侧接触爆炸,在爆炸开始初期,冲击波压力最大。由于船体外侧为自由空气域,冲击波在扩撒过程中,在分散作用以及结构的失效吸能作用下,冲击波能量迅速降低。舱室内部的冲击波尽管产生了汇聚、反射现象,但由于强度太小,因此无法产生有效破坏。

(2)舱段应力分布特点研究

图 8.15 至图 8.17 为工况 s－300、z－300 和 w－300 不同时刻结构应力分布图,为了更加清楚地观察舱段内部结构应力分布情况,图中有限元模型为一半模型。由图 8.15 至图 8.17 可以看出,不同结构的典型舱室应力分布云图变化趋势相似,下面以图 8.15 工况 s－300 为例进行分析。图 8.15(a)为 1 ms 时刻舱段结构应力分布,此时炸药刚发生爆炸,强力甲板在炸药的作用发生冲塞凹陷、断裂,产生初始破口,开裂结构获得了初始动能;图 8.15(b)为爆炸发生后 2 ms 时刻结构应力分布,由于横向变形所引起的环向应变使破口边缘产生了径向开裂,之后裂纹沿着径向继续扩展,由开裂的板块向内翻转形成对称的花瓣状结构,强力甲板高应力区域呈圆形向外扩散,下层甲板在舱室内部冲击波的作用下开始出现塑性变形区;图 8.15(c)为爆炸发生后 5 ms 时刻结构应力分布图,应力波传播至临近舱室结构;图 8.15(d)为 8 ms 时刻,舱室内部冲击波传递至舱室舷侧及横舱壁处,该处出现高应力区域。破口周围结构由于冲击波的作用,产生塑性变形,且塑性变形面积随着时间的延长逐渐加大,当板的初始动能全部转化为花瓣的断裂能和耗散能后,裂纹扩展停止,舷侧外

板达到稳定。

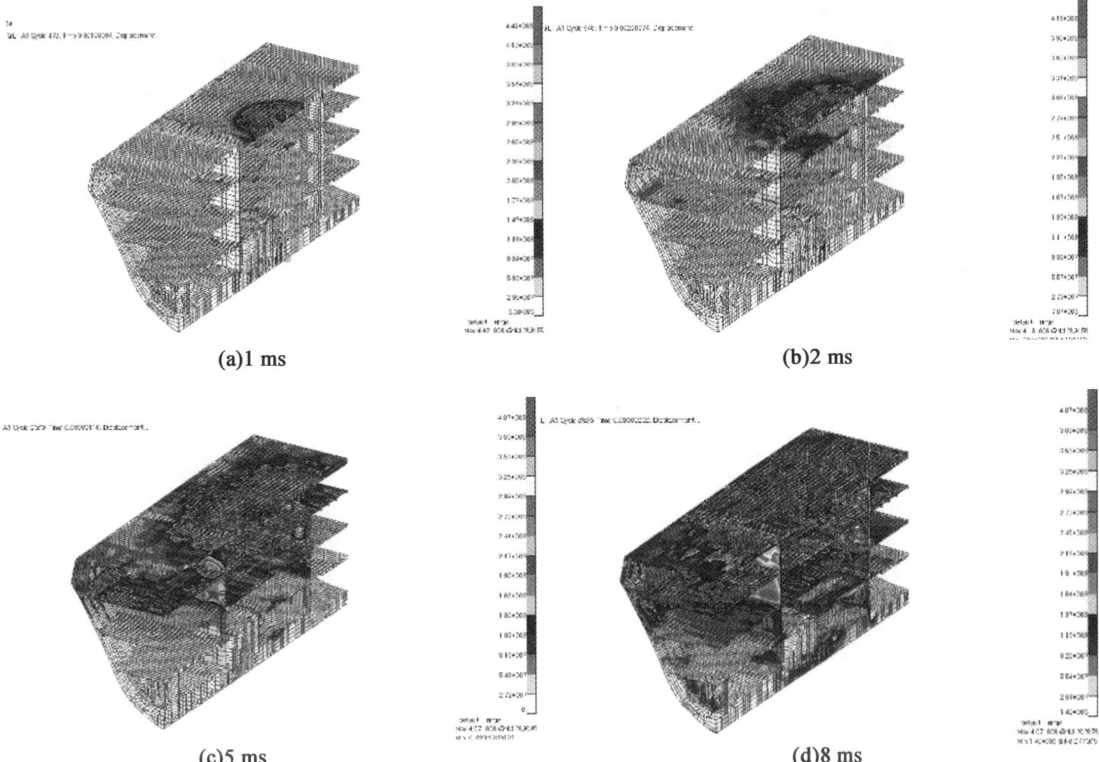

(a)1 ms (b)2 ms

(c)5 ms (d)8 ms

图 8.15 艏部舱段结构应力分布图

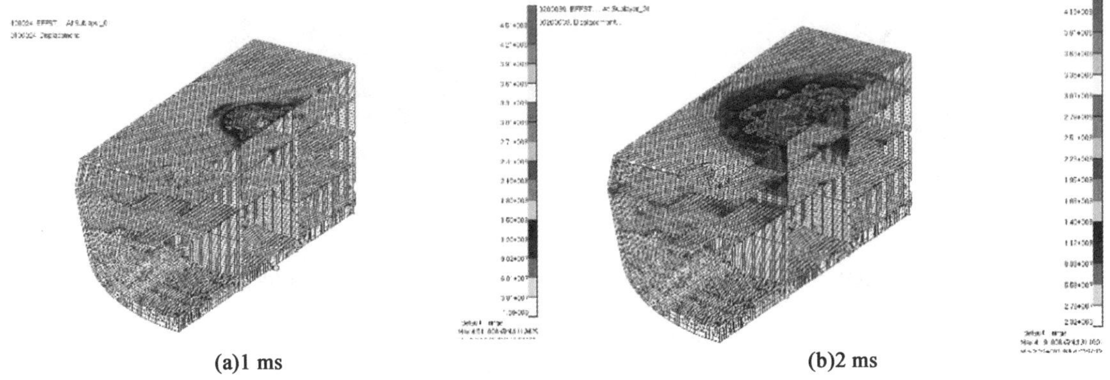

(a)1 ms (b)2 ms

图 8.16 舯部舱段结构应力分布图

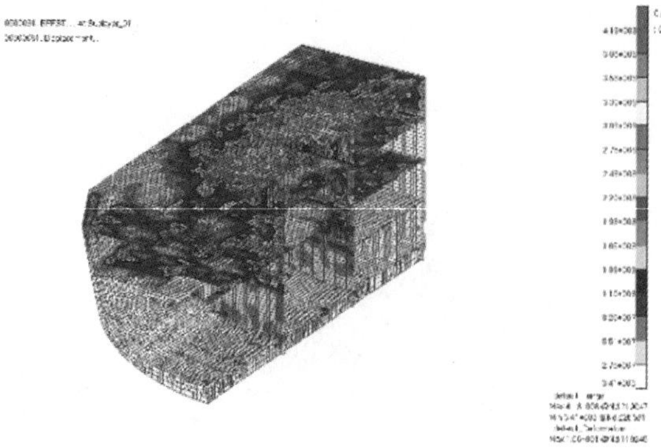

(c)5 ms

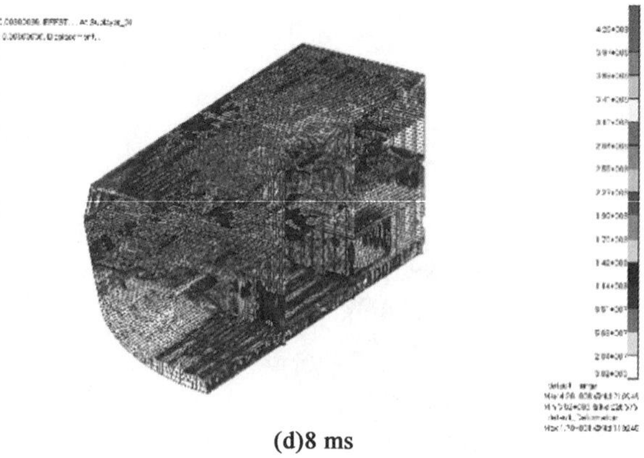

(d)8 ms

图 8.16(续)

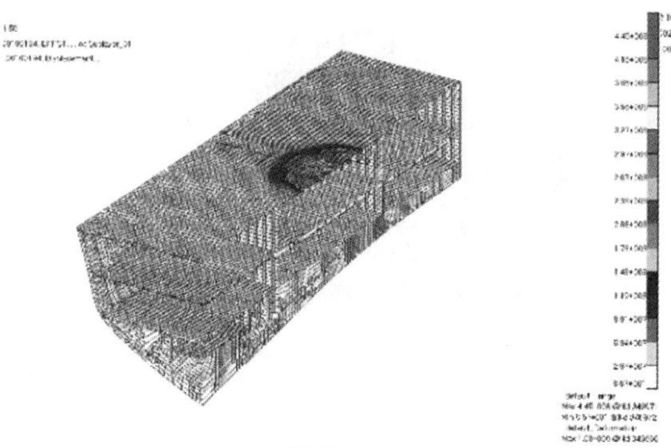

(a)1 ms

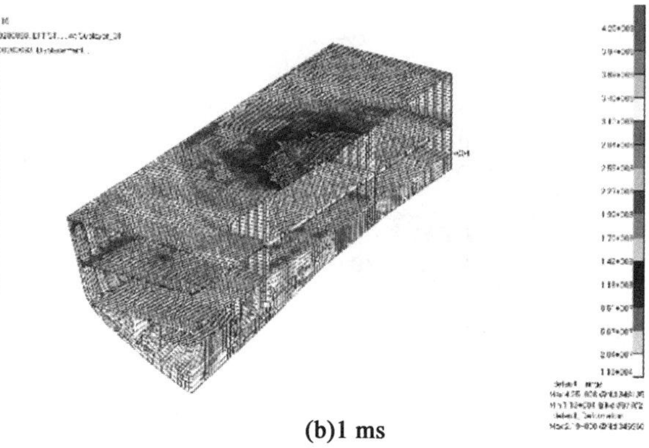

(b)1 ms

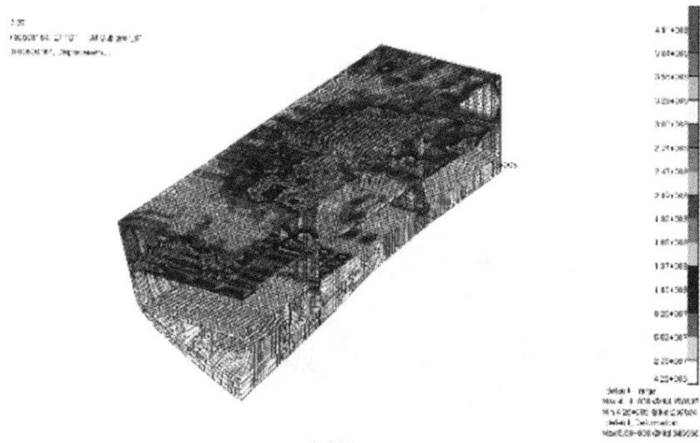

(c)5 ms

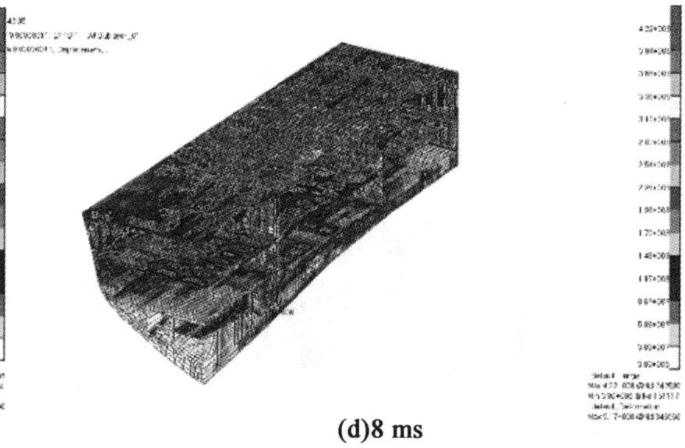

(d)8 ms

图 8.17　艉部舱段结构应力分布图

由图 8.15 至图 8.17 可以得到,在接触爆炸载荷作用下,甲板应力范围主要呈圆形逐渐扩大,高应力区域集中在炸药所在的舱室的强力甲板范围内,临近舱室强力甲板受到的影响相对较小,说明接触爆炸时,结构迎爆面一侧的冲击波为主要作用载荷,且具有较强的局部效应,强力甲板高应力区主要集中在靠近船中 6 mm 板厚区域。

(3)甲板接触爆炸舱段结构吸能研究

为了说明在接触爆炸载荷作用下,舱段结构损伤过程,图 8.18 给出了在工况 s-300、z-300 以及 w-300 下,炸药所在舱室强力甲板、下甲板、横舱壁以及舷侧结构的吸能情况。

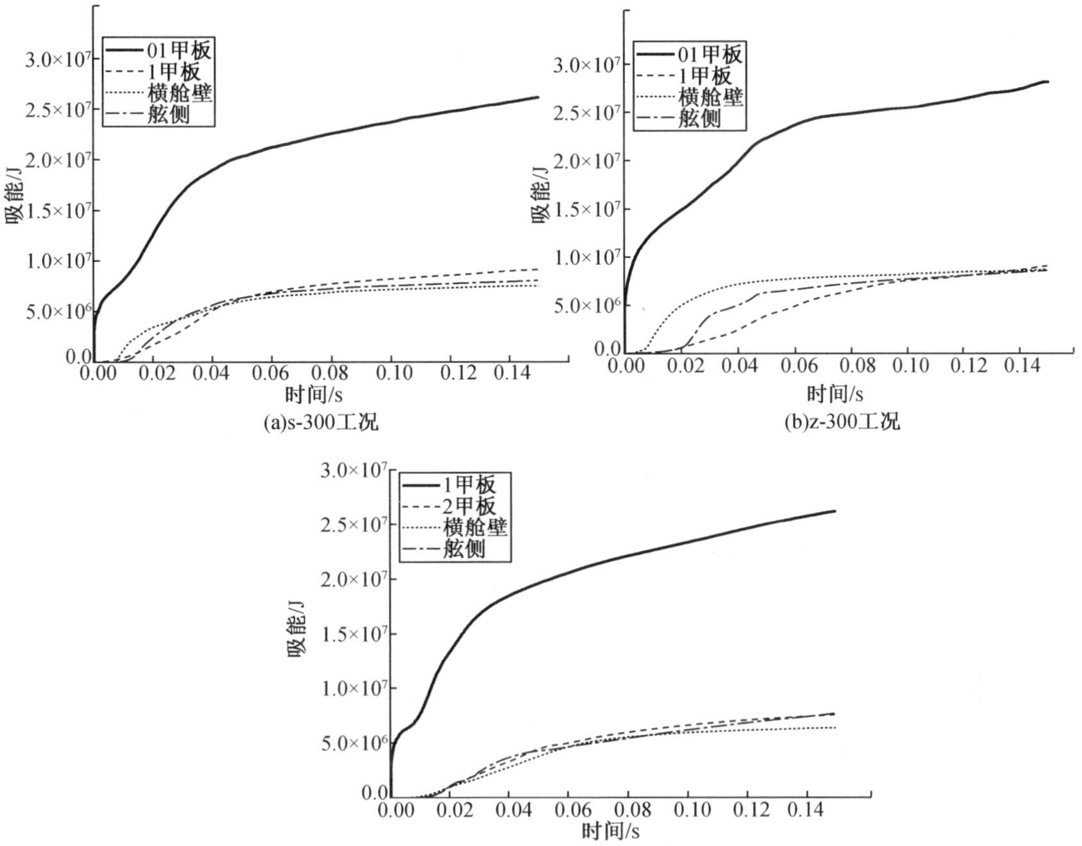

(a)s-300工况

(b)z-300工况

(c)w-300工况

图 8.18 典型舱室接触爆炸不同结构吸能曲线

由图 8.18 可以看出,不同典型舱室对应的各个结构吸能趋势相似:当爆炸发生时,强力甲板吸能量迅速增加;冲击波传播 10 ms 时刻后,三个典型舱段下甲板、横舱壁以及舷侧结构吸能均开始逐渐增加,结构距离爆点越远,其吸能开始上升的时刻越晚;40 ms 后三个典型舱段各结构吸能逐渐趋于平稳。为了量化舱室中各个结构的吸能情况,工况 s－300、z－300 以及 w－300 各结构吸能量及占比列见表 8.3。

表 8.3 典型舱段不同结构吸能对比

工况	强力甲板		下甲板		横舱壁		舷侧	
	吸能量/J	吸能占比	吸能量/J	吸能占比	吸能量/J	吸能占比	吸能量/J	吸能占比
s－300	2.62×10^{7}	51.52%	9.13×10^{6}	17.94%	7.50×10^{6}	14.74%	8.04×10^{6}	15.80%
z－300	2.81×10^{7}	51.74%	9.02×10^{6}	16.59%	8.66×10^{6}	15.92%	8.58×10^{6}	15.76%
w－300	3.19×10^{7}	55.05%	9.56×10^{6}	16.49%	6.96×10^{6}	12.01%	9.53×10^{6}	16.45%

由表 8.3 可以发现,尽管艏部、舯部以及艉部舱室的结构形式各不相同,但不同舱室相同区域的吸能量及吸能占比基本相同:舱室强力甲板吸能均占 50% 以上,其中艉部舱段吸

能略多,这是由于艉部舱段强力甲板板厚较艏部、舯部甲板厚,同时甲板纵桁数量比后两者多,因此在失效变形的时候可以吸收更多的能量;各个舱室的下甲板、横舱壁与舷侧结构吸能量各占15%,其中下甲板略多。这是由于下甲板迎爆面距离破口比横舱壁和舷侧结构近,经由破口传入舱室内部的冲击波对下甲板的毁伤程度会大于横舱壁与舷侧结构。由表8.3可见,舱室强力甲板的吸能量远大于其他结构,其为主要吸能结构,强力甲板下骨材数量和形式对强力甲板整体吸能量有一定影响,但对其吸能占比影响不大。

图8.19为工况s-300、z-300以及w-300在接触爆炸载荷作用下,不同炸药当量强力甲板结构的吸能曲线。同一位置不同炸药当量的强力甲板吸能量整体趋势相同:不同舱室强力甲板吸能均呈现两个急速上升阶段:第一个阶段为爆炸发生初期,吸能曲线迅速上升,之后出现一段短暂的平稳区;10 ms时,吸能曲线出现第二次急速上升阶段,直至吸能逐渐趋于平稳。第一次上升是由于炸药发生爆炸时,对甲板结构造成初始破口,使得结构吸能迅速增加;甲板破口附近结构在冲击波的作用下获得初始动能,沿着径向发生撕裂,当撕裂长度逐渐增加时,破口周围花瓣状结构开始出现大范围的翻转情况,由此造成吸能第二次的急速上升。最终吸能量随炸药当量的增加近似呈线性增加。

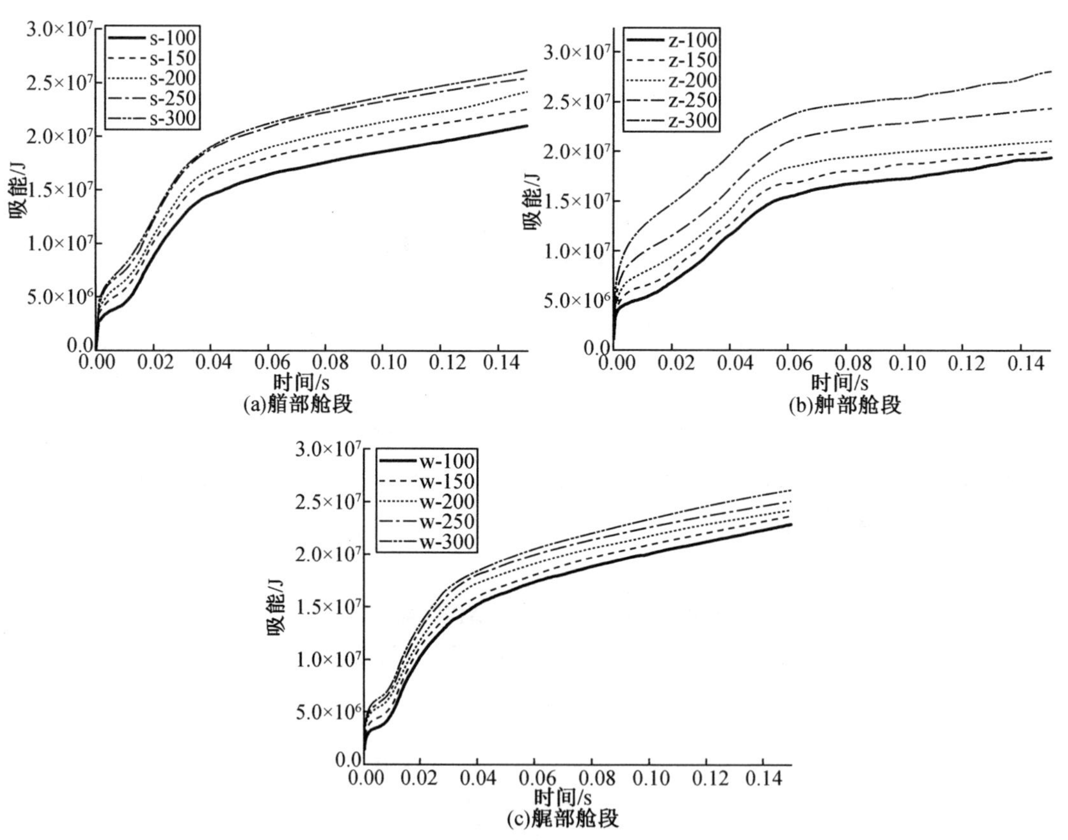

图8.19　不同炸药当量强力甲板吸能曲线

(4)强力甲板加速度研究

船体结构不仅会受到来自爆炸冲击波的破坏,还可能在冲击波的作用下出现振动,强力甲板为接触爆炸作用下船体主要受冲击结构，因此本节将选取迎爆舱室强力甲板上的测点作为研究对象，分析接触爆炸作用下，强力甲板受到冲击的变化特点。

图 8.20 为工况 s－300、z－300 和 w－300 三个典型舱室强力甲板测点处的加速度随时间变化的曲线，测点取距离炸药 4 m 位置处。由图 8.20 可以看出，不同舱室在相同炸药当量下测点处的加速度变化规律。爆炸冲击波到达测点后，在冲击波作用下该点发生较大波动，测点加速度第一次达到峰值；加速度在第一次波峰出现后，迅速下降，并在一段时间内小幅往复震荡；在舱室内部冲击波反射的作用下，测点处的加速度在 12 ms 时刻出现不明显的第二次波峰；第二次峰值后，测点加速度波动逐渐放缓。表 8.4 为工况 s－300、z－300 和 w－300 第一次波峰加速度最大值，可以发现，不同典型舱室强力甲板测点最大加速度均为负值，说明甲板上方发生接触爆炸时，甲板主要受到向下的冲击；尽管三个舱室强力甲板长度、结构形式以及板厚各不相同，但在相同当量爆炸冲击波作用下，三个观测点的加速度峰值均在 2.3×10^5 m/s^2 左右，说明甲板迎爆面距离爆点相同距离处的观测点受到的冲击力主要受炸药当量影响，舱室结构型式、板厚等因素影响较小。

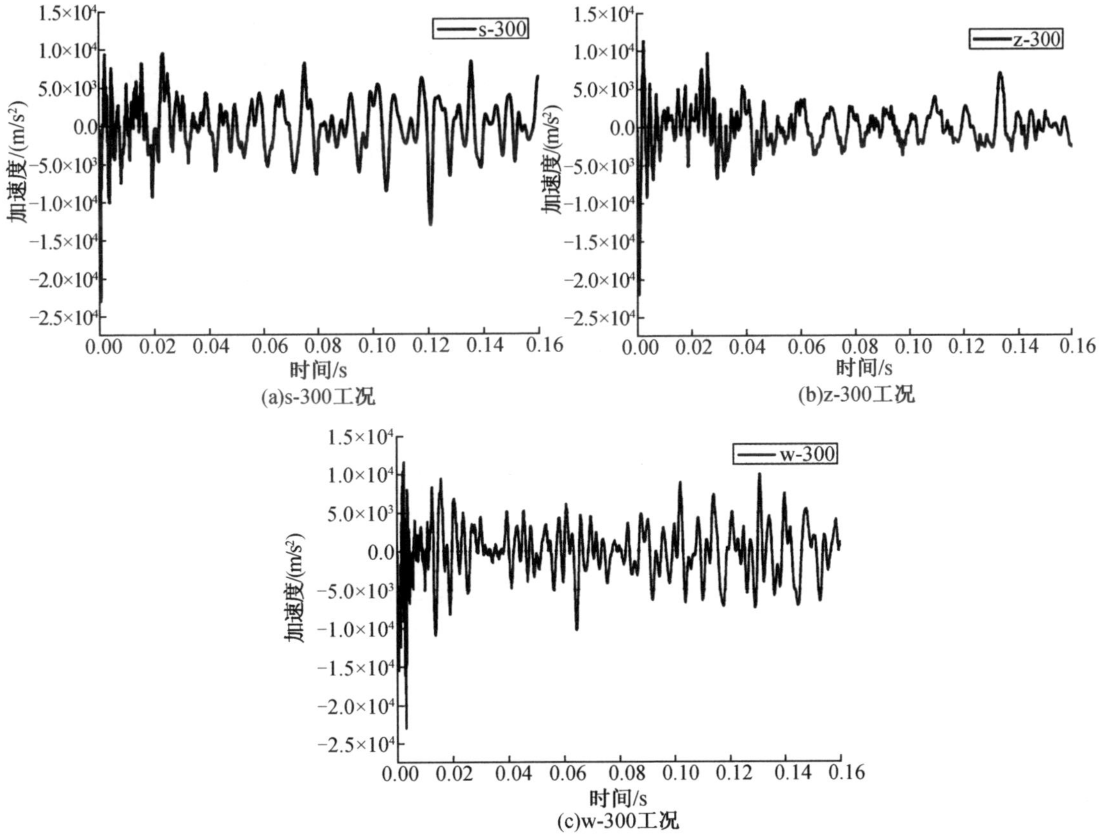

(a)s-300工况

(b)z-300工况

(c)w-300工况

图 8.20 强力甲板加速度时间历程曲线

表 8.4　强力甲板测点处加速度峰值

工况	s－300	z－300	w－300
加速度峰值/(m/s^2)	－23 996.6	－22 784.2	－23 016.9

(5)强力甲板位移研究

强力甲板接触爆炸会使甲板结构产生一定的塑性变形,图 8.21 为工况 s－300、z－300 和 w－300 强力甲板在舱段动态响应趋于稳定时的位移云图。

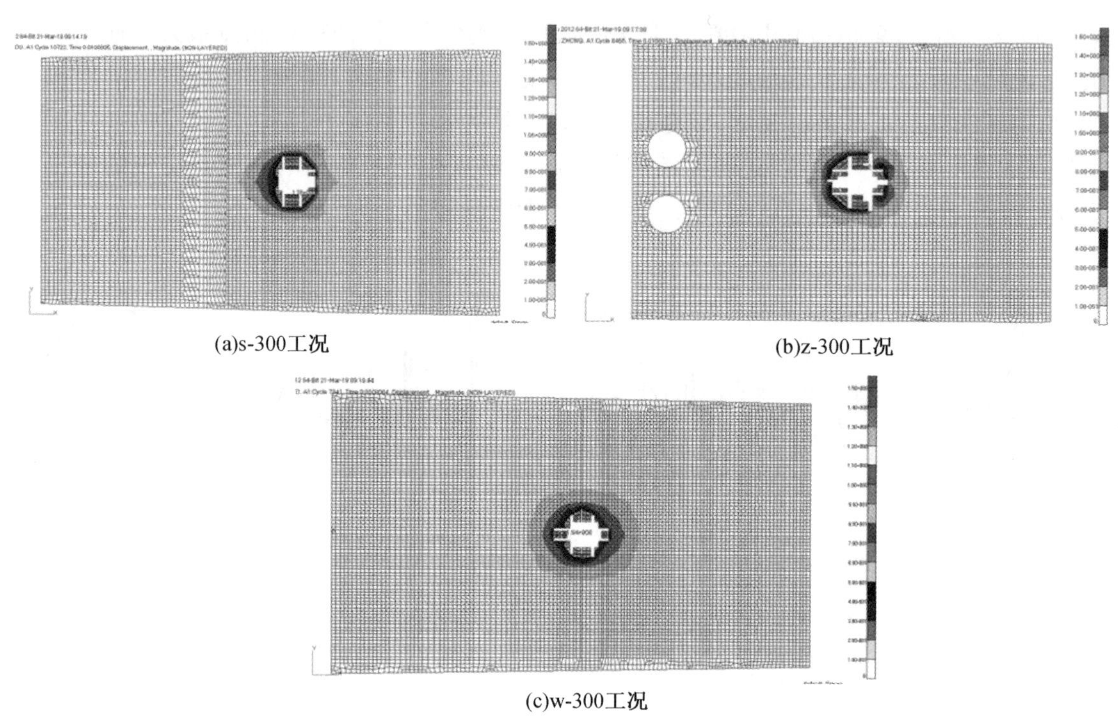

(a)s-300工况

(b)z-300工况

(c)w-300工况

图 8.21　强力甲板位移云图

由图 8.21 可以得到,不同结构形式的典型舱室强力甲板在外部接触爆炸载荷作用下会产生塑性变形,变形区域集中在爆点附近,其他甲板变形区域变形量很小,说明接触爆炸具有很强的局部效应。

针对舱段在舱外接触爆炸载荷作用下的位移响应,本节选取了强力甲板上距离爆点位置 4 m 处的节点进行研究。图 8.22 为各个工况下,测点位移时间历程曲线。

图 8.22 中可以发现,强力甲板在受到爆炸载荷作用后,迅速产生变形,当变形达到最大值时开始逐渐减小,这是由于此时甲板材料处于弹性阶段,当冲击波载荷不再作用于甲板上时,甲板结构均有较大的回弹量;当节点位移下降到一定值后,逐渐趋于稳定,此时为甲板结构的塑性变形。其中艉部由于舱室较长,且强力甲板下支柱最少,因此甲板整体刚度小于艏部与舯部舱室,使得艉部强力甲板测点位移增加与回弹阶段的速度慢于其他舱室。

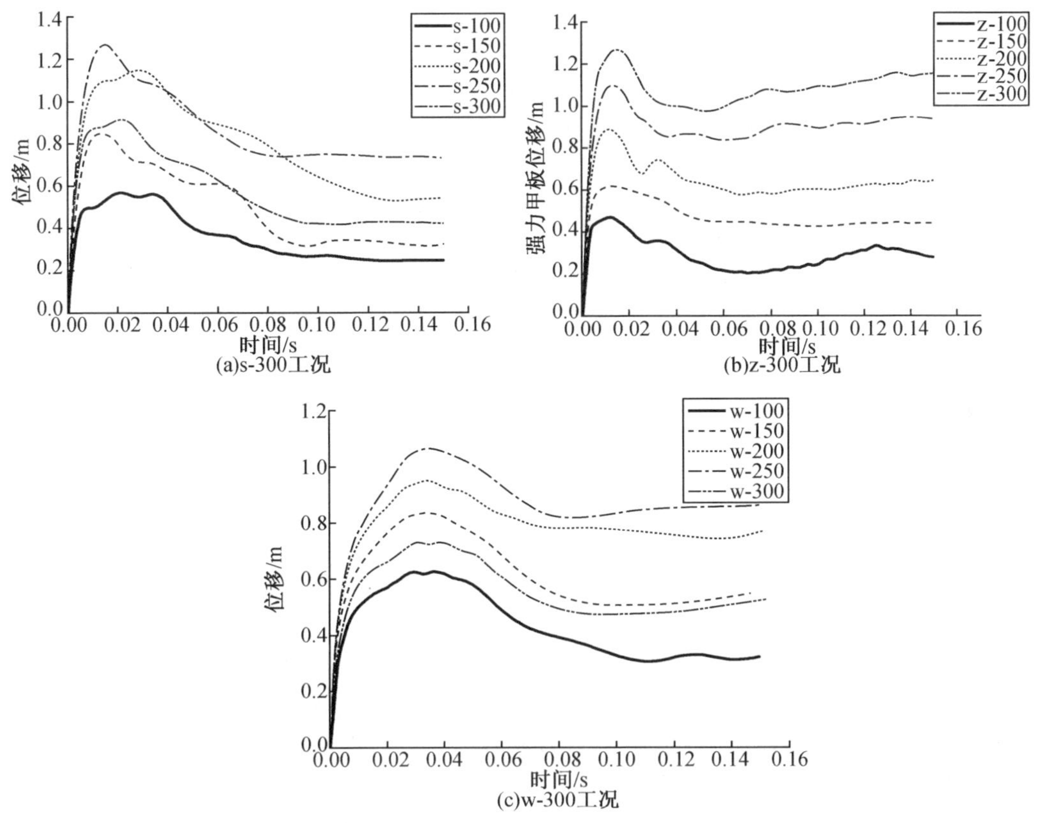

图 8.22 测点位移时间历程曲线

(6)强力甲板破损区域分析

图 8.23 为工况 s-300、z-300 和 w-300 强力甲板在 50 ms 时塑性应变云图。观察图 8.23 可以发现，塑性应变基本集中在炸药周围的破口附近，即接触爆炸对甲板的破坏区域非常集中，对距离炸药较远的结构破坏程度较小；甲板塑性变形区域基本集中在炸药所在舱室内，且多限制在甲板舯部三道纵向桁材之间。

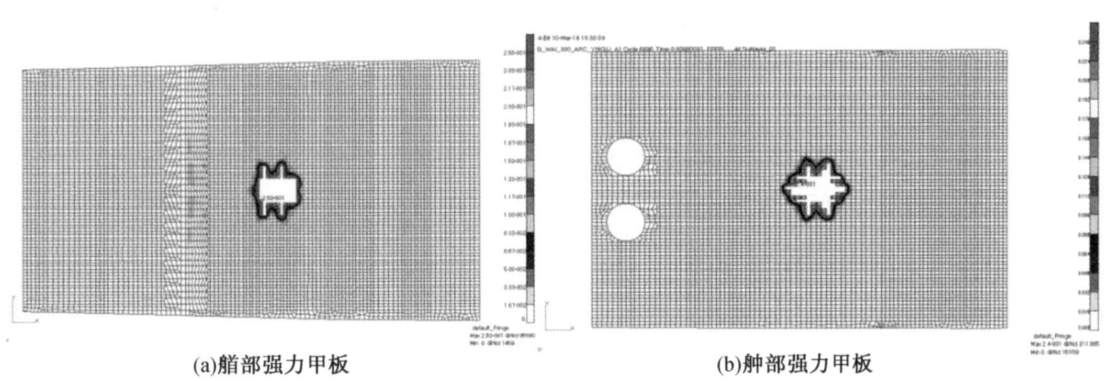

图 8.23 强力甲板塑性应变云图

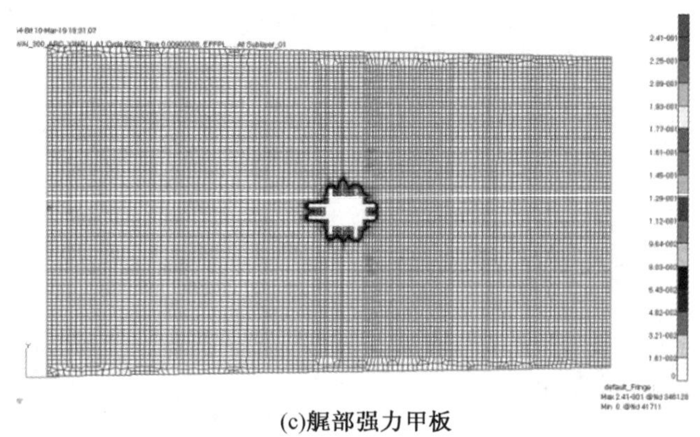

(c)艉部强力甲板

图 8.23(续)

8.3.3 爆炸载荷作用下甲板破口尺寸预报

(1)甲板接触爆炸甲板破口尺寸预报方法

甲板接触爆炸对船体结构的主要毁伤形式为强力甲板大破口,该类型的毁伤不仅严重威胁着船员及武器设备的安全,同时也会影响舰船水密性以及整体的结构强度。因此,对不同当量炸药甲板接触爆炸载荷作用下结构破口尺寸进行准确评估,对舰船整体安全有着重要的实际意义。

本节将在现有数值仿真结果基础上,利用优化方法对数据进行拟合,推算出预报公式,从而达到对甲板破口尺寸快速预报的目的。目前流行的智能优化算法主要包括遗传算法、模拟退火算法、粒子群算法、人工神经网络等。这些算法通过模拟某些自然现象和过程,完成整个寻优过程。它们计算步骤简单,易于实现,无须高深复杂的数学理论,在求解规模上体现了人工智能的优点。其中以遗传算法最具有代表性,发展得比较成熟,本节所采用的优化算法均选自遗传算法。

本节将借助 1stOpt 软件运用遗传算法拟合甲板破口尺寸数据,获得不同典型舱室在不同当量炸药载荷作用下舰船强力甲板破口尺寸的预报公式,1stOpt 是世界领先的非线性曲线拟合,综合优化分析计算软件平台,可以应用于模型自动优化率定、参数估算、任意模型公式线性与非线性拟合,回归非线性连立方程组求解、任意维函数、隐函数极值求解等功能。

(2)不同位置典型舱段强力甲板破口尺寸预报

表 8.5 为艏部、舯部以及艉部典型舱段在不同炸药当量下强力甲板的破口尺寸。

表 8.5 强力甲板破口尺寸

炸药当量/kg	艏部破口尺寸/m	舯部破口尺寸/m	艉部破口尺寸/m
100	1.56	1.56	1.94
150	2.30	2.26	2.31
200	2.73	2.73	2.76

表 8.5(续)

炸药当量/kg	艏部破口尺寸/m	舯部破口尺寸/m	艉部破口尺寸/m
250	3.11	3.12	3.10
300	3.48	3.51	3.35

通过上一节的研究得到,对于同一个舱室而言,强力甲板的破口尺寸主要和接触爆炸的炸药当量有关,因此有公式:

$$R = f(W) \tag{8.19}$$

式中 R——破口半径,m;

W——接触爆炸炸药当量,kg。

利用 1stOpt 软件,采用遗传算法,可以分别得出艏部、舯部和艉部舱室在甲板接触爆炸作用下的破口尺寸预报公式:

$$R = a \cdot W^{b} \tag{8.20}$$

式中 R——破口半径,m;

W——接触爆炸炸药当量,kg;

a——常量,艏部为 0.073 3,舯部为 0.066 7,艉部为 0.180 9;

b——常量,艏部为 0.679 0,舯部为 0.696 8,艉部为 0.512 8。

通过拟合后的公式可以快速计算不同位置强力甲板破口尺寸大小,此公式计算的结果与原结果比较,艏部、舯部和艉部舱段数值模拟值相关系数分别为 99.39%、99.62% 和 99.81%。

(3)甲板接触爆炸破口尺寸预报公式验证

为了验证甲板接触爆炸载荷作用下,强力甲板破口尺寸预报公式的准确性,将对 225 kgTNT 当量炸药载荷进行数值模拟。

爆点位置与 8.3.1 小节相同,经计算,在 225 kgTNT 甲板接触爆炸载荷作用下,艏部、舯部和艉部典型舱段强力甲板破口尺寸见表 8.6。

表 8.6　甲板接触爆炸破口尺寸验证对比

舱室位置	拟合公式预报值/m	数值模拟值/m	误差
艏部	2.899	3.073	-5.66%
舯部	2.905	3.009	-3.46%
艉部	2.908	2.793	4.13%

由表 8.6 可以看出,基于式(8.20)对不同典型位置舱段强力甲板破口尺寸的预报值与数值模拟值之间的误差在 6% 以内,可见预报公式有着较高的准确性。

本章参考文献

[1] 郭绍静. 新型舷侧水下及水上防护结构抗爆性能研究[D]. 哈尔滨:哈尔滨工程大学,2010.

[2] 于文满,何顺禄,关世义. 舰船毁伤图鉴[M]. 北京:国防工业出版社,1991.

[3] 王佳颖,张世联,彭大炜. 非接触爆炸下纵向箱型梁舰船的极限承载能力研究[J]. 中国舰船研究,2011,6(1):22-29.

[4] 彭大炜. 舰船新型甲板结构型式的极限强度研究[D]. 上海:上海交通大学,2010.

[5] 张挺. 爆炸冲击波测量技术[M]. 北京:国防工业出版社,1984.

[6] 孙业斌. 爆炸作用与装药设计[M]. 北京:国防工业出版社,1987.

[7] MOSZYNSKI,JERZY R. The Dynamic of Explosion and Its Use[J]. Nuclear Technology,1983,60(1):167.

[8] 李聪. 箱型梁舱段舱内爆炸及剩余极限强度研究[D]. 上海:上海交通大学,2013.

第9章 船舶与海洋工程结构的振动控制

9.1 船舶与海洋工程结构振动控制技术

9.1.1 船舶噪声的来源及其危害

近年来我国船舶业发展迅速,已成为世界第一造船大国,将更加注重提高舰船的安全性、舒适性等方面要求。高强度的噪声不仅会对船员的身心健康造成危害,而且可能影响机械设备的正常运转。对于某些军工领域的特种船舰,噪声的存在会降低其隐身效果,使其容易被敌方探测、定位、跟踪,严重降低了舰船的生存力及战斗力。

船舶是一种复杂的组合体结构。船舶噪声的特点是噪声源多,功率较大、频段广,以中低频为主。船舶噪声主要有机械设备工作运转时产生的噪声、螺旋桨引起的噪声以及水动力噪声。机械设备(包括主机、发电机组、中央空调等)工作时,某些元器件(齿轮等)会由于撞击振动等原因产生噪声。螺旋桨噪声是由于螺旋桨转动,引起船尾不均匀流场中空泡的破裂产生的噪声。水动力噪声是快速水流不规则地作用于船体,引起船体振动产生的噪声。

船舶噪声传播方式主要有3种:1. 船舶的机械设备直接向空气中辐射声波,产生空气噪声;2. 机械设备的振动能量由振动源部位扩散到船舶的各个部位,然后向船体外辐射声波,产生结构噪声;3. 船舶内部结构的振动及螺旋桨的振动等向水下辐射声波,产生水下噪声。

机械设备直接或间接产生的空气噪声会影响船员的工作环境及生活质量,使其工作效率降低。机械的振动能量由固体结构传播到船舶其他部位,会使某些设备长期承受交变载荷,易产生疲劳损坏。此外,一定强度的振动会使一些精密仪器无法工作。船舶产生的水下噪声不仅会影响舰船的隐蔽性,而且会对海洋环境造成污染,影响海洋生物的生存。因此,研究船舶降噪技术具有重要意义。

9.1.2 船舶降噪技术

船舶噪声产生的主要原因就是振动,振动和噪声本质上都是能量。减振降噪就是将振动的机械能转化为其他形式的能量。目前的降噪技术,可以从声源、振源、传播途径等方面采取措施,进行隔离、吸收以达到减振降噪的目的。降噪技术根据减振降噪过程中是否加入外来能源,可分为有源降噪(主动控制技术)和无源降噪(被动控制技术)。传统的降噪技术多采用被动控制技术,被动控制技术能有效解决某一特定频段的噪声,但其不能适应外界条件的改变,不能主动解决根本问题。主动控制技术具有很好的发展前景,但是目前技术还不够成熟且成本较高,需要不断地优化。

(1)被动控制技术

被动控制技术具有成本低、设备简单、不需要使用外部能源等优点。被动控制技术是通过附加装置的阻尼或者改变结构自身的力学性能等实现减振降噪。常见的被动控制技术有隔声技术、吸声技术、隔振技术等。隔声技术是噪声控制的常用技术,当声波在传播过程中,遇到某种表面时,一部分声波被反射,另一部分能够透过表面继续传播,从而降低噪声。如钢板能反射部分声波,并且与声波的频率无关。

吸声技术是当噪声源发出的声波遇到某些特性的吸声材料或结构时,部分声波能够被吸收掉,使得产生的混响声降低。国内外常见的有消声瓦、吸声陶瓷、吸声涂层等。目前,我国吸声技术的研究与国外的水平相当,生产的多孔皮革纤维棉板材等吸声材料已经出口美国等多个国家。隔振技术是利用弹性支承使系统降低对外加激励起响应的能力,将振动源与基体之间的刚性连接转化为弹性连接,可以减小振动能量的传递。常见的隔振技术有浮筏隔振装置、双层隔振装置等,双层隔振装置简图及浮筏隔振装置简图如图9.1所示。隔振技术也可以称为阻尼减振技术,阻尼是材料自身内部的原因所造成能量损耗,阻尼的基本原理是将受激振的能量转化为其他形式的能量(如热能)消耗。常用的阻尼减振技术有系统阻尼以及材料阻尼等。

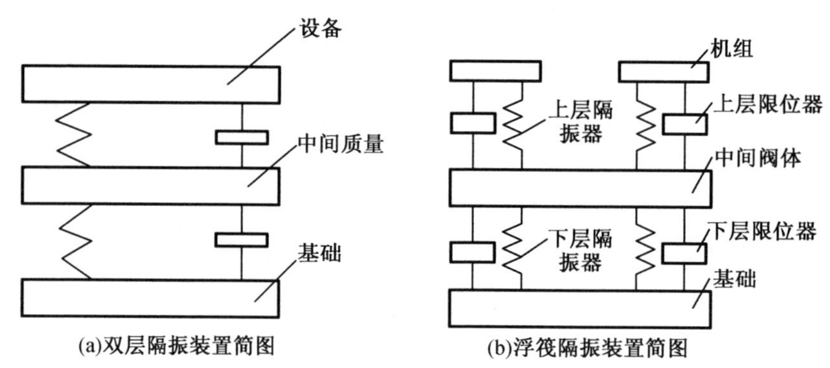

图9.1　双层隔振装置简图和浮筏隔振装置简图

①表面涂层技术

利用表面涂层技术降噪是被动控制技术的一种方法。表面涂层技术是通过对结构表面涂敷某种材料,对表面性能进行优化,赋予结构某种性能,涂层因其特殊的性能而被广泛应用。对于某些造成强烈振动的构件,由于形状尺寸等因素的影响,使得减振降噪技术受到限制。近年来,随着工业技术以及材料科学的快速发展,新工艺新材料的出现为船舶的减振降噪提供了新的思路和方法。

②阻尼涂层

阻尼涂层是在基体表面涂敷阻尼材料,利用阻尼材料的特殊性能,将振动机械能转化为其他形式的能量(如热能等),使结构系统恢复至受激前的形态。常见的阻尼涂层有自由阻尼结构、被动约束阻尼结构以及智能约束阻尼结构等。自由阻尼结构的阻尼机理是阻尼涂层与基体的弹性模量不同,使形变滞后于应力变化,阻尼层和基体会产生不一致的变形,在阻尼层和基体的交界面形成局部变形区域,不一致的变形会干扰时间域,增大应力应变的差角,提高结构的阻尼性能。自由阻尼结构的单层涂层具有操作简便,成本较低等优点,但其减振效果不理想,在使用时一般需涂敷较多的阻尼材料。

被动约束阻尼结构是由阻尼层和约束层两部分组成。阻尼层的材料为黏弹性材料。当外力作用于黏弹性材料时,其弹性性能表现为分子链被拉伸(储存能量过程);黏性性能表现为链端滑动不能恢复原状(消耗能量过程)。阻尼层的材料应满足以下特性:具有较高的损耗因子峰值,同时具有较宽的损耗因子峰值。这样才能保证阻尼涂层在较大的温度范围内有较高的阻尼性能。约束层的材料为弹性模量较大的材料。当基体受到外力时,阻尼层会发生拉伸或压缩变形,而弹性模量较大的约束层会阻止其发生形变。因此在阻尼层内部会产生交变剪切应力和应变,消耗大量的振动机械能,自由阻尼结构与约束阻尼结构如图 9.2 所示。

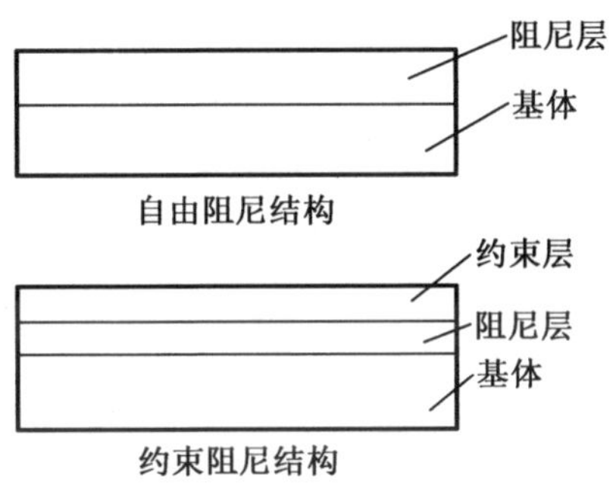

图 9.2 阻尼涂层结构简图

智能约束阻尼层结构是一种新型的阻尼涂层技术,是在被动约束阻尼层结构的研究基础上,加入反馈调节机制,可以随着振动环境的变化而调节控制。常见的智能约束阻尼层结构有可控约束阻尼层以及主动约束阻尼层等。可控约束阻尼层是在被动约束阻尼层的约束层上局部区域加入若干压电片作为驱动器。主动约束阻尼层是使用可控压电材料作为约束层,以实现反馈调节。由于其成本较高,通常在精密仪器设备中使用。智能约束阻尼层是目前国内外研究的热点,也是未来阻尼涂层的研究方向之一。

③不同制备工艺对阻尼涂层降噪性能的影响

阻尼涂层的制备方法有喷涂、电沉积、物理气相沉积等。等离子喷涂技术具有喷射离子速度高、沉积效率快等优点。电子束物理气相沉积制备的涂层与等离子喷涂技术制备的涂层相比,其具有热循环寿命高,致密度高,结合能力强,抗氧化、抗腐蚀性能好等优点。同时也具有制备成本高,沉积效率低,材料尺寸受限等缺点。等离子物理气相沉积结合了等离子喷涂与物理气相沉积两种技术的特点,具有较高的稳定性及沉积效率等优点,但需要大功率、高沉积效率以及寿命更长的喷枪来降低成本。

由于阻尼涂层的工作环境比较苛刻,提高阻尼涂层的性能和寿命就显得比较重要。优化制备方法,使制备方法更加完善;研制使涂层性能得到提高的新材料以及可以替代价格昂贵材料的新材料,使涂层的应用领域更加广泛等,这些都是未来阻尼涂层进一步发展的研究方向。

(2)主动控制技术

被动控制技术对中高频声波有较好地降噪效果,但是对于低频声波的降噪,被动控制技术所用材料的声衰减性能大幅下降,其降噪效果差,效率低,会造成大量的材料浪费。有学者提出用“反噪声”消除噪声,德国科学家 Paul. Lueg 基于声波叠加原理,提出了添加与原声波频率、幅值相同,但相位相差 180°的人为声波,利用干涉来抵消噪声,其原理如图 9.3 所示。添加外来能源来控制噪声的方法叫作主动控制技术。主动控制技术可以根据设定的控制规律动态的调整系统结构,达到消除噪声的目的。主动吸振技术是在振动源中加入动力吸振器,利用电子技术主动跟踪振动源,并产生与振动源相反的振动,以此降低振动源的振动。常用的有可调频式和非可调频式主动动力吸振器。主动隔振技术是在受控对象与振源之间加入次级振源,使其产生的振动抵消振源的振动,降低受控对象对振源激励的响应。该技术已应用在英国“特拉法尔加”级核潜艇以及美国“洛杉矶”级核潜艇,该技术的降噪效果非常明显。主动控制技术的出现,解决了许多被动控制技术难以解决的问题,尤其是低频噪声,有着非常显著的效果。但是单一的使用主动控制技术降噪,会存在功耗大、效率低等缺点。

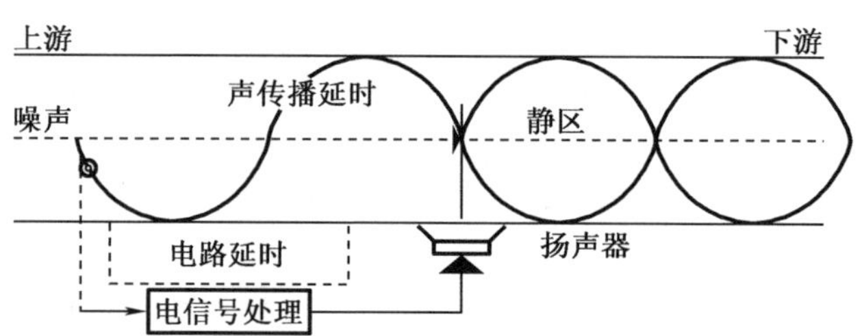

图 9.3 Leug 原理示意图

(3)混合振动控制技术

传统的被动控制技术用于中高频振动,主动控制技术用于低频振动,显示出优异的减振降噪效果,但是主、被动控制技术也都有各自的局限性。因此,将主、被动控制技术结合使用成为各国的研究热点。通过大量的研究,荷兰 TNO TPD 研制了一种新的控制技术,混合振动控制技术。混合振动控制技术是将主动控制技术(作动器)和被动控制技术(被动隔振器)同时应用于被控构件,被动隔振器用于分离中高频振动,同时作动器进行主动控制,衰减低频线谱振动,对低频振动和高频振动都有很强的隔离能力。主动振动控制技术及被动振动控制技术按其相对作用大小可以分为主从方式和并列方式,研究最多的是以被动振动控制为主的主从方式。常见的有主动振动控制与阻尼耗能相结合以及主动振动控制与基础隔振相结合等。混合振动控制技术具有效率高、频段广等优点,但是存在系统承载能力、作动器性能、稳定性等问题。因此,混合振动控制技术还需要不断优化。

船舶减振降噪技术是一项复杂的综合性工程。随着船舶技术的不断发展,声隐身材料、动力系统、电子信息等新技术的应用,船舶的降噪技术会更加多样化。船舶降噪的材料也可能是集装饰、防腐蚀、阻燃、防辐射等多功能的复合型材料。同时,单一的降噪技术已经不能很好地解决噪声问题,因此,多学科交叉的综合性降噪技术会越来越受到重视。此外,噪声的利用也是一种具有应用前景的方法,不仅能达到降低噪声的目的,而且节能环保。这些都可能成为该领域的研究热点。

9.2 振动控制理论分析方法

9.2.1 船舶振源

船舶的振动大都由螺旋桨、机器和波浪引起,螺旋桨和柴油机是主激振源,如图 9.4 所示。船舶上层建筑的振动问题至少有 80% 是由螺旋桨所致。

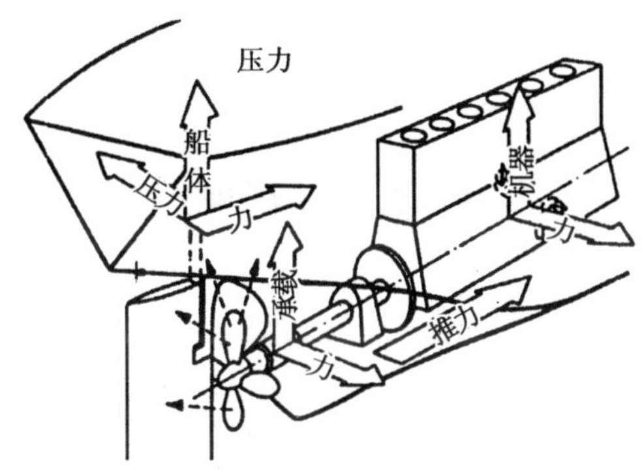

图 9.4 船舶主要振源

(1)螺旋桨振动

①伴流系数

螺旋桨和船体是一个相互作用的系统,二者之间的速度场影响形成了伴流场。影响船舶伴流分布的因素除了艉部方形系数和附体形状外,主要来自螺旋桨。螺旋桨的几何形状、桨叶面积、桨叶数、螺旋桨与船体的间隙大小以及螺旋桨转速等改变了伴流场的分布,引起船舶的激振力。伴流场变化愈小,激振力就愈小。因此,为了获得最小的螺旋桨激振力,应使伴流场处于均匀和稳定状态。

伴流的大小通常用伴流速度对船体速度的比值,即用泰勒伴流系数表示:

$$W = \frac{u}{V_s} = 1 - \frac{V_a}{V_s} \tag{9.1}$$

式中 u——伴流速度;

V_a——水进入桨叶盘的轴向流入速度;

V_s——船体速度。

②激振力成因

伴流在螺旋桨叶面上的分布是不均匀的，在轴向流入速度最小处，螺旋桨叶面将产生最大的桨叶负荷和桨叶吸入，而在轴向流入速度最大处，桨叶负荷最小，并产生叶背吸入。叶背与叶面的吸入，形成了空泡，在空泡破裂爆炸和桨叶的压差变化下产生了激振力。

激振力一方面以不定常的螺旋桨载荷通过轴系传递到船体，对轴承产生影响；另一方面以螺旋桨诱导的压力场通过水传递到船体表面，形成表面脉动压力，后者是引起激振力的最主要因素。

③轴承力

传递给船体螺旋桨轴的轴承力幅值由叶频整数各分量组成的傅里叶级数表达，激振频率 f 为

$$f=\frac{\mathrm{nzA}}{60} \tag{9.2}$$

式中 z——桨叶数目；

n——螺旋桨转速；

A——叶频倍数。

叶频脉动轴承力 F_a 为

$$F_a=2.52\rho n^2 D^4 J W_N \tag{9.3}$$

式中 ρ——流体密度；

J——螺旋桨转动惯量；

D——螺旋桨直径；

W_N——$0.75R$ 处第 N 谐次轴向伴流分量的幅值。

④表面力

传递给船体表面的脉动压力由无空泡螺旋桨的厚度作用力和桨叶上的空泡作用力的矢量合成。无空泡螺旋桨引起的叶频压力脉动分量单幅值 ΔP_0 为

$$\Delta P_0=\frac{(nD)^2}{70}\cdot\frac{1}{Z^{1.5}}\left(\frac{1}{d/R}\right)^{K_0} \tag{9.4}$$

式中 K_0——非空泡指数，当 $d/R\leqslant 2$ 时，$K_0=1.8+0.4(d/R)$，而当 $d/R>2$ 时，$K_0=2.8$；

R——螺旋桨半径；

d——船体上计算点到桨叶顶部位置时 $0.9R$ 处的距离。

空泡螺旋桨引起的叶频压力脉动 ΔP_c 为

$$\Delta P_c=\frac{(nD)^2}{160}\cdot\frac{V_s(W_{max}-W_e)}{\sqrt{h_a+10.4}}\left(\frac{1}{d/R}\right)^{K_c} \tag{9.5}$$

式中 K_c——空泡指数，当 $d/R<1$ 时，$K_c=1.7-0.7(d/R)$，而当 $d/R\geqslant 1$ 时，$K_c=1.0$；

h_a——距轴中心线深度；

W_{max}——最大伴流峰值；

W_e——有效伴流。

总的叶频压力脉动 ΔP_z 为

$$\Delta P_z = \sqrt{\Delta P_0^2 + \Delta P_c^2 + \Delta P_0 \Delta P_c \cos \varphi} \tag{9.6}$$

式中 Φ——相位角。

(2)柴油机振动

船舶柴油机交变气体压力和在往复、旋转运动下产生的不平衡质量力引起了主机结构、轴系、周围支承件和船体桁材的激振,柴油机的发火次序影响了激振频率和幅值。

柴油机气缸内的气体压力分解成水平支承力和连杆力,在曲轴上形成了切向分力和径向分力。切向分力是曲轴扭转振动的主要根源,它使系统产生惯性力和脉动支承力,当激振频率与轴系固有频率相同时,会产生“共振”现象,引起联接传动件、轴承支承压力动态放大以及船尾、船体桁材的激烈振动;而气体压力的径向分力是曲轴纵向振动的根源,给轴系止推轴承以很大的作用力,引起驾驶台上层建筑的振动。

曲轴在任意转角 α 下的气体切向压力 T 为

$$T = (P + P_0)\left(\sin \alpha + \frac{\lambda}{2}\sin 2\alpha\right) \tag{9.7}$$

式中 P_0——气缸往复运动引起的质量力;

P——气体压力;

λ——曲轴半径与连杆长度比。

任意转角 α 下的气体径向压力 R 为

$$R = (P + P_0)\left[\cos \alpha - \frac{\lambda}{2}(1 - \cos 2\alpha)\right] - P_r \tag{9.8}$$

式中 P_r——气缸旋转运动引起的质量力。

9.2.2 振级落差和 SIMP 法

为了减轻结构质量,大量轻型材料在船舶领域得到广泛的使用。复合材料具有高强度、高刚度,性能可设计、易于整体成型、耐腐蚀性、抗海生物附着、能吸收高能量和冲击韧性好等优点,而且密度比金属材料更小,阻尼损耗因子比金属材料更大,所以复合材料将会广泛地运用到半潜式平台上,在减轻平台结构质量和设备的减振上发挥重大作用。

金属-复合材料组合结构优化设计包括材料选择、拓扑、形状和尺寸优化等方面,如构件材料类型(钢、铝、碳纤维复合材料等)的选择,板材或梁的拓扑构型,构件外形与尺寸的优化等。

(1)振级落差

描述振动系统某一评价点在某一频率振动大小的常用指标是振级。加速度振级定义为

$$L_a = 20\lg \frac{a}{10^{-6} m/s^2} (\mathrm{dB}) \tag{9.9}$$

对于频响计算中某评价点在不同频率下的总振级计算,可以采用各频率点振级的合成

$$L_{all} = 10\lg\left(\sum_{i=1}^{N} 10^{0.1L_i}\right) (\mathrm{dB}) \tag{9.10}$$

振级落差定义为某振动系统在弹性安装情况下，弹性支承（隔振器）上、下的振动响应之比。加速度振级落差表达式为

$$L_r = 20\lg \frac{a_{\text{up}}^{\max}}{a_{\text{down}}^{\max}} (\text{dB}) \tag{9.11}$$

式中，$a_{\text{up}}^{\max}$ 和 $a_{\text{down}}^{\max}$ 为振动系统上、下振动评价点在计算频段内振动指标的最大幅值，可以分为位移振级落差、速度振级落差和加速度振级落差等描述指标。总振级落差定义为 $TL = L_{\text{allup}} - L_{\text{alldowm}}$，一般情况下 $TL \approx L_r$。

（2）拓扑优化设计的 SIMP 法

结构拓扑优化通过有限元分析和优化方法相结合求解，是在给定的设计空间内，依据已知外载及边界约束条件，解决材料分布问题，使结构刚度最大化或输出位移、内部应力达到设计要求的一种结构设计方法。SIMP 法是在变密度法基础上提出来的，优化过程中以结构有限元模型中单元的相对密度设计变量大小作为材料分布取舍，在数值稳定方面很高。

SIMP 方法引入假想的相对密度在 0 ~ 1 的单元，在一定的材料用量条件下，寻找某种度量下最大刚度（结构的最小柔顺性）的结构材料最佳分布形式。以结构的柔顺度作为目标函数，体积为约束的拓扑优化数学模型如下：

$$\begin{cases} \text{Min}:\mathrm{C}(\boldsymbol{X}) = \boldsymbol{U}^{\mathrm{T}}\boldsymbol{K}\boldsymbol{U} = \sum\limits_{e=1}^{N} (x_e)^p \boldsymbol{u}_e^{\mathrm{T}} \boldsymbol{k}_0 \boldsymbol{u}_e \\ s.\ t.\ : \dfrac{V(VX)}{V_0} \leqslant f \\ \boldsymbol{K}\boldsymbol{U} = \boldsymbol{F} \\ 0 < x_{\min} \leqslant x_e \leqslant x_{\max} \leqslant 1 \end{cases} \tag{9.12}$$

式中　$\boldsymbol{X}$——相对密度设计向量；

x_e——单元密度设计变量（$e = 1,2,\cdots,N$，N 为设计变量的数目）；

$C(\boldsymbol{X})$——结构的柔顺度；

$\boldsymbol{F}$——载荷矩阵；

$\boldsymbol{U}$——位移矩阵；

$\boldsymbol{K}$——整体刚度矩阵；

$\boldsymbol{u}_e$ 和 $\boldsymbol{k}_0$ 单元位移矩阵和单元刚度矩阵；

$V(X)$——在设计变量状态下的结构有效体积；

V_0——在设计变量取 1 状态下的结构有效体积；

f——材料用量的百分比；

$x_{\max}$、$x_{\min}$——单元密度设计变量上下限；

P——惩罚因子。

本节使用了 OptiStruct 软件中的局部近似法（the local approximation method）解决优化分析，局部近似方法解决优化分析步骤如下。

Step 1：运用有限元方法分析实际的问题；

Step 2：根据收敛准则判断，有限元分析结果是否满足收敛准则；

Step 3：设计敏感性分析；

Step 4：运用敏感分析结果，规划出局部近似优化问题的解决方案；然后返回到 Step1，重新分析。

这种分析方法是根据每步优化只有设计小变化的假设基础上进行的。优化的结果是局部最小值。比较大的变化是发生在最先优化的几步。

在 OptiStruct 软件包含正则收敛（regular convergence）和软收敛（soft convergence）两个收敛判断准则。当满足收敛准则连续两次迭代后认为正则收敛实现。这意味着，连续两次迭代中，目标函数的变化小于目的性和违反约束小于百分之一。当连续两次迭代中的设计变量没有变化或变化很小认为软收敛实现。当模型跟之前的迭代结果没有变化时，评估最终的设计目标是没有必要的。因此，软收敛比正则收敛要求的迭代次数较少。

9.3 组合浮筏结构材料选型、尺寸和拓扑优化

为了验证提出的同步进行材料选型、尺寸和拓扑优化方法的可行性，使用杨德庆在 2012 年使用过的减振浮筏作为验证算例。该浮筏是在一特殊试验船体上验证优化设计结果的小尺寸减振浮筏，将来可以运用到海洋平台上。它由浮筏底座、压缩机结构、砂箱、BE－60 隔振器组和筏体结构组成。结构质量包括压缩机组 294 kg，沙箱部分 80 kg、冷冻泵 65 kg 和组合结构自重，不同部件的连接认为是理性的连接。其中钢结构材料参数为弹性模量 $E=210$ GPa，柏松比 $\sigma=0.3$，密度 $\rho=7.85\times10^{-9}$ t/mm^3；复合材料中纤维材料参数为 $E_{11}=27\ 285.7$ MPa，$E_{22}=26\ 142.8$ MPa，$G_{12}=G_{23}=G_{13}=9\ 242.9$ MPa，$\nu_{12}=0.14$，$\eta_{11}=0.072\ 9$，$\eta_{22}=0.071\ 5$，$\eta_{12}=\eta_{23}=\eta_{13}=0.106\ 8$，密度 $\rho=1.6\times10^{-9}$ t/mm^3，铺层形式为$[0^0/90^0]$。

减振浮筏的有限元模型如图 9.5 所示，考察的振级落差关注点如图 9.6 所示。A_j 和 C_j $(j=1,2,\cdots,5)$ 作为结构上部的观察点，B_j 和 D_j $(j=1,2,\cdots,5)$ 作为结构相应的下部观察点。在压缩机和制冷泵中心位置加载单位垂向载荷，频率范围为 1 Hz 到 1 000 Hz 结构部件如图 9.7 所示。

结构优化设计要求如下：

①对结构部件 No.1 到 No.7 进行材料选型和厚度尺寸优化；

②对结构 No.5 到 No.7 进行材料选型、尺寸和拓扑优化；

③对结构 No.8 进行厚度优化，为了防止构件的屈服和屈曲，上下限为 60 mm 和 6 mm；

④在 1 Hz 到 1 000 Hz 的振级落差应不小于 20 dB 的减振效果；

⑤根据船级社和相关特殊设计要求，参考点的最小加速度应满足：$a_{(Am)j}^{\max}\leqslant 80$ mm/s^2，$a_{(Cm)p}^{\max}\leqslant 80$ mm/s^2；

⑥最大的变形应不超过浮筏长度的 1/300，即 6.7 mm；

⑦最大的结构应力应满足：$\sigma_{ik}\leqslant 100$ MPa。

根据设计要求，在材料选型过程中，符合材料的厚度应等于刚结构的 2.5 倍。

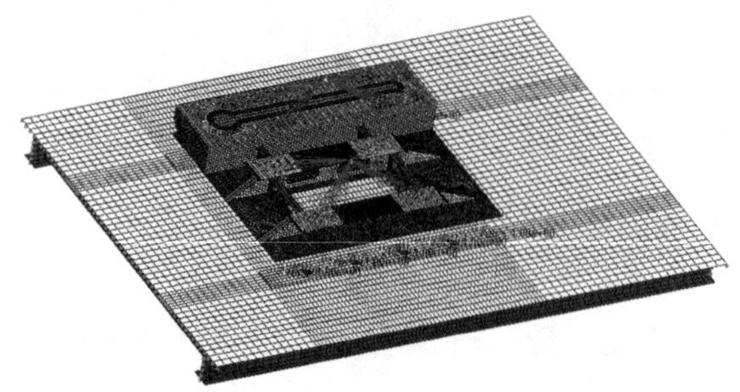

图 9.5 浮筏有限元模型图

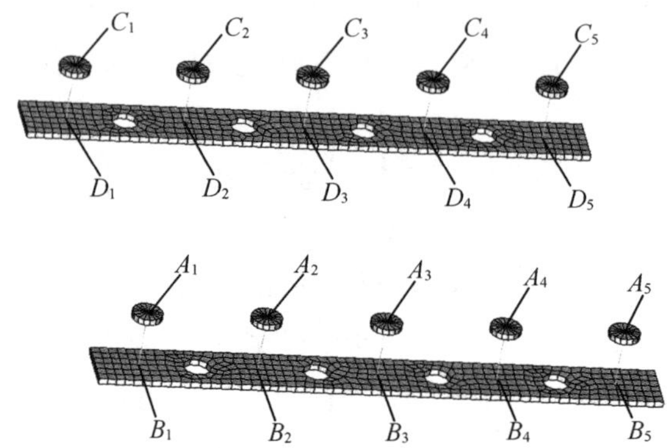

图 9.6 振级落差关注点位置

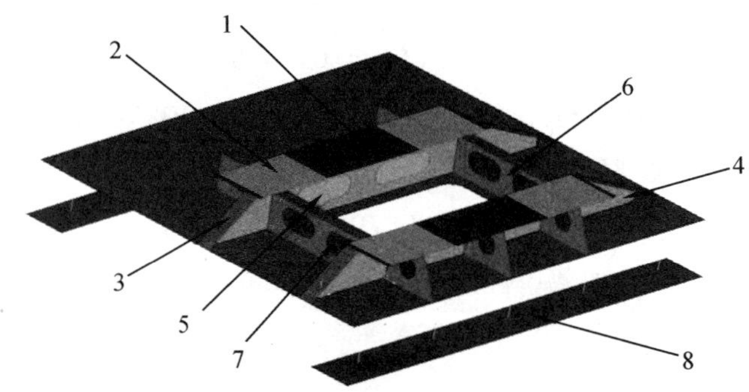

图 9.7 组合浮筏的优化设计变量

9.3.1 组合板结构材料选择、拓扑和尺寸优化数学模型

运用 LCM 方法进行材料选型,用 SIMP 方法定义材料的拓扑分布,对金属 - 复合组合结构同时进行材料选型、尺寸和拓扑优化。优化数学模型表达见式(9.13)所示。其中,结构质量为优化的目标函数,加速度振级落差、结构应力和位移作为约束条件,各结构厚度作为变量进行优化设计。

$$
\left.\begin{aligned}
Find\quad & \boldsymbol{T}_s = [t_{1s}, t_{2s}, \cdots, t_{ms}, t_{m+1s}, \cdots, t_{ns}]^{\mathrm{T}} \\
& \boldsymbol{T}_c = [t_{1c}, t_{2c}, \cdots, t_{ic}, \cdots, t_{mc}]^{\mathrm{T}} \\
& \widetilde{\boldsymbol{X}}_t = [X_1, X_2, \cdots, X_i, \cdots, X_n]^{\mathrm{T}} \\
Min\quad & Weight = \sum_{i=1}^{m}\sum_{t=1}^{T_{iT}}(t_{ic}\cdot\rho_c + t_{is}\cdot\rho_s)\cdot se_{it}\cdot x_{it} + \\
& \sum_{i=1}^{m}\sum_{t=T_{iT}+1}^{T_i}(t_{ic}\cdot\rho_c + t_{is}\cdot\rho_s)\cdot se_{it} + \\
& \sum_{i=m+1}^{n}\sum_{t=1}^{T_{iT}} t_{is}\cdot\rho_s\cdot se_{it}\cdot x_{it} + \\
& \sum_{i=m+1}^{n}\sum_{t=T_{iT}+1}^{T_i} t_{is}\cdot\rho_s\cdot se_{it} \\
s.t.\quad & \sigma_e^L \leqslant \sigma_{ek}[\boldsymbol{T}_s, \boldsymbol{T}_c, \widetilde{\boldsymbol{X}}_t] \leqslant \sigma_e^U \\
& \delta_{pk}[\boldsymbol{T}_s, \boldsymbol{T}_c, \widetilde{\boldsymbol{X}}_t] \leqslant \bar{\delta}_p \\
& a_{Aj}^{\max} \leqslant a_A^U \\
& a_{Bj}^{\max} \leqslant a_B^U \\
& 10^{L_r/20} - \varepsilon \leqslant a_{Aj}^{\max}/a_{Bj}^{\max} \leqslant 10^{L_r/20} + \varepsilon \\
& f^L \leqslant j \leqslant f^U \\
& t_{ic} = sca\cdot t_{is} \\
& t_{is}^L \leqslant t_{is} \leqslant t_{is}^U \\
& \boldsymbol{X}_i = [x_{i1}, x_{i2}, \cdots, x_{it}, \cdots, x_{iT_{iT}}]^{\mathrm{T}} \\
& 0 < x_{\min} \leqslant x_{it} \leqslant 1 \\
& i = 1,2,\cdots,n; e = 1,2,\cdots,E; k = 1,2,\cdots,K; \\
& p = 1,2,\cdots,P; t = 1,2,\cdots,T_{iT}
\end{aligned}\right\} \tag{9.13}
$$

$\boldsymbol{T}_s = [t_{1s}, t_{2s}, \cdots, t_{is}, \cdots, t_{ns}]^{\mathrm{T}}$ 和 $\boldsymbol{T}_c = [t_{1c}, t_{2c}, \cdots, t_{ic}, \cdots, t_{mc}]^{\mathrm{T}}$ 分别是桁架/刚架中基于层合部件法的离散每个杆件的钢与复合材料板的厚度设计变量。n 是桁架中含有钢层组合构件个数，m 是含有复合材料层构件个数，假设 $n \geqslant m$。$\widetilde{\boldsymbol{X}}_t = [X_1, X_2, \cdots, X_t, \cdots, X_n]^{\mathrm{T}}$ 是基于SIMP 法的总体杆件拓扑设计变量；$\boldsymbol{X}_i = [x_{i1}, x_{i2}, \cdots, x_{it}, \cdots, x_{iT_{iT}}]^{\mathrm{T}}$ 是第 i 个构件通过板单元有限元离散后的拓扑设计变量；T_i 是第 i 构件离散后有限元总数，T_{iT}是第 i 构件的拓扑设计变量总数；se_{it}是第 i 构件中第 t 个单元的面积；ρ_s 和 ρ_c 分别是钢和复合材料的密度。$\sigma_{ek}[\boldsymbol{T}_s, \boldsymbol{T}_c, \boldsymbol{X}_t]$是第 k 中工况下第 e 个单元的单元应力值，σ_e^L 和 σ_e^U分别是单元应力上下限。$\delta_{pk}[\boldsymbol{T}_s, \boldsymbol{T}_c, \widetilde{\boldsymbol{X}}_t]$ 和 $\bar{\delta}_p$ 是在 P 点的指定单元位移以及位移上限，k 是工况数。$a_{Aj}^{\max}$和 $a_{Bj}^{\max}$分别是 j Hz 时 A 点（上部点集合）与 B 点（下部点集合）的加速度幅值。a_A^U和 a_B^U分别是在 A 点与 B 点的加速度幅值的上限值。L_r 是 AVLD 的下限，f^U 和 f^L 分别是分析频率范围的上下限。$t_{ic} = sca\cdot t_{is}$表示可设计的钢材料与复合材料构件的尺寸等效比例关系，sca 是比例大小。

$x_{\min}$是最小相对密度(非零正数,以便避开矩阵奇异)。t_{is}^{L}和t_{is}^{U}分别为钢构件的尺寸上下限。其中,$n \geqslant m$意味着有限钢结构构件不需要进行材料选择优化。

为了进一步简化材料在金属与复合材料之间的选型优化,定义了滤波函数$f(t_{is})$对同步进行材料选型、尺寸和拓扑优化的数学模型进行转换。滤波函数原理见式(9.14)到式(9.17)。LCM方法中的每个组件各个材料厚度用第i层钢材料的厚度变量描述。传递设计变量T_{iP}是第i个部件的板厚,表示如下:

$$T_{iP} = T_{is} + T_{ic} \tag{9.14}$$

$$T_{is} = [1 + f(t_{is})]/2 \cdot t_{is} + t_{smin} \tag{9.15}$$

$$T_{ic} = [1 - f(t_{is})]/2 \cdot t_{is} \cdot sca + t_{cmin} \tag{9.16}$$

$$f(t_{is}) = \mathrm{sgn}[\sin(1\ 000 \cdot t_{is} \cdot \pi)] \tag{9.17}$$

式中 T_{is}——第i部件的钢材料层厚度;

T_{ic}——第i层的复合载荷层厚度;

sgn——符号函数;

为了避免单元钢度矩阵的奇异出现,在不影响部件整体钢度的前提下,增加了钢和复合材料层的最小厚度t_{smin}和t_{cmin}。其中$f(t_{is})$,T_{is}和T_{ic}的函数图示如图9.8到图9.10所示。

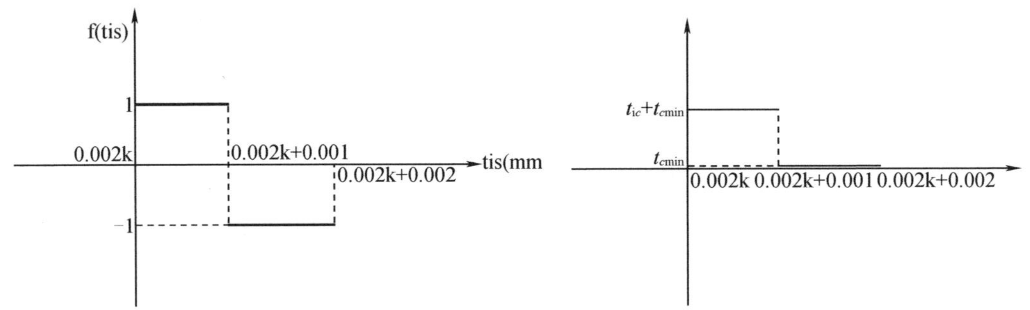

图9.8 过滤函数$f(t_{is})$的示意图　　图9.9 T_{is}的示意图

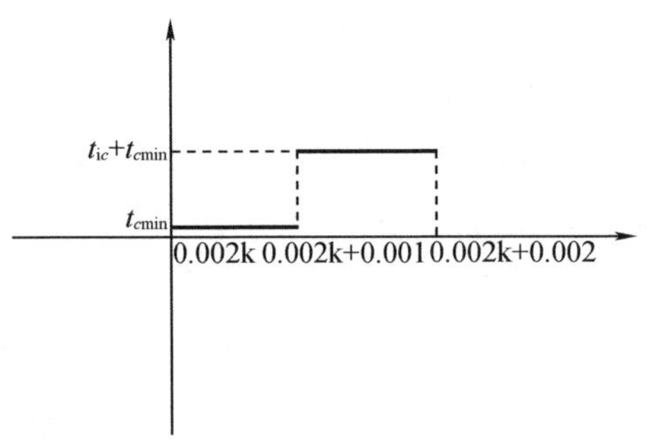

图9.10 T_{iC}的示意图

通过传递函数T_{iP}的转换后,熟悉模型式(9.13)转换为表达式(9.18)所示。

$$
\left.
\begin{aligned}
& Find \quad \boldsymbol{T}_s = [t_{1s}, t_{2s}, \cdots, t_{ms}, t_{m+1s}, \cdots, t_{ns}]^{\mathrm{T}} \\
& \qquad\quad \boldsymbol{T}_c = [t_{1c}, t_{2c}, \cdots, t_{ic}, \cdots, T_{mc}]^{\mathrm{T}} \\
& \qquad\quad \widetilde{\boldsymbol{X}}_t = [\boldsymbol{X}_1, \boldsymbol{X}_2, \cdots, \boldsymbol{X}_i, \cdots, \boldsymbol{X}_m]^{\mathrm{T}} \\
& Min \quad Weight = \sum_{i=1}^{m} \sum_{t=1}^{T_{iT}} (T_{ic} \cdot \rho_c + T_{is} \cdot \rho_s) \cdot se_{it} \cdot x_{it} + \\
& \qquad\qquad \sum_{i=1}^{m} \sum_{t=T_{iT}+1}^{T_i} (T_{ic} \cdot \rho_c + T_{is} \cdot \rho_s) \cdot se_{it} + \\
& \qquad\qquad \sum_{i=m+1}^{n} \sum_{t=1}^{T_{iT}} t_{is} \cdot \rho_s \cdot se_{it} \cdot x_{it} + \\
& \qquad\qquad \sum_{i=m+1}^{n} \sum_{t=T_{iT}+1}^{T_i} t_{is} \cdot \rho_s \cdot se_{it} \\
& s.t. \quad \sigma_e^L \leqslant \sigma_{ek}[\boldsymbol{T}_s, \boldsymbol{T}_c, \widetilde{\boldsymbol{X}}_t] \leqslant \sigma_e^U \\
& \qquad \delta_{pk}[\boldsymbol{T}_s, \boldsymbol{T}_c, \widetilde{\boldsymbol{X}}_t] \leqslant \bar{\delta}_p \\
& \qquad a_{Aj}^{\max} \leqslant a_A^U \\
& \qquad a_{Bj}^{\max} \leqslant a_B^U \\
& \qquad 10^{L_r/20} - \varepsilon \leqslant a_{Aj}^{\max}/a_{Bj}^{\max} \leqslant 10^{L_r/20} + \varepsilon \\
& \qquad f^L \leqslant j \leqslant f^U \\
& \qquad t_{ic} = sca \cdot t_{is} \\
& \qquad t_{is}^L \leqslant t_{is} \leqslant t_{is}^U \\
& \qquad \boldsymbol{X}_i = [x_{i1}, x_{i2}, \cdots, x_{it}, \cdots, x_{iT_{iT}}]^{\mathrm{T}} \\
& \qquad 0 < x_{\min} \leqslant x_{it} \leqslant 1 \\
& \qquad T_{ip} = T_{is} + T_{ic} \\
& \qquad T_{is} = [1 + f(t_{is})]/2 \cdot t_{is} + t_{s\min} \\
& \qquad T_{ic} = [1 - f(t_{is})]/2 \cdot t_{is} \cdot sca + t_{c\min} \\
& \qquad f(t_{is}) = \mathrm{sgn}[\sin(1\,000 \cdot t_{is} \cdot \pi)] \\
& \qquad i = 1,2,\cdots,m; e = 1,2,\cdots,E; k = 1,2,\cdots,K; \\
& \qquad t = 1,2,\cdots,T_{iT}; p = 1,2,\cdots,P
\end{aligned}
\right\} \tag{9.18}
$$

式中个变量含义同式(9.13)。

9.3.3 浮筏同步进行材料选型、尺寸和拓扑优化设计

根据数学模型(9.13),对该减振浮筏同步进行材料选型、尺寸和拓扑优化的数学模型如式(9.19)所示。式中设计变量含义同模型式(9.13)。

根据本节提出的同步进行材料选型、尺寸和拓扑优化的方法,进行了优化设计,并对优化设计结果与谢小龙(2011,进行的材料选择和尺寸优化)在相同条件下的优化结果进行对

比。表 9.1 给出了目标函数和部件材料及厚度的比较，表 9.2 给出了优化振级落差的比较。图 9.11 显示了经过拓扑优化后的单元密度，图 9.12 给出了进行同步优化中的目标函数的变化过程，图 9.13 给出了根据拓扑优化的结果，结构再设计的结果。图 9.14 到图 9.16 给出了结构优化前后关注点的 Von Mises 应力情况。

从结果可以明显看出，优化目标函数（结构质量）在满足约束条件的情况下，由 46.426 kg减少为 25.940 kg，即结构质量减少了 44.1%；结构在 $A_m - B_m(m=1,\cdots,5)$ 加速度的振级落差（AVLD）分布改变了 1.51 dB，−0.07 dB，1.78 dB，2.45 dB 和 −12.7 dB；$C_m - D_m(m=1,\cdots,5)$ 处振级落差分别增加了 1.65 dB，0.23 dB，1.97 dB，2.59 dB 和 1.62 dB 。

$$
\left.\begin{aligned}
&Find\quad \boldsymbol{T}_s = [t_{1s}, t_{2s}, \cdots, t_{is}, \cdots, t_{8s}]^{\mathrm{T}} \\
&\qquad\quad \boldsymbol{T}_c = [t_{1c}, t_{2c}, \cdots, t_{ic}, \cdots, t_{7c}]^{\mathrm{T}} \\
&\qquad\quad \widetilde{\boldsymbol{X}}_t = [X_1, X_2, \cdots, X_i, \cdots, X_7]^{\mathrm{T}} \\
&Min\quad Weight = \sum_{i=1}^{7}\sum_{t=1}^{T_{iT}} (T_{ic}\cdot\rho_c + T_{is}\cdot\rho_s)\cdot se_{it}\cdot x_{it} + \\
&\qquad\qquad \sum_{i=1}^{7}\sum_{t=T_{iT}+1}^{T_i} (T_{ic}\cdot\rho_c + T_{is}\cdot\rho_s)\cdot se_{it} + \\
&\qquad\qquad \sum_{t=T_{8T}+1}^{T_8} t_{8s}\cdot\rho_s\cdot se_{8t} \\
&s.t.\quad \delta_p[\boldsymbol{T}_s, \boldsymbol{T}_c, \widetilde{\boldsymbol{X}}_t] \leqslant 6.7 \\
&a_{Aj}^{\max}, a_{Cj}^{\max} \leqslant 80 \\
&a_{Bj}^{\max}, a_{Dj}^{\max} \leqslant 5 \\
&a_{Aj}^{\max}/a_{Bj}^{\max} \geqslant 10 \\
&a_{Cj}^{\max}/a_{Dj}^{\max} \geqslant 10 \\
&4 \leqslant t_{is} \leqslant 20 \\
&6 \leqslant t_{8s} \leqslant 60 \\
&t_{ic} = 2.5t_{is} \\
&\boldsymbol{X}_i = [x_1, x_2, \cdots, x_i, \cdots, x_{T_{iT}}]^{\mathrm{T}} \\
&T_{iP} = T_{is} + T_{ic} \\
&T_{is} = [1 + f(t_{is})]/2\cdot t_{is} + 0.005 \\
&T_{ic} = [1 - f(t_{is})]/2\cdot t_{is}\cdot 2.5 + 0.03 \\
&f(t_{is}) = \mathrm{sgn}[\sin(1\,000\cdot t_{is}\cdot\pi)] \\
&j = 1,2,\cdots,5; p = 1,2,\cdots,20; \\
&i = 1,2,\cdots,7
\end{aligned}\right\}\tag{9.19}
$$

表 9.1 部件中各材料厚度和目标函数

单位：mm

部件编号	部件名称	钢初始厚度	复合材料初始厚度	优化后钢厚度	优化后复合材料厚度	优化后钢厚度	优化后复合材料厚
1	mb_1	10.01	0.03	9.980 3	0.049 2	4.687	0.030
2	mb_2	20.01	0.03	0.016 4	49.958 9	0.005	12.660
3	mb_3	6.01	0.03	5.992 0	0.020 0	0.005	11.514
4	zlb_1	6.01	0.03	0.005 0	14.987 6	0.005	11.754
5	zlb_hole	6.01	0.03	—	—	4.657	0.030
6	hlb_1	6.01	0.03	0.024 3	14.939 3	0.005	12.006
7	hlb_hole	6.01	0.03	—	—	0.005	12.120
8	squares	16.00	—	16.398 8	—	14.70	—
目标函数	—	初始/kg	46.426	优化值/kg	36.479 7	优化值8/kg	25.940

表 9.2 参考点处的振级落差和加速度

参考点编号		a_{Am}^{max} /(mm/s²)	a_{Bm}^{max} /(mm/s²)	AVLD /dB	a_{Cm}^{max} /(mm/s²)	a_{Dm}^{max} /(mm/s²)	AVLD dB
1	初始值	73.00	5.45	22.54	74.19	5.51	22.58
	优化值	70.25	4.25	24.37	73.40	4.37	24.51
	优化值	67.41	4.23	24.05	71.48	4.39	24.23
	与初始差别	-5.59	-1.22	1.51	-2.71	-1.12	1.65
2	初始值	69.05	2.74	28.04	69.42	2.75	28.05
	优化值	66.48	2.64	28.01	68.89	2.68	28.21
	优化值	64.10	2.56	27.97	67.41	2.60	28.28
	与初始差别	-4.95	-0.18	-0.07	-2.01	-0.15	0.23
3	初始值	64.20	5.09	22.02	64.76	5.12	22.04
	优化值	61.87	3.79	24.27	64.51	3.88	24.43
	优化值	59.78	3.86	23.80	63.46	4.00	24.01
	与初始差别	-4.42	-1.23	1.78	-1.30	-1.12	1.97
4	初始值	59.39	6.92	18.67	59.94	6.99	18.67
	优化值	57.38	4.72	21.70	59.95	4.87	21.81
	优化值	55.88	4.91	21.12	59.33	5.13	21.26
	与初始差别	-3.51	-2.01	2.45	-0.61	-1.86	2.59

表 9.2(续)

参考点编号		a_{Am}^{max} /(mm/s²)	a_{Bm}^{max} /(mm/s²)	AVLD /dB	a_{Cm}^{max} /(mm/s²)	a_{Dm}^{max} (mms²)	AVLD /dB
5	初始值	266.48	3.41	37.86	55.19	3.44	24.10
	优化值	79.60	2.73	29.29	55.47	2.80	25.93
	优化值	50.00	2.76	25.16	55.28	2.86	25.72
	与初始差别	-216.48	-0.65	-12.70	0.09	-0.58	1.62

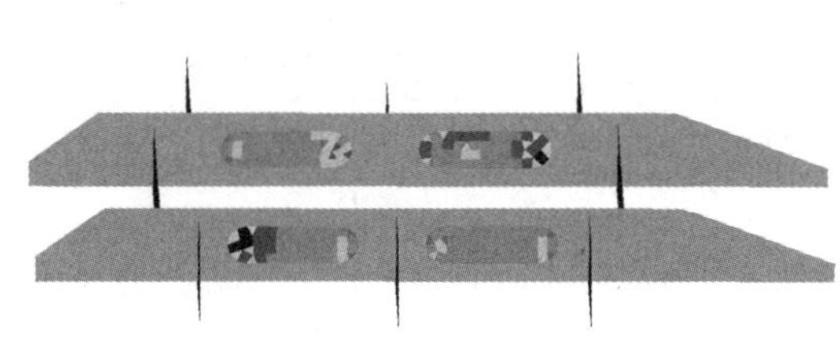
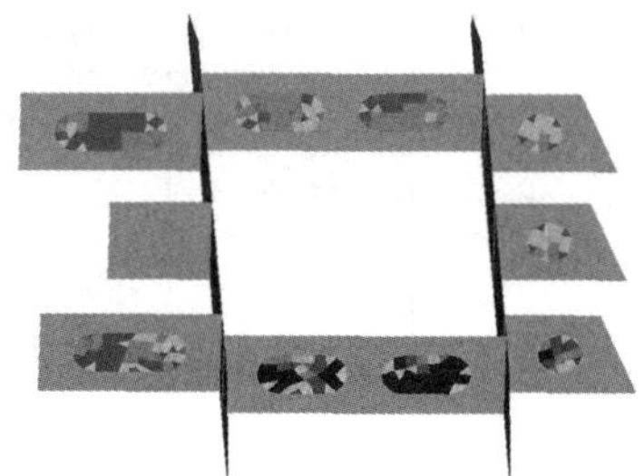

图 9.11　hlb - hole 和 zlb - hole 组件的拓扑优化结果

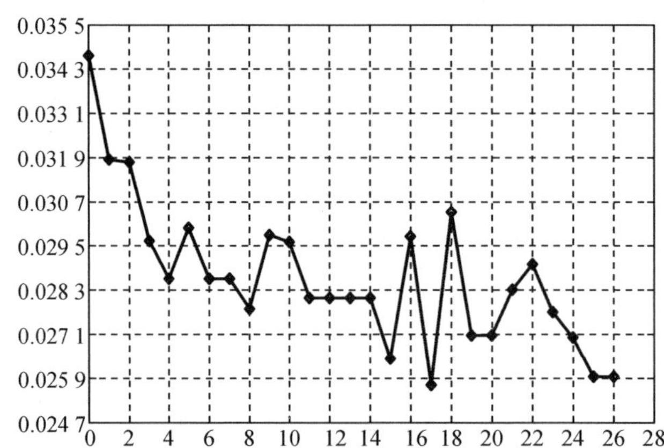

图 9.12　目标函数优化历程

图 9.13　hlb - hole 和 zlb - hole 组件重新设计结构

图 9.14 优化设计中 Von Mises 应力输出点布置

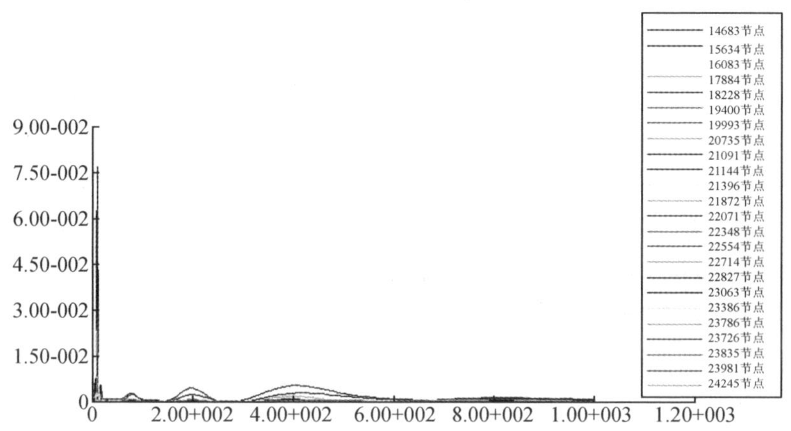

图 9.15 优化设计前关注点处 Von Mises 应力

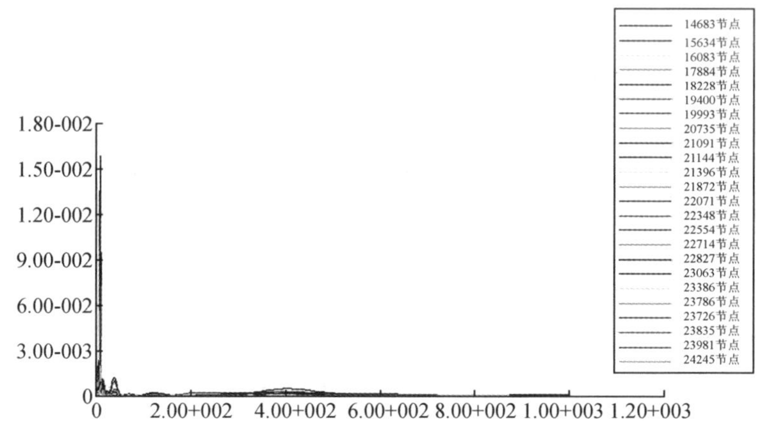

图 9.16 优化设计后关注点处 Von Mises 应力

根据层合部件法(LCM)和 SIMP 方法,提出了对板壳连续结构同步进行材料选择、尺寸优化和拓扑优化方法,并建立相应的数学模型。运用该方法对一典型的减振浮筏进行优化设计,验证方法的可行性。提出了两种分阶段进行材料选型、尺寸和拓扑优化的方法来对文中提出的同步优化方法进一步验证。

通过算例可以看出,同步进行材料选择、尺寸和拓扑优化的方法是可行的、有效的。在满足各个约束条件的情况下,目标函数(结构质量)由 46.426 kg 减少到 25.940 kg,减少了 44.1%。而且相比于两种分阶段优化的效果更好,拓扑优化更彻底。

本章参考文献

[1] 韦璇, 马玉璞, 孙社营. 舰船声隐身技术和材料的发展现状与展望 [J]. 舰船科学技术, 2006(6): 22 – 27.

[2] 李阳, 何琳, 崔立林, 等. 螺旋桨空化对噪声调制特征影响研究 [J]. 舰船科学技术, 2018, 40(9): 1 – 5.

[3] 何琳, 徐伟. 舰船隔振装置技术及其进展 [J]. 声学学报, 2013, 38(2): 128 – 136.

[4] WANG Z., MAK C M. Application of a movable active vibration control system on a floating raft[J]. Journal of Sound and Vibration, 2018, 414: 233 – 244.

[5] ZHANG K, HAO L, DU M, et al. A review on thermal stability and high temperature induced ageing mechanisms of solar absorber coatings[J]. Renewable and Sustainable Energy Reviews, 2017, 67: 1282 – 1299.

[6] 郑荻. 船舶低频振动噪声的自主控制方法 [J]. 舰船科学技术, 2018, 40(18): 28 – 30.

[7] YUNCHUAN C, YAOQING Z, HONGMEI H, et al. The study on synthesis and application of PU – PA interpenetrating polymer network for damping of high – speed rail vehicle[J]. Paint and Coatings Industry, 2013(7):35 – 65.

[8] JOSÉ S M, ARAÚJO, CORREIA V F et al. Active – passive damping in functionally graded sandwich plate/shell structures[J]. Composite Structures, 2018,202(10):324 – 332.

[9] HAJMOHAMMAD M H, FARROKHIAN A, KOLAHCHI R. Smart control and vibration of viscoelastic actuator – multiphase nanocomposite conical shells – sensor considering hygrothermal load based on layerwise theory[J]. Aerospace Science and Technology, 2018,78(8):260 – 270.

[10] 胡旋烨, 黄国胜, 程旭东. 热障涂层制备工艺的综述[J]. 热加工工艺, 2017, 46(24): 6 – 9,13.

[11] 杨铁军, 靳国永, 李玩幽, 等. 舰船动力装置振动主动控制技术研究 [J]. 舰船科学技术, 2006(S2): 46 – 53.

[12] 刘小玲, 王旭, 郭莹, 等. 国外振动噪声有源控制技术发展现状[J]. 舰船科学技术, 2011, 33(4): 151 – 155.

[13] WANG Z, MAK C M. Application of a movable active vibration control system on a floating raft[J]. Journal of Sound and Vibration, 2018, 414: 233 – 244.

[14] KUPERMAN W A. Ocean noise: Lose it or use it[J]. Journal of the Acoustical Society of America, 2013, 133(5): 3504.

[15] O. H. Solumsmoen. Ship Vibration. Experience from Service Measurements [J]. VERITAS – Publication, 1977(96):38 – 45.

[16] 中国船舶工业总公司. 船舶设计实用手册:总体分册[M]. 北京:国防工业出版社,1998.

[17] 委里塔斯船舶集团. 船舶振动控制[M]. 马运义,黄白,译. 大连:大连海运学院出版社,1992.

第 10 章　船舶与海洋工程结构动力响应可靠性

10.1　船舶与海洋工程结构动力响应可靠性述评

结构动力响应即结构在动力载荷作用下的响应，主要是由已知结构和动力载荷来计算结构的响应，以确定结构的承载能力和动力特性，为改善结构性能、合理进行设计提供依据，结构动力分析不仅要考虑动力载荷和响应随时间而变化，而且还要考虑结构因振动而产生的惯性力和阻尼力。结构可靠性是指其安全性、耐久性和适用性，但迄今为止，国内外学者均以研究安全性为主，对结构可靠性研究较少。结构可靠性以可靠度为其测度，所谓结构可靠度，是指结构在规定的时间内，在规定的条件下，完成预定功能的概率。

船舶与海洋工程结构复杂、体积庞大、造价昂贵，特别是与陆地结构相比，它所处的海洋环境十分复杂和恶劣，承受着多种随时间和空间变化的随机载荷，包括风、海浪、海流、海冰和潮汐作用于结构，同时还受到地震作用的威胁，载荷存在较大的不确定性。在此恶劣的环境条件下，环境腐蚀、海生物附着、地基土冲刷和基础动力软化、材料老化、构件缺陷和机械损伤以及疲劳和裂纹扩展的损伤积累等不利因素都将导致平台结构构件和整体抗力的衰减、影响结构的服役安全度和耐久性。同时，结构物所需材料选择、材料生产加工时存在的误差均对结构可靠性存在较大的影响。由于人们对海洋环境的复杂性和随机性以及平台结构的损伤积累和服役安全度认识不充分，历史上曾有多次海洋平台的事故，造成了重大的经济损失和不良的社会影响。因此，为了保证船舶与海洋工程结构物的安全，必须了解与研究波浪作用下船舶与海洋工程结构的动力响应可靠性。

10.2　结构动力可靠性基本理论与方法

10.2.1　载荷随机分布

针对海洋平台可靠性研究前首先要对环境参数进行确定，在对环境载荷模型进行分析时，其载荷分布概率常常涉及极值分布问题，本节首先讨论随机过程中载荷的极值分布问题。

随机过程 $x(t)$ 的极值可以定义为当 $\dot{x}(t)=0$ 和至 $\ddot{x}(t_0)<0$［或 $\ddot{x}(t_0)>0$］时，随机过程 $x(t_0)$ 在 t_0 时刻达到极大值（或极小值）。当 $x(t)$ 二次可微时，在时间 $(0,T)$ 内，随机过程 $x(t)$ 的极值超过给定的 $x=b$ 的总数 $m_b(T)$，由下式给出：

$$m_b(T)=\int_0^{\mathrm{T}}\dot{x}(t)\delta\{\dot{x}(t)\}U\{x(t)-b\}\mathrm{d}t \tag{10.1}$$

用 $M_b(T)$ 和 $\mu_b(t)$ 表示计数过程 $m_b(T)$ 的期望值和单位时间内的期望值：

$$M_b(T) = E[m_b(T)] = \int_0^T \mu_b(t)\,dt \tag{10.2}$$

若已知 x、$\dot{x}$ 和$\ddot{x}$的联合概率密度函数 $fx\ \dot{x}\ddot{x}()$，则有

$$M_b(T) = -\int_0^T dt \int_0^\infty d\ddot{x} \int_{-\infty} \ddot{x} fx\ \dot{x}\ \ddot{x}(x,0,\ddot{x},t)\,dx \tag{10.3}$$

$$\mu_b(t) = -\int_0^\infty d\ddot{x} \int_{-\infty}^\infty \ddot{x} fx\ \dot{x}\ \ddot{x}(x,0,\ddot{x},t)\,dx \tag{10.4}$$

令 $b=-\infty$，则 $\mu_{-\infty}(t)$ 代表单位时间内任意极值的总数的期望值。而比值 $\dfrac{\mu_{-\infty}(t)-\mu_b(t)}{\mu_{-\infty}(t)}$ 表示界限 $x=b$ 以下的单时间的极值总数期望值与单位时间的极值总数的期望值之比。Huston 和 Skopinski 最先提出假设极值的概率分布函数等于这个比值。即

$$F_P(b,t) = \frac{\mu_{-\infty}(t)-\mu_b(t)}{\mu_{-\infty}(t)} = 1-\frac{\mu_b(t)}{\mu_{-\infty}(t)} \tag{10.5}$$

在式(10.5)中关于 b 求导，即得极值分布的概率密度函数：

$$F_p^l(b,t) = -\frac{1}{\mu_{-\infty}(t)}\frac{\partial}{\partial b}\mu_b(t) = -\frac{1}{\mu_{-\infty}(t)}\int_{-\infty}^0 \ddot{x} fx\ \dot{x}\ \ddot{x}(b,0,\ddot{x},t)\,d\ddot{x} \tag{10.6}$$

严格地说，极值分布的概率密度函数为

$$F_P(b,t) = P\{\max x(t) \leqslant b\} = 1-E\left[\frac{\mu_{b(t)}}{\mu_{-\infty}(t)}\right] \tag{10.7}$$

对于均值为 0 的三维平稳高斯过程来说，其协方差矩阵为

$$[S] = \begin{bmatrix} \alpha_0 & 0 & -\alpha_2 \\ 0 & \alpha_2 & 0 \\ -\alpha_2 & 0 & \alpha_4 \end{bmatrix} \tag{10.8}$$

其中

$$\left.\begin{aligned} \alpha_0 &= \sigma_x^2 & \alpha_2 &= a_{\dot{x}}^2; \\ \alpha_4 &= a_{\ddot{x}}^2 & |S| &= \alpha_0\alpha_2 x_4 - \alpha_2^3 \end{aligned}\right\} \tag{10.9}$$

而 $x(t)$ 的三维概率密度函数为

$$fx\ \dot{x}\ddot{x}(x,0,\ddot{x}) = \frac{1}{\sqrt{8\pi^3|S|}}\exp\left[-\frac{1}{2|S|}(\alpha_2\alpha_4x^2+2\alpha_2^2x\ddot{x}+\alpha_0\alpha_4\ddot{x}^2)\right] \tag{10.10}$$

将式(10.10)代入式(10.6)中，得

$$f_p(b) = \frac{1-\alpha^2}{\sqrt{2\pi\alpha_0}}\exp\left[-\frac{b^2}{2\alpha_0(1-\alpha^2)}\right] + \frac{\alpha b}{2\pi\sigma_x^2}\left\{1+erf\left[\frac{\alpha b}{\sqrt{2(1-\alpha^2)}}\right]\right\}\exp(-Fb^2)2\alpha_0 \tag{10.11}$$

$$\alpha = \frac{v_0^+(t)}{\mu_{-\infty}(t)} = \frac{v_0^+}{\mu_{-\infty}} = \frac{\alpha_2}{\sqrt{\alpha_0\alpha_4}} \tag{10.12}$$

式中 α 是以正斜率和零线交差次数的期望值 v_0^+ 与任意极值总数的期望值 $\mu_{-\infty}$ 之比。$\alpha_0=\sigma_x^2$，σ_x^2 是高斯过程所得到的目标函数的方差，b 为给定的 x 数值。故有 $0<\alpha$。当 α 接

近于1时，$x(t)$为窄频带过程。令$\alpha=1$，由式(10.11)得

$$f_p(b)=\frac{b}{\sigma_x^2}\exp\left[-\frac{b^2}{2\sigma_x^2}\right] \tag{10.13}$$

式(10.13)定义的分布称为瑞雷分布(Rayleigh distrbution)。

反之，当α非常小时，即与零点交差次数相比。在极值的数量很大的情况下，式(10.11)变成：

$$f_p(b)=\frac{t}{\sqrt{2\pi}\sigma_x}\exp\left[-\frac{b^2}{2\sigma_x^2}\right] \tag{10.14}$$

即高斯分布。通常情况下，载荷极值分布则介于这两种极限分布之间。

环境参数进行确定时往往涉及多变量的极值分析，多变量极值分析是要构造一个描述多变量极值行为的联合概率分布函数。从数据资料中选取样本，然后运用合适的概率模型进行计算。多变量极值概率分析方法包括以下四个过程：抽取子样、建立样本的边缘分布模型、建立边缘变量的相关性模型、通过多变量极值模型得到设计海况。Gumbel 分布适合作为长序列重现期设计特征值推算的概率模型。

Gumbel 提出的以标准 Gumbel 分布为边缘分布的二维 Gumbel 逻辑分布，其联合分布函数为

$$F_{XY}(x,y)=\exp\{-[(-\ln F(x))^m+(-\ln F(y))^m]^{1/m}\} \quad (m\geq 1) \tag{10.15}$$

式中$F(x)$和$F(y)$分别表示随机变量X和Y的边缘分布，分布函数为

$$F_X(x)=\exp[-\exp(x)] \tag{10.16}$$

$$F_Y(y)=\exp[-\exp(y)] \tag{10.17}$$

$m(m\geq 1)$为表征随机变量X和Y之间相关性的参数：当$m=1$时表示X和Y完全独立，当$m\to\infty$时表示X和Y完全相关。Gumbel 给出该参数的建议估计公式如下：

$$m=\frac{1}{\sqrt{1-\rho_{XY}}}(0\leq\rho_{XY}\leq 1) \tag{10.18}$$

其中，ρ_{XY}表示随机变量X和Y之间的相关参数，其估计公式为

$$\rho_{XY}=E[(X-\mu_X)(Y-\mu_Y)]/\sigma_X\sigma_Y \tag{10.19}$$

其中，(μ_X,σ_X)和(μ_Y,σ_Y)分别表示随机变量X和Y的均值和标准差。

当$m=1$，即X和Y的相关系数$\rho_{XY}=0$时，表示随机变量X和Y完全独立，它们的联合概率函数为它们边缘分布函数的乘积，即

$$F_{XY}(x,y)=F_X(x)F_Y(y) \tag{10.20}$$

将随机变量X和Y二维耿贝尔逻辑分布的位置参数和尺度参数，分别用(a_X,b_X)和(a_Y,b_Y)表示，并带入式(10.2)和式(10.3)得到边缘分布函数的形式为

$$\begin{cases} F_X(x)=\exp\left[-\exp\left(-\dfrac{x-a_X}{b_X}\right)\right] \\ F_Y(y)=\exp\left[-\exp\left(-\dfrac{y-a_Y}{b_Y}\right)\right] \end{cases} \tag{10.21}$$

把式(10.21)代入式(10.15)，并对分布函数的变量x和y求偏导，可得到随机变量X和Y的联合概率密度函数为

$$f_{XY}(x,y)=\frac{F_{XY}(x,y)}{b_X b_Y}\left[\left\{-\exp\left[-\frac{m(x-a_X)}{b_X}\right]+\exp\left[-\frac{m(y-a_Y)}{b_Y}\right]\right\}^{\frac{1}{m}}+m-1\right]\times$$
$$\left\{\exp\left[-\frac{m(x-a_X)}{b_X}\right]+\exp\left[-\frac{m(y-a_Y)}{b_Y}\right]\right\}^{\frac{1-2m}{m}}\times$$
$$\exp\left[-m\left(\frac{(x-a_X)}{b_X}+\frac{(y-a_Y)}{b_Y}\right)\right] \tag{10.22}$$

与$f_{XY}(x,y)$相对应的联合累积分布函数为

$$F_{XY}(x,y)=\exp\left\{-\left\{\exp\left[-\frac{m(x-a_X)}{b_X}\right]+\exp\left[-\frac{m(y-a_Y)}{b_Y}\right]\right\}^{\frac{1}{m}}\right\} \tag{10.23}$$

当两随机变量X和Y都超过相应的某实数x和y时,对应的联合概率重现期$T_{XY}(x,y)$可由下式求得

$$T_{XY}(x,y)=\frac{1}{1-F_{XY}(x,y)} \tag{10.24}$$

其中,二维联合概率分布函数$F_{XY}(x,y)=P(X\leqslant x,Y\leqslant y)$。

二维耿贝尔逻辑模型的分布参数由边缘分布参数和相关性参数估计得到。

10.2.2 结构极限状态

1.典型工况下船舶与海洋工程结构的极限状态

船舶与海洋工程结构的极限状态主要和波高、波浪周期、相位、浪向角以及平台装载情况等有关。对船舶与海洋工程结构的极限状态进行分析时,需要对结构物的多受力状态进行分析,总结出对结构物整体或某些局部结构影响最大的状态。

(1)船体结构极限状态

①船体的总纵弯曲

作用在船体上的重力、浮力、波浪水动力和惯性力等而引起的船体绕水平横轴的弯曲称为总纵弯曲(longitudinal bending)。总纵弯曲由静水总纵弯曲和波浪总纵弯曲两部分叠加而成。

船体在静水中的总纵弯曲:船舶在静水中受到的外力有船舶及其装载的重力和水的浮力。重力包括船体本身结构质量和机器、装备、燃料、水、供应品、船上人员及行李和载货质量,军舰还包括武备及防护质量。

重力的方向向下,合力P通过船舶的重心G点。浮力的方向向上,浮力D等于船体排开水的体积V和水的重度r的乘积,其合力通过浮心B点。重力和浮力在静水中处于平衡状态,如图10.1所示。

设想将船体沿船长方向分割成若干段,由于重力与浮力沿船长方向分布不一致,故作用在每一段上的重力和浮力并不相等。如果将段与段之间的约束解除,每一段为了重新取得平衡,必然产生上下移动趋势,直到取得静力平衡为止,如图10.2所示。

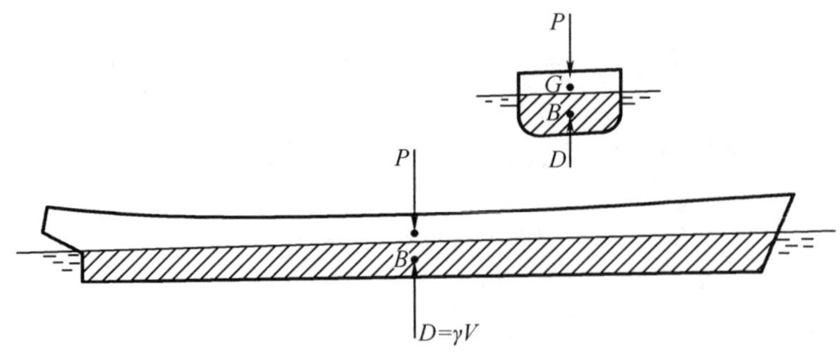

图 10.1　船体在静水中力的平衡

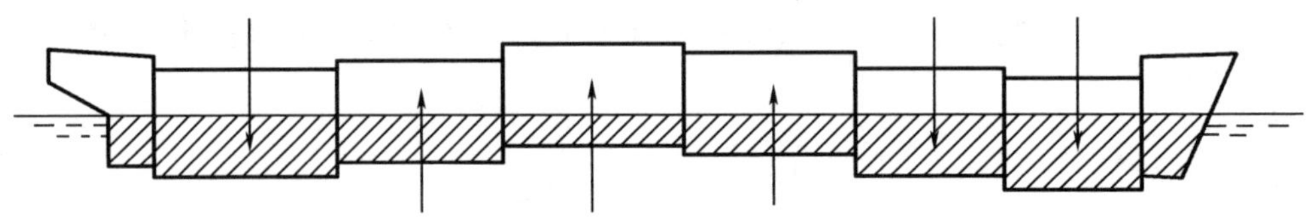

图 10.2　船体变形的趋势

事实上船体是一个整体结构，当然不可能发生如图 10.2 所示的那样变动。如让它们自由变动，在船体结构内部必然有内力产生，使船体发生弯曲（中拱弯曲或中垂弯曲）。

船体各段重力与浮力的不平衡总是存在的，因为船上各种质量除了固定的结构和机械设备外，常随着装载的情况而变动，而浮力的大小和分布则是由船体浸水部分的形状决定的。长度方向上重力与浮力的差值即为作用在船体上的外载荷。船体受到外载荷会发生弯曲变形，在船体内产生弯曲力矩，图 10.3 是船长方向的弯矩曲线图。弯矩的最大值在船体的中部，向艏艉部逐渐减小。

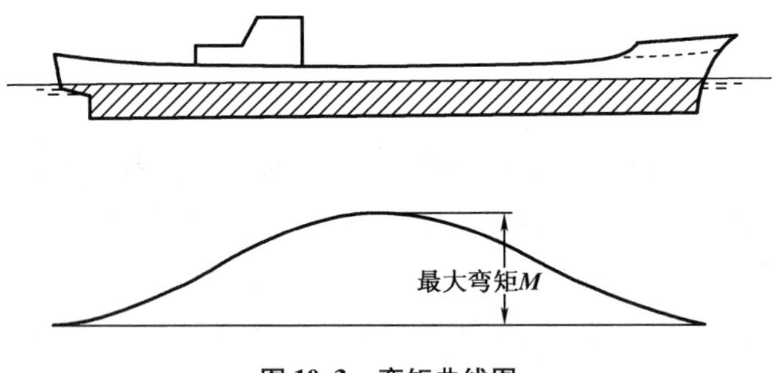

图 10.3　弯矩曲线图

船体在波浪中的总纵弯曲：在波浪状况下，船体内产生的弯矩会较静水中为大。一般认为波浪长度等于船长时，船体的弯曲最为严重。当波峰在船中时，会便船体中部同上弯，仍列中六 1nogging）。当波谷在船中时，会使船体中部向下弯曲，称为中垂弯曲（sagging）。中拱弯曲时，船体的甲板受拉伸，底部受压缩。中垂弯曲时，船体的甲板受压缩，底部受拉伸，如图 10.4 所示。

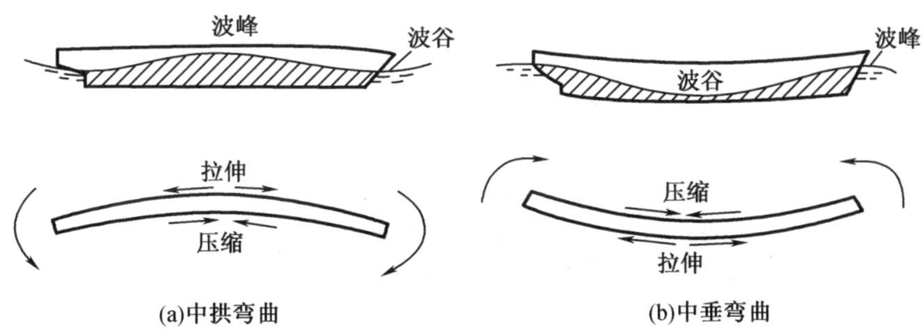

图 10.4 中拱弯曲和中垂弯曲示意图

(2)半潜式平台极限状态

对半潜式平台而言,内部多种局部结构的承载能力至关重要,所以极限状态的选择多半是根据该状态对平台内部局部结构的影响程度决定的。美国船级社(ABS)规范的要求,半潜式平台极限状态一般包括以下几种:

① 最大横向受力状态

海洋工程平台结构受来横向波浪,浪向与船艏的夹角为 90°,波长约等于浮筒外侧间宽度的两倍,当波峰位于船中、波谷位于两端呈对称分布的情况下(图 10.5),纵向浮筒间的分离力达到最大值。当波谷位于船中、波峰位于两端呈对称分布的情况下纵向浮筒间的挤压力达到最大值。此时浮筒间的横向构件将受到最大的轴向力。

②最大扭转状态

海洋工程平台结构受到斜浪(浪向角 30° ~60°不定),波长约等于浮筒两端对角线长,波谷位于对角线中心、波峰位于两边的情况下,横轴的扭矩达到最大值(图 10.6)。除了受扭矩作用,同时存在分离力,此时对于双下浮体的半潜式平台、水平斜撑和垂向斜撑所受的轴向力很大。

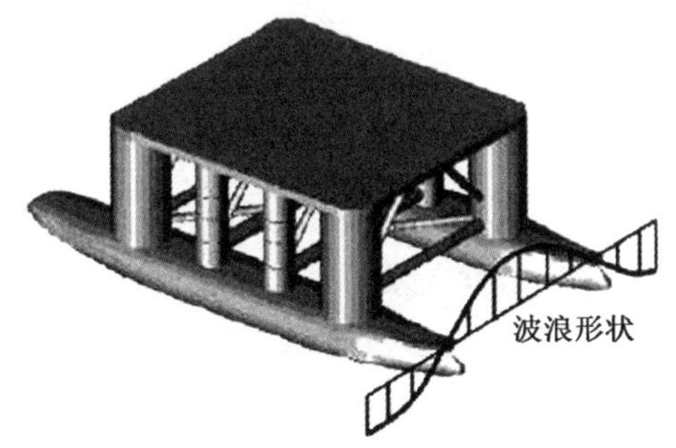

图 10.5 浮筒间的分离力

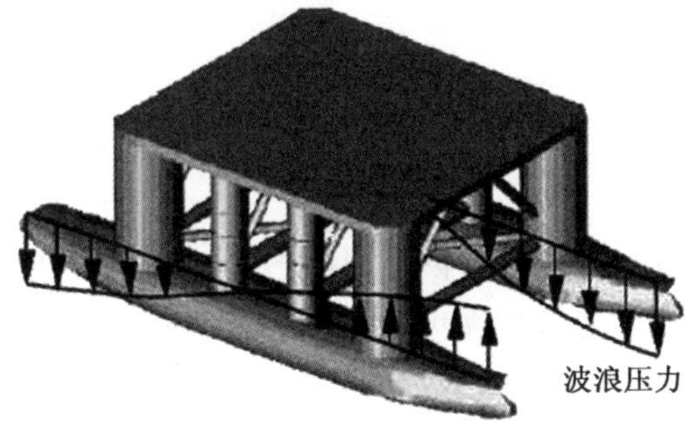

图 10.6 扭矩工况

③最大纵向剪切状态

平台结构受到斜浪,波长约等于浮筒两端对角线长的 1.5 倍,波谷位于对角线、波峰位于两侧时,浮筒间的纵向剪切力达到最大值(图 10.7)。除受纵向剪切力之外,同时存在水平分离力,且分离力与剪切力对横向构件产生相同应力分量,该状态使两浮筒间产生方向相反的纵向(和垂向)位移,因此,横向构件上将产生相当大的弯矩。

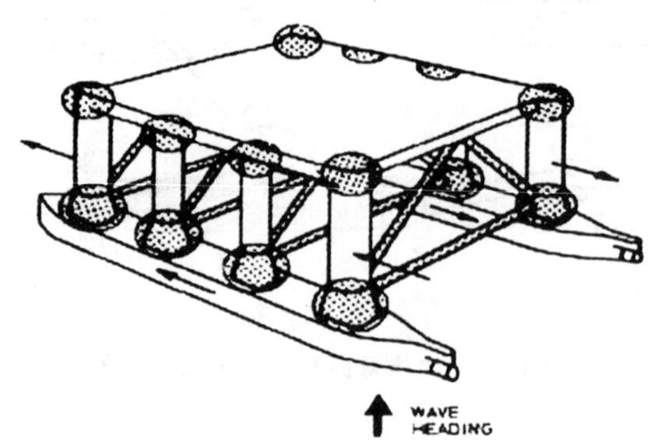

图 10.7　纵向剪切工况

④最大垂向弯曲状态

海洋工程平台结构受到迎浪(浪向角 0°)或随浪(浪向角 180°)、波长约等于浮筒长、波峰位于船中、波谷位于两端或波谷位于船中、波峰位于两端呈对称分布的情况下,浮筒上将会产生最大的垂向波浪弯矩。该种状态下,对于单个浮筒此时的受力情况与船舶相似,浪向与波长接近时垂向波浪弯矩响应达到最大值,如图 10.8 所示,对纵向浮筒结构最不利,此时研究纵向浮筒在弯矩作用下的极限强度有较大意义。

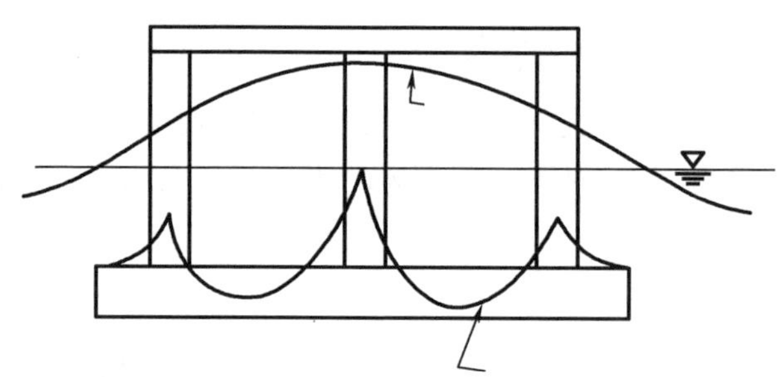

图 10.8　最大波浪弯矩工况

以上就是四种极限状态下半潜式平台危险结构以及为危险受力,通过大量有限元计算发现,主要构件在极限状态下失去承载能力时,平台结构就会发生破坏或失效。

2. 极限状态方程

海洋工程平台结构的极限状态可以用极限状态函数表示。假设与结构可靠性计算有关的一组随机变量 X。X 包括构件的结构尺寸、材料强度及载荷效应等,即

$$X = [X_1, X_2, \cdots, X_n] \tag{10.25}$$

其中 $X_i(i=1,2,\cdots,n)$是第 i 个随机变量。设 X 的一个现实为 x,即

$$x = [x_1, x_2, \cdots, x_n] \tag{10.26}$$

X 构成一个 n 维空间,而 x 就是 n 维基本变量空间中的一个点。

针对上述基本变量 X,可以建立起来表示这 n 个基本变量关系的极限状态函数:

$$Z = g(X_1, X_2, \cdots, X_n) \tag{10.27}$$

它又称为安全裕度，而

$$Z = g(X_1, X_2, \cdots, X_n) = 0 \tag{10.28}$$

称为安全裕度方程。它在 n 维基本变量空间内确定了一个 $(n-1)$ 维的超曲面，称为所讨论情况下的失效界面。它把所有可能引起失效的 X 的组合与不引起失效的组合分开来。

设安全裕度仅与结构能力 R、载荷效应 S 两个随机变量有关，则判断结构是否可靠的安全裕度 Z 可用下式表示：

$$Z = g(S, R) = R - S \tag{10.29}$$

当 $Z>0$ 时，结构处于可靠状态；当 $Z<0$ 时，结构处于失效状态；当 $Z=0$ 时，结构处于极限状态，即

$$Z = g(S, R) = R - S = 0 \tag{10.30}$$

为安全裕度方程。图 10.9 描述了极限状态方程的意义。

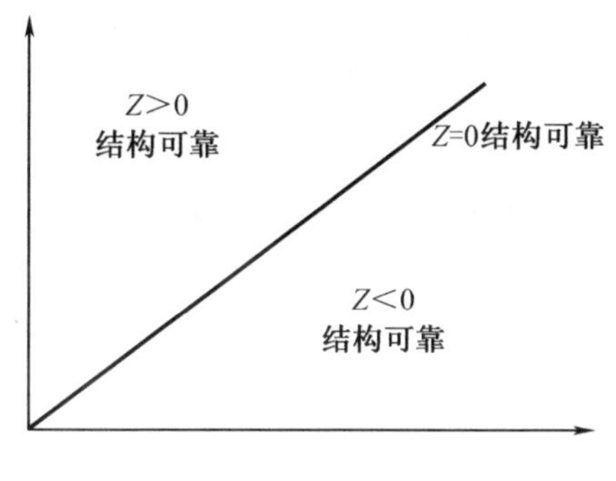

图 10.9　极限状态

10.2.3　结构可靠性

1. 结构可靠度与失效概率

结构可靠度与失效概率是结构可靠性理论中的两个重要概念，也是实践中评价结构可靠性的重要指标。

结构可靠度是指结构在规定的时间和条件下，工程结构完成预定功能的概率，以 P_r 表示，是工程结构可靠性的概率度量。工程结构可靠性，是指在规定时间和条件下，工程结构具有的满足预期的安全性、适用性和耐久性等功能的能力。由于影响可靠性的各种因素存在着不定性，如载荷、材料性能等变异，计算模型的不完善，制作质量的差异等，并且这些影响因素是随机的，因而工程结构完成预定功能的能力只能用概率度量。结构能够完成预定功能的概率，称为可靠概率；结构不能完成预定功能的概率，称为失效概率，以 P_f 表示。工程结构设计的目的，就是力求最佳的经济效益，将失效概率限制在人们实践所能接受的适当程度上。失效概率愈小，可靠度愈大，两者是互补的。

前文所述，当 $Z>0$ 时，结构处于可靠状态；当 $Z<0$ 时，结构处于失效状态；当 $Z=0$ 时，结构处于极限状态。因此，$Z<0$ 的事件的概率就是结构的失效概率；而 $Z>0$ 的事件的概率

就是结构的可靠度。以随机变量 R 代表能力，以随机变量 S 代表载荷，则有

$$P_r = P[Z = R - S > 0] \tag{10.31}$$

$$P_f = P[Z = R - S < 0] = 1 - P_r \tag{10.32}$$

设 R、S 均符合正态分布，其均值和标准差分别为 $\overline{R}$、$\overline{S}$ 和 σ_R、σ_S，因此其差 Z 也是正态随机变量，并具有均值$\overline{Z} = \overline{R} - \overline{S}$，标准差 $\sigma_Z = \sqrt{\sigma_R^2 + \sigma_S^2}$。$Z$ 的概率密度函数为

$$f_z(z) = \frac{1}{\sqrt{2\pi}\sigma_Z}\exp\left[-\frac{1}{2}\left(\frac{z-\overline{Z}}{\sigma_Z}\right)^2\right] \quad -\infty < z < \infty \tag{10.33}$$

其分布形式如图 10.10。

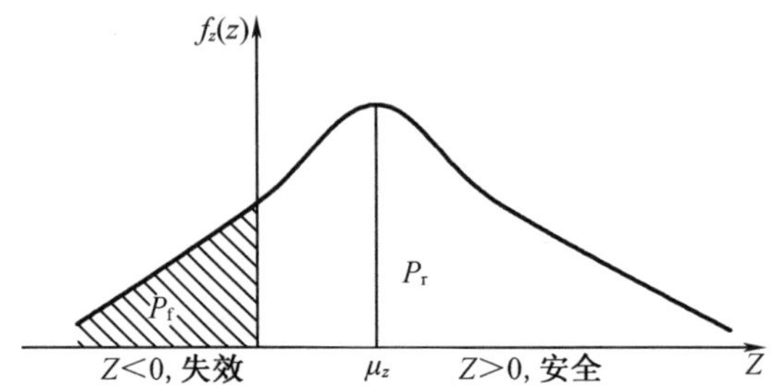

图 10.10　概率密度函数分布

根据定义，结构失效概率 P_f 就是图中左边部分的面积 $P(Z<0)$，而右边部分的面积 $P(Z>0)$ 即结构的可靠概率 P_r。用公式各自表示为

$$P_f = P(Z<0) = \int_{-\infty}^{0} f_z(z)\mathrm{d}z = \int_{-\infty}^{0}\frac{1}{\sqrt{2\pi}\sigma_Z}\exp\left[-\frac{1}{2}\left(\frac{z-\overline{Z}}{\sigma_Z}\right)^2\right]\mathrm{d}z \tag{10.34}$$

$$P_r = P(Z>0) = \int_{0}^{\infty}\frac{1}{\sqrt{2\pi}\sigma_Z}\exp\left[-\frac{1}{2}\left(\frac{z-\overline{Z}}{\sigma_Z}\right)^2\right]\mathrm{d}z \tag{10.35}$$

现把 Z 的正态分布 $N(\overline{Z},\sigma_Z)$ 转换为标准正态分布 $N(0,1)$，其分布形式如图 10.11 和图 10.12 所示。

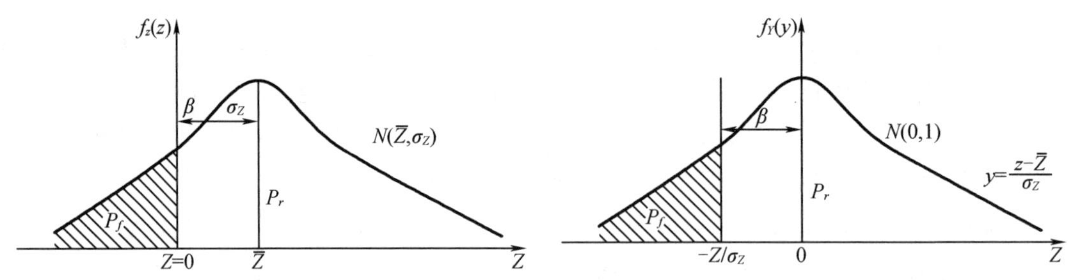

图 10.11　Z 的正态分布的转换　　**图 10.12　标准正态分布的转换**

令 $t = (z - \overline{Z})/\sigma_Z$，则 $\mathrm{d}z = \sigma_Z\mathrm{d}t$。当 $z = -\infty$ 时，$t = -\infty$；当 $z = 0$，$t = -\overline{Z}/\sigma_Z$。代入上式后得

$$P_f = \frac{1}{\sqrt{2\pi}}\int_{-\infty}^{-\overline{Z}/\sigma_Z} e^{-t^2/2}\mathrm{d}t \tag{10.36}$$

由此可知用于换元法中的随机变量 t 是一标准正态变量，其分布如图 10.8 所示，图中阴影面积就是 P_f。可以算出 P_f 为

$$P_f = \Phi\left(-\frac{\overline{Z}}{\sigma_Z}\right) \tag{10.37}$$

比值 $\overline{Z}/\sigma_Z$ 称为可靠性指标，以 β 表示，即

$$\beta = \frac{\overline{Z}}{\sigma_Z} \tag{10.38}$$

后得到

$$P_f = \Phi(-\beta) \tag{10.39}$$

式中 β 为一无因次的系数，即为结构可靠性指标。进一步得到可靠性指标和可靠概率的关系为

$$P_r = 1 - P_f = 1 - \Phi(-\beta) = \Phi(\beta) \tag{10.40}$$

2. 结构可靠度计算方法

影响结构可靠性分析的因素既多又复杂，由于对某些因素的研究不够深入，很难用统一的方法确定各随机变量的实际分布并精确计算结构的可靠度。目前常采用一次二阶矩阵法、梯度优化法、蒙特卡罗法以及响应面法等近似方法计算。本节重点介绍改进的一次二阶矩阵法以及蒙特卡罗法。

(1)改进的一次二阶矩阵法

针对一次二阶矩阵法不能考虑随机变量的分布类型、随机变量的平均值不在极限状态曲面上，展开后的线性极限状态平面可能较大程度地偏离原来的极限状态曲面这个问题，Hasofer - Lind 和 Rachwitz - Fiessler 提出了考虑基本变量实际概率分布的方法，得到了改进一次二阶矩阵法。通过将其他非正态分布当量等效为正态分布形式，对极限状态函数选择在结构最大可能失效的设计验算点 P^* 上，再用 Taylor 级数展开，使之线性化，求解结构的可靠性指标 β。

设结构基本变量 X 为正态分布随机变量，相应的功能函数为

$$Z = g(X_1, X_2, \cdots, X_n) \tag{10.41}$$

令

$$U_i = \frac{X_i - \mu_{xi}}{\sigma_{xi}} \tag{10.42}$$

将 X 空间变换为 U 空间，得到

$$Z = g(U_1, U_2, \cdots, U_n) \tag{10.43}$$

可靠性指标 β 在几何上就是 U 空间内从原点 M(即中心点)到极限状态超曲面($Z=0$)的最短距离。在超曲面 $Z=0$ 上，离原点 M 最近的点 $P^*(u_1^*, u_2^*, \cdots, u_n^*)$ 即为验算点。

通过验算点 $P^*(u_1^*, u_2^*, \cdots, u_n^*)$ 在超曲面 $Z=0$ 上的超切平面的方程式为

$$Z = g_1(u_1^*, u_2^*, \cdots, u_n^*) + \sum_{i=1}^{n} \left.\frac{\partial g_1}{\partial U_i}\right|_{u_i^*} (U_i - u_i^*) \tag{10.44}$$

式中，验算点 $P^*(u_1^*,u_2^*,\cdots,u_n^*)$ 为 $Z=g_1(u_1^*,u_2^*,\cdots,u_n^*)$ 的一点，因此

$$g_1(u_1^*,u_2^*,\cdots,u_n^*)=0 \tag{10.45}$$

则超切平面的方程式为

$$Z=\sum_{i=1}^{n}\left.\frac{\partial g_1}{\partial U_i}\right|_{u_i^*}(U_i-u_i^*) \tag{10.46}$$

从原点 M 到该超切平面的距离即为可靠性指标 β。

$$\beta=\frac{-\sum_{i=1}^{n}\left.\frac{\partial g_1}{\partial U_i}\right|_{u_i^*}u_i^*}{\sqrt{\sum_{i=1}^{n}\left(\left.\frac{\partial g_1}{\partial U_i}\right|_{u_i^*}u_i^*\right)^2}} \tag{10.47}$$

令

$$\alpha_i=\frac{-\left.\frac{\partial g_1}{\partial U_i}\right|_{u_i^*}}{\sqrt{\sum_{i=1}^{n}\left(\left.\frac{\partial g_1}{\partial U_i}\right|_{u_i^*}u_i^*\right)^2}} \tag{10.48}$$

根据式(10.45)且有 $\sum_{i=1}^{n}\alpha_i^2=1$，则有

$$\beta=\sum_{i=1}^{n}\alpha_i u_i^* \tag{10.49}$$

将其变换为 X 空间：

$$x_i^*=\mu_{xi}+\alpha_i\beta\sigma_{xi} \tag{10.50}$$

$$\alpha_i=\frac{-\left.\frac{\partial g}{\partial X_i}\right|_{x_i^*}\sigma_{xi}}{\sqrt{\sum_{i=1}^{n}\left(\left.\frac{\partial g}{\partial X_i}\right|_{x_i^*}\sigma_{xi}\right)^2}} \tag{10.51}$$

$$g_1(x_1^*,x_2^*\cdots x_n^*)=0 \tag{10.52}$$

根据根据式(10.50)、式(10.51)和式(10.52)，即可确定验算点 $P^*(x_1^*,x_2^*,\cdots,x_n^*)$ 和可靠性指标 β。

当结构基本变量为非正态分布随机变量时，设非正态分布随机变量 x 服从某一分布，有分布函数 $F(x)$ 和概率密度函数 $f(x)$。采用等价正态分布随机变量法，寻找一个随机变量 x'，使其具有均值 μ' 和标准差 σ' 的正态分布，在验算点 $P^*(x_1^*,x_2^*,\cdots,x_n^*)$ 处满足：

$$F_x(x^*)=\Phi\left(\frac{x^*-\mu'}{\sigma'}\right) \tag{10.53}$$

$$f_x(x^*)=\frac{1}{\sigma'}\varphi\left(\frac{x^*-\mu'}{\sigma'}\right) \tag{10.54}$$

式中　Φ——标准正态分布函数；

　　φ——标准正态分布的概率密度函数。

根据以式(10.53)、式(10.54)，可以确定随机变量 x' 的两个基本参数均值 μ' 和标准差 σ' 可用以下公式表示：

$$\mu' = x^* - \sigma' \Phi^{-1}(F_x(x^*)) \tag{10.55}$$

$$\sigma' = \frac{\varphi[\Phi^{-1}(F_x(x^*))]}{f_x(x^*)} \tag{10.56}$$

将各个非正态分布随机变量经过上述变换后,就可以按结构基本变量 X 为正态分布随机变量的情况来确定验算点 $P^*(x_1^*,x_2^*,\cdots,x_n^*)$ 和可靠性指标 β。

对于对数正态分布形式,其等价正态分布的两个基本参数均值 μ' 和标准差 σ' 分别为

$$\mu' = x^*(1 - \ln x^* + \mu_{\ln x}) \tag{10.57}$$

$$\sigma' = x^* \sqrt{\ln\left[1 + \left(\frac{\sigma_x}{\mu_x}\right)^2\right]} \tag{10.58}$$

通过以上的分析可知,进行等价正态分布变换及建立切平面方程,均需要预先知道验算点 $P^*(x_1^*,x_2^*,\cdots,x_n^*)$ 的值,而事实上是无法做到这一点的。因此,在计算过程中,x_i^* 和 β 用逐次迭代的方法依照下述步骤得出:

①列出极限状态条件 $g(x_1,x_2,\cdots,x_n)=0$,并确定所有基本变量的分布类型和统计特征均值和标准差;

②假定 x_i 和 β 的初始值,通常取的初始值等于的抗力平均值,相当于 β 的初始值取为0;

③对非正态变量,在 x_i 的初始值计算其当量正态变量的均值和标准差以分别替代原有的均值和标准差;

④计算方向余弦;

⑤将 x_i 代入式(10.49)求出 β;

⑥由式(10.52)计算的新值。重复步骤③到⑤,直到前后两次计算所得到的 β 值之差不超过容许限值,一般取 ± 0.01。

(2)蒙特卡罗法

蒙特卡罗法是一种独特的数据抽样方法,主要用于求解具有随机性的不确定性问题,故此又称为随机模拟方法或者统计实验方法。由概率定义可知,某事件的发生概率可以用大量实验中该事件发生的频率估算,因此在结构可靠度计算中,可以通过对随机变量进行大量的随机抽样,然后把这些抽样值分组代入结构极限状态功能函数,根据功能函数确定结构安全与否,最后计算结构的失效概率或者可靠度。该方法不需要考虑极限状态曲面的复杂性,计算量较大。

蒙特卡罗法的基本原理:

设有统计独立的随机变量 $X_1,X_2,\cdots,X_n$,其相对应的概率密度函数分别为 $f_{x_1},f_{x_2},\cdots,f_{x_n}$,功能函数式为 $Z=(X_1,X_2,\cdots,X_n)$,蒙特卡罗法求解可靠性指标或失效概率的过程如下:

①用随机变量的随机抽样的随机抽样法分别获得各变量的分位值 $x_1,x_2,\cdots,x_n$:

②计算功能函数值 Z_i

$$Z_i = (g_1,g_2,\cdots,g_n) \tag{10.59}$$

③设抽样组数 N,每组抽样变量分位值对应的功能函数值为 Z_i,$Z_i \leqslant 0$ 的次数为 L,则在大批抽样之后,结构的失效概率:

$$P_f = \frac{L}{N} \tag{10.60}$$

式中,失效概率就是结构失效次数占总抽样次数的频率。在实际工程中,结构的失效概率很小,为了确保是小概率的精度,抽样组数必须要取足够大,通常 $N \geqslant 100/P_f$。

10.3 极端海洋环境下浮体系泊系统的可靠性分析

10.3.1 系泊链极限状态分析

对于系泊链结构,其遭受的破坏载荷主要为轴向张力,当系泊链所受张力大于结构所能承受最小破断载荷时,结构即发生破坏。因此系泊链结构的极限状态函数可表示为

$$G(R,T) = R - T \tag{10.61}$$

式中 R——结构抗力,在分析中可直接作为变量;

T——结构所受到的载荷。

根据结构可靠性理论,当系泊链分段发生失效时,有 $G(R,T) < 0$。若用 $f_{R,T}(R,T)$ 表示各个变量的联合概率密度函数,分段的失效概率可表示为

$$P_F = \iint_{G(X)}^{0} \cdots \int f_{R,T}(R,T)\,\mathrm{d}R\mathrm{d}T \tag{10.62}$$

目标系泊链采用了全钢缆的形式,当其中某一分段受拉破坏时,整根系泊链即发生失效。在构件的可靠性评估中,单根系泊链失效概率可表示为

$$P_{fx} = P(G<0) = 1 - P(G \geqslant 0) \tag{10.63}$$

结构的可靠度宜采用结构可靠性指标 β 来度量,结构可靠性指标与失效概率之间的关系可用下述公式表达:

$$\beta = -\varphi^{-1}(P_{fx}) \tag{10.64}$$

式中 $\phi(°)\varphi(*)$ 为标准正太函数。在基于可靠性理论的设计中,β 具有重要的意义,目前世界主流的工业相关部门的设计规范普遍采用了可靠性指标的概念,并把它作为结构设计的依据。

10.3.2 概率模型

根据广义极值理论的观点,如果观测到的某个样本具有一定的数量规模,而且符合观测过程中随机变量的母体分布保持不变且观测到的极值独立的条件,则可根据这个样本的极值建立一个概率模型。运用有限元分析软件建立目标深水半潜式平台及其系泊系统的耦合分析模型,通过时域耦合分析,获得的系泊链在遭受波浪载荷和顶端平台运动作用下的响应历程,作为随机过程的一个样本。根据样本来推断其母体的统计特性,即可以对系泊链时域响应计算结果进行概率分布拟合,以确定其所受载荷的随机特性。

对系泊链载荷时间历程计算结果样本,建立极值经典模型。极值经典模型认为,对样本取“区组最大值”作为极值的观测数据,无论母体分布是何种形式,规范化后的极值变量都是依分布收敛于极值分布的三种类型之一。按照时间区组提取的系泊链载荷极大值,在

概率上服从 Gumbel 极大型分布（极值 I 型）：

$$F_X(x;u;\lambda)=\exp\left\{-\exp\left(-\frac{x-u}{\lambda}\right)\right\} \tag{10.65}$$

式中　u——位置参数；

λ——尺度参数。

这里以环境载荷方向为 $-90°$ 时，受力最大系泊链 1 以及系泊链 4 为例，根据系泊链 4 各段张力载荷时间历程，建立极值经典模型。各系泊链轴向张力极值数据按 Gumbel 极大型分布进行参数拟合，图 10.13 给出了系泊链 1 和系泊链 4 上端锚链段载荷、中间聚酯缆段载荷以及底端锚链段载荷极值概率分布，表 10.1 中列举了部分系泊链成分轴向张力的分布参数。

表 10.1　部分系泊链成分张力极值分布拟合参数

系泊链编号	系泊链成分	位置参数 u	尺度参数 λ
1 号	上端锚链	4 064 225	115 478
	中间聚酯缆	3 847 598	119 654
	下端锚链	3 257 985	127 654
4 号	上端锚链	4 066 649	115 779
	中间聚酯缆	3 875 984	120 489
	下端锚链	3 268 977	128 156

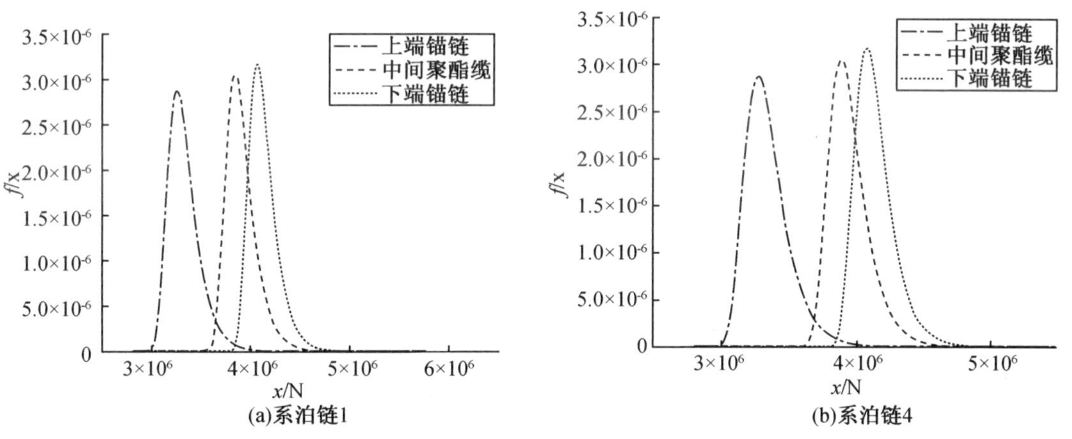

图 10.13　系泊链载荷极值概率分布

对于单个系泊链，其破断强度则取决于强度最弱的链环单元或纤维索单元，对于单根系泊链破断强度概率密度函数可化为 Weibull 极小型分布（极值Ⅲ型）的形式：

$$F_Y(y)=1-\exp\left[-\left(\frac{\lambda}{y}\right)^k\right] \tag{10.66}$$

其中，$\lambda=\frac{\mu}{\sqrt{1+\delta^2}}\exp[\nu\sqrt{\ln(1+\delta^2)}]$；$k=-\frac{\alpha}{\sqrt{\ln(1+\delta^2)}}$；$\mu$ 和 δ 分别为链环或纤维索破断

强度的均值和变异系数，其取值见表 10.1；$\nu = -\sqrt{2\ln N} + \dfrac{\ln(\ln N) + \ln(4\pi)}{2\sqrt{2\ln N}}$；$v = -\sqrt{2\ln N}\dfrac{\ln(\ln N) + \ln(4\pi)}{2\sqrt{2\ln N}}$；$\alpha = \sqrt{2\ln N}$；$N$ 为该段系泊链上的单元个数，对于钢制锚链段，N 取链环个数；对于聚酯纤维端段，每段单元长度为聚酯缆直径的 32.5 倍，以此确定单元个数。

对系泊链的抗力按 Weibull 极小型分布进行拟合，系泊链由钢链和聚酯缆组成，根据系泊链尺寸，确定系泊链破断张力均值取 1.2 倍的最小破断载荷，变异系数为 0.1；聚酯缆破断张力均值取 1.1 倍的最小破断载荷，变异系数为 0.15。根据系泊链各段相关参数，按式(10.43)可求得其破断载荷概率模型，系泊链各成分断破断强度概率分布形式如图 10.14 所示，分布参数见表 10.2。

表 10.2　系泊链破断强度概率模型

系泊链成分	尺度参数 λ	形状参数 k
上端锚链	7 418 606	33.86
中间聚酯缆	6 740 434	39.45
下端锚链	7040980	38.67

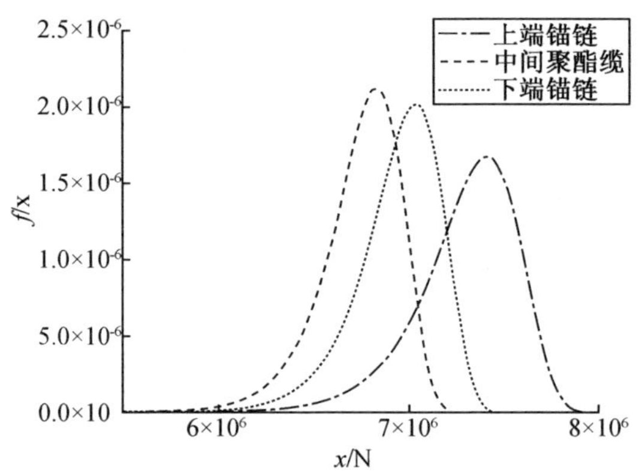

图 10.14　系泊链各成分断破断强度概率分布

10.3.3　系泊锚链可靠度

根据系泊链的张力极值载荷概率模型以及破断强度概率模型，采用改进的一次二阶矩阵法求解目标系泊链各成分断的可靠性指标。

在南海百年一遇的海况下，以环境载荷方向为 180°、-150°、-120°、-90°为例，对系泊链的失效概率进行求解，失效指标见表 10.3 至表 10.5。

表 10.3 各系泊链上端锚链段可靠度即失效概率

系泊链号	-90°		-120°		-150°		180°	
	可靠度	失效概率	可靠度	失效概率	可靠度	失效概率	可靠度	失效概率
1	4.86	5.87×10^{-7}	3.52	2.16×10^{-4}	6.04	7.71×10^{-10}	7.34	1.07×10^{-13}
2	6.39	8.29×10^{-7}	4.3	8.54×10^{-6}	4.46	4.10×10^{-6}	6.26	1.92×10^{-10}
3	6.9	2.60×10^{-12}	5.64	8.50×10^{-9}	3.07	1.07×10^{-3}	4.52	3.09×10^{-6}
4	4.86	5.87×10^{-7}	6.95	1.83×10^{-12}	7.42	5.85×10^{-14}	7.71	6.33×10^{-15}
5	6.39	8.29×10^{-11}	7.12	5.40×10^{-13}	7.64	1.09×10^{-14}	7.84	2.22×10^{-15}
6	6.94	1.96×10^{-12}	7.37	8.53×10^{-14}	7.8	3.11×10^{-15}	7.93	0
7	7.94	0	7.98	0	7.88	0	7.71	6.33×10^{-15}
8	7.85	2.11×10^{-15}	7.86	1.89×10^{-15}	7.95	0	7.84	2.22×10^{-15}
9	7.7	6.77×10^{-15}	7.71	6.33×10^{-15}	8.03	0	7.93	0
10	7.94	0	7.72	5.77×10^{-15}	7.3	1.44×10^{-13}	6.82	4.55×10^{-12}
11	7.85	2.11×10^{-15}	7.5	3.19×10^{-14}	7.15	4.34×10^{-13}	6.24	2.19×10^{-10}
12	7.72	5.77×10^{-15}	7.24	2.24×10^{-13}	6.72	9.09×10^{-12}	4.49	3.56×10^{-6}

表 10.4 各系泊链中间聚酯缆段可靠度即失效概率

系泊链号	-90°		-120°		-150°		180°	
	可靠度	失效概率	可靠度	失效概率	可靠度	失效概率	可靠度	失效概率
1	5.18	1.11×10^{-7}	6.18	3.21×10^{-10}	6.34	1.15×10^{-10}	7.6	1.48×10^{-14}
2	6.72	9.09×10^{-12}	4.61	2.01×10^{-6}	4.66	1.58×10^{-6}	6.55	2.88×10^{-11}
3	7.21	2.80×10^{-13}	5.96	1.26×10^{-9}	3.4	3.37×10^{-4}	4.85	6.17×10^{-7}
4	5.19	1.05×10^{-7}	7.25	2.08×10^{-13}	7.77	3.89×10^{-15}	7.9	0
5	6.7	1.04×10^{-11}	7.44	5.03×10^{-14}	7.94	0	8.02	0
6	7.24	2.24×10^{-13}	7.66	9.33×10^{-15}	8.08	0	8.13	0
7	8.16	0	8.2	0	8.1	0	7.89	0
8	8.07	0	8.05	0	8.16	0	8.01	0
9	7.95	0	7.92	0	8.23	0	8.15	0
10	8.15	0	7.9	0	7.55	2.18×10^{-14}	7.15	4.34×10^{-13}
11	8.06	0	7.75	4.55×10^{-15}	7.26	1.94×10^{-13}	6.55	2.88×10^{-11}
12	7.92	0	7.5	3.19×10^{-14}	6.99	1.37×10^{-12}	4.76	9.68×10^{-7}

表 10.5　各系泊链下端锚链段可靠度即失效概率

系泊链号	-90°		-120°		-150°		180°	
	可靠度	失效概率	可靠度	失效概率	可靠度	失效概率	可靠度	失效概率
1	5.41	3.15×10^{-8}	5.06	2.10×10^{-7}	6.59	2.20×10^{-11}	7.89	0
2	6.92	2.26×10^{-12}	5.05	2.21×10^{-7}	4.99	3.02×10^{-7}	6.79	5.61×10^{-12}
3	7.45	4.66×10^{-14}	6.19	3.01×10^{-10}	4.56	2.56×10^{-6}	5.52	1.69×10^{-8}
4	5.4	3.33×10^{-8}	7.49	3.44×10^{-14}	7.96	0	8.25	0
5	6.89	2.79×10^{-12}	7.62	1.27×10^{-14}	8.14	0	8.34	0
6	7.53	2.54×10^{-14}	7.96	0	8.39	0	8.52	0
7	8.43	0	8.47	0	8.37	0	8.2	0
8	8.35	0	8.36	0	8.45	0	8.34	0
9	8.21	0	8.22	0	8.54	0	8.44	0
10	8.52	0	8.3	0	7.88	0	7.4	6.81×10^{-14}
11	8.4	0	8.08	0	7.7	6.77×10^{-15}	6.79	5.61×10^{-12}
12	8.28	0	7.8	3.11×10^{-15}	7.28	1.67×10^{-13}	5.5	1.90×10^{-8}

系泊链由三段组成，如果其中一段系泊链失效，那么整条系泊链都失效，根据表 10.3 至表 10.5 各系泊链个分段可靠度指标，串联关系最终得到在南海百年一遇的海况下，四种不同环境载荷方向时各系泊链的失效概率见表 10.6。从表 10.3 至表 10.5 可以看出三段式系泊链中，上端锚链断受到掌力最大，失效概率最高。从表 10.6 中可以看出环境载荷迎面方向的系泊链失效概率较大；当环境载荷方向为 -90°或 180°时，有两根系泊链承受主要载荷，比环境载荷方向为 -120°或 -150°时多一根，因此当环境载荷为 -120°或 -150°时系泊链失效概率明显较大。

表 10.6　系泊系统完整时系泊链失效概率

系泊链号	-90°	-120°	-150°	180°
1	7.29×10^{-7}	2.16×10^{-4}	9.07×10^{-10}	1.22×10^{-13}
2	9.43×10^{-11}	1.08×10^{-5}	5.98×10^{-6}	2.27×10^{-10}
3	2.93×10^{-12}	1.01×10^{-8}	1.41×10^{-3}	3.73×10^{-6}
4	7.25×10^{-7}	2.07×10^{-12}	6.24×10^{-14}	6.33×10^{-15}
5	9.62×10^{-11}	6.03×10^{-13}	1.09×10^{-14}	2.22×10^{-15}
6	2.21×10^{-12}	9.46×10^{-14}	3.11×10^{-15}	0
7	0	0	0	6.33×10^{-15}
8	2.11×10^{-15}	1.89×10^{-15}	0	2.22×10^{-15}
9	6.77×10^{-15}	6.33×10^{-15}	0	0

表 10.6(续)

系泊链号	$-90°$	$-120°$	$-150°$	$180°$
10	0	5.77×10^{-15}	1.66×10^{-14}	5.05×10^{-12}
11	2.11×10^{-15}	3.64×10^{-14}	6.34×10^{-13}	2.53×10^{-10}
12	5.77×10^{-15}	2.59×10^{-13}	1.06×10^{-11}	4.55×10^{-6}

10.3.4 系泊链失效后系泊系统可靠度

本文半潜式平台系泊系统由12根系泊链组成,根据船东、企业对于系泊系统可靠度的可接受范围,将可靠度指标划分为三个区域,即由不可容忍线和可忽略线将其划分为风险存在区域、风险必现区域和风险忽略区域。当失效概率小于 1×10^{-7} 时,忽略系泊链失效的可能性,而当系泊链失效概率大于0.1时,考虑其他不确定因素影响,认为系泊链处于风险必先区域,结构必定失效。

依据划分标准,根据表5.8可以看出,当环境载荷方向为 $-90°$ 时,系泊链1和4的失效概率较处于风险不可忽略范围,故认为在次环境条件下,若由系泊链断裂比在系泊链1和4两根之间发生;同理当环境载荷为 $-120°$ 时,系泊链1和2可能发生断裂;当环境载荷为 $-150°$ 时,系泊链3和2可能发生断裂;当环境载荷为 $180°$ 时,系泊链3和12可能发生断裂。

重新建立不同系泊链失效下的耦合模型,分别计算得到剩余系泊链新的可靠度指标。根据前文可知当环境载荷为 $-120°$ 时系泊链可靠度最低,以其为例,系泊链1和2存在失效风险,重新建立耦合模型分别为系泊链1失效、系泊链2失效以及系泊链1和2同时失效,计算剩余系泊链可靠度。得到结果见表10.7。

表 10.7 环境载荷方向为 $-120°$ 时,不同系泊链失效后剩余系泊链失效概率

系泊链号	系泊链1失效	系泊链2失效	系泊链1/2失效
1	—	1.59E-03	—
2	7.78×10^{-3}	—	—
3	4.79×10^{-5}	6.46×10^{-4}	3.924×10^{-1}
4	6.27×10^{-8}	4.92×10^{-8}	4.67×10^{-5}
5	3.68×10^{-11}	3.07×10^{-11}	2.17×10^{-8}
6	3.64×10^{-13}	1.06×10^{-13}	3.10×10^{-12}
7	0	0	0
8	0	0	0
9	0	0	0
10	0	0	1.27×10^{-14}
11	4.32×10^{-13}	4.16×10^{-14}	6.43×10^{-11}
12	1.20×10^{-11}	6.10×10^{-12}	7.81×10^{-8}

根据表 10.7 可以看出，在不同系泊链断裂后剩余系泊链失效概率发生改变，当系泊链 1 失效后，系泊链 2 和 3 存在失效风险；当系泊链 2 断裂后，系泊链 1 和 3 存在失效风险；系泊链 1 和 2 同时失效后，系泊链 3 的失效概率高达 39.24%，风险处于不可接受的范围内，认为系泊链 3 必定失效。得到新的失效模式有 4 种：系泊链 1 和 2 失效、系泊链 1 和 3 失效、系泊链 2 和 3 失效、系泊链 1、2 和 3 同时失效。

由于系泊链 1 和 2 同时失效后剩余系泊链失效概率结果已经得出，仅重新建立在这 3 种种失效模式下的耦合模型，计算剩余系泊链失效概率结果如表 10.8 所示，结合表 10.7 得到当系泊链 1、2、3 中任意两根系泊链失效时，第三根必定失效；当系泊链 1、2、3 全部失效之后系泊链 4 必定失效，同时系泊链 5 和系泊链 12 处于风险不可忽略范围。

表 10.8 环境载荷方向为 −120°时，多根系泊链失效后剩余系泊链失效概率

系泊链号	系泊链 1/3 失效	系泊链 2/3 失效	系泊链 1/2/3 失效
1	—	0.859 8	—
2	0.784	—	—
3	—	—	—
4	3.089×10^{-4}	5.42×10^{-4}	0.963 1
5	3.07×10^{-7}	2.17×10^{-7}	4.21×10^{-6}
6	1.06×10^{-10}	3.10×10^{-9}	6.298×10^{-8}
7	0	0	0
8	0	0	0
9	0	0	0
10	2.61×10^{-14}	2.47×10^{-13}	1.99×10^{-11}
11	3.47×10^{-10}	6.43×10^{-8}	4.736×10^{-7}
12	4.561×10^{-7}	6.71×10^{-6}	5.1×10^{-3}

以深水半潜式钻井平台系泊系统为研究对象，根据其结构特性，建立系泊系统耦合分析模型，针对环境载荷方向分别为为 180°、−150°、−120°、−90°时各系泊链张力时间响应曲线历程进行分析，得到在 4 种环境载荷下，系泊链最大张力为 6.613E6 N 远小于系泊链最小破断张力，系泊链在南海百年一遇的海况下是安全的。根据平台在极端海况下 6 个自由度的运动响应得到平台横荡、纵荡以及垂荡运动小于工作水深的 5%（50 m），满足 APIRP2SM 规范要求，同时平台的横摇、纵摇以及艏摇也在可接受范围里，因此平台是安全的。

围绕系泊链所受张力以及其破断载荷之间的关系，建立系泊链失效模型；运用概率力学理论建立载荷概率模型以及抗力概率模型，研究了在南海百年一遇的海况下，系泊系统完整时的系泊链失效概率，得到三段式系泊链中，上端锚链断受到掌力最大，失效概率最高。对于不同环境载荷方向下，系泊链失效概率不同，其中环境载荷方向为 −120°或 −150°时系泊链失效概率远大于环境载荷方向为 −90°或 −180°时的失效概率。

本章参考文献

[1]　杨永祥. 船舶与海洋平台结构[M]. 北京:国防工业出版社, 2008.

[2]　赵维涛,安伟光,严心池. 同时考虑结构系统强度和疲劳的可靠性分析[J]. 哈尔滨工程大学学报,2004,25(5): 614 -617.

[3]　稽春艳,李珊珊,陈明璐. A global reliability assessment method on aging offshore platforms with corrosion and cracks[J]. 中国海洋工程(英文版),2009,23(2):211 -220.

[4]　王世圣,谢彬,冯玮,等. 两种典型深水半潜式钻井平台运动特性和波浪载荷的计算[J]. 中国海上油气,2008,20(5):349 -352.

[5]　GUENARD Y F. Application of system reliability analysis to offshore structures[D]. California:Stanford University,1985.

[6]　MELCHERS, ROBERT E. The effect of corrosion on the structural reliability of steel offshore structures [J]. Corrosion Science,2005,47(10):2391 -2410.

[7]　杨鹏,顾学康,吴东伟. 半潜平台载荷不确定性及结构可靠性研究[J]. 船舶力学,2012,16(1):108 -117.

[8]　金伟良,郑忠双,李海波. 地震载荷作用下海洋平台结构物动力可靠度分析[J]. 浙江大学学报(工学版),2002,36(3):233 -238.

[9]　吴东伟. 半潜式平台结构强度可靠性评估方法研究[D]. 无锡:中国船舶科学研究中心,2011.

[10]　MANSOUR A E, JAN H Y, ZIGELMAN C I,et al. Implementation of reliability methods to marine structures[J]. Society of Naval Architects and Marine Engineers,1984,92(2):11 -20.

[11]　陈昌松,薛鸿祥,唐文勇,等. 深海平台系泊系统在灾害性海洋环境下可靠性评估[J]. 海洋工程,2010,28(4):18 -25.

[12]　郑忠双. 极端环境下海洋结构物随机响应分析及动力可靠性研究[D]. 杭州:浙江大学,2001.

[13]　李桂青,曹宏,李秋胜,等. 结构动力可靠性理论及其应用[M]. 北京:地震出版社, 1993.